東アジア３国の時代変遷

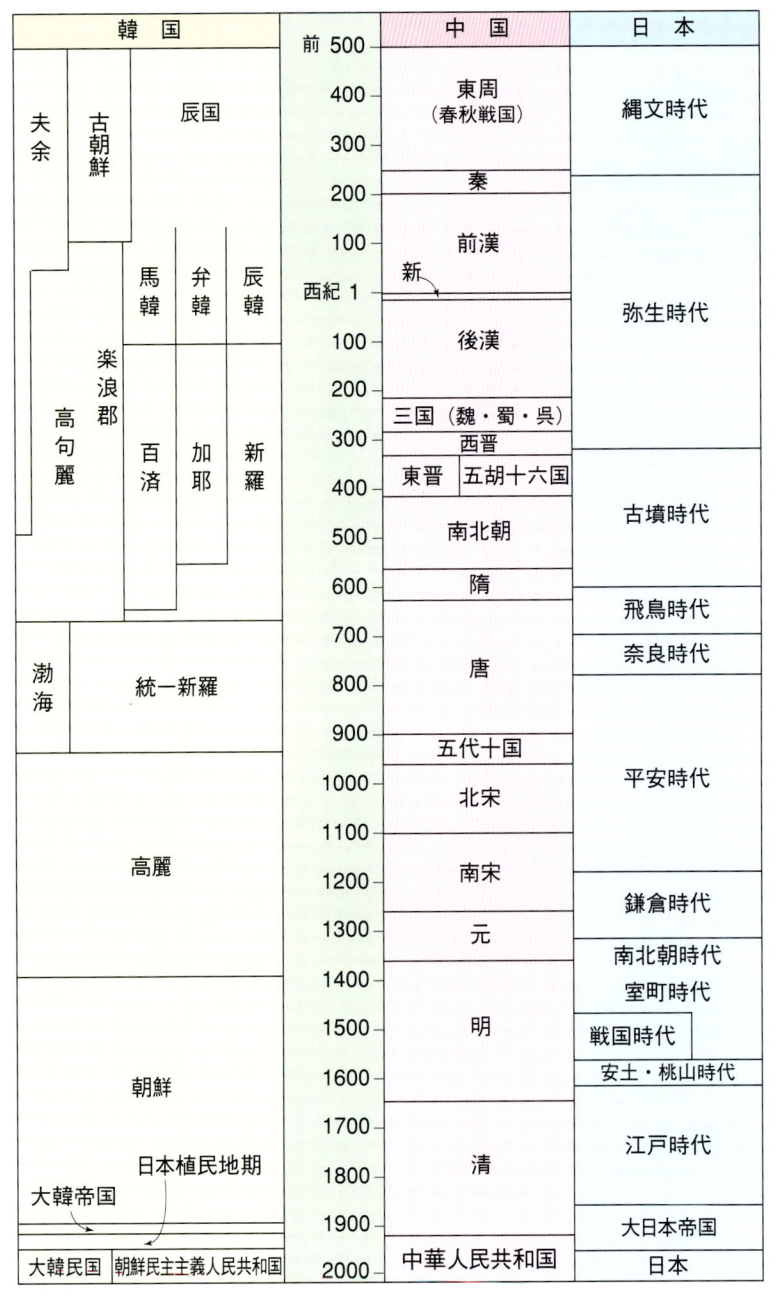

明治（1868〜1912）
大正（1912〜1926）
昭和（1926〜1989）
平成（1989〜　）

五星紅旗、万里の長城、言語・文字の交流

中国の国旗 '五星紅旗'

中華人民共和国の国旗。1949年、中華人民共和国が成立したときに国旗と確定し、五星紅旗という。地の紅色は革命を象徴し、左上方の大きな星と小さな四つの星のうち、小さな四つの星にはそれぞれ大きな星の中心点と相対する尖端があり、中国共産党の指導のもとにおける全国の各階層の人民の大団結を象徴する。明るく美しい黄色の五つの星は、紅色の大地で光明を発するためのものである。

中国の象徴 '万里の長城'

中国古代に築造された、世界の現存最大、最長の磚石造りの防御施設で、中国の北部に位置する。春秋時代（おおよそ前7世紀）に築造を開始してから、2000年余りを経て、前後して20余りの諸侯国と封建王朝があいついで築造した。現存するのは明代（1368-1644年）に築造したもので、東は河北省の渤海湾沿いの山海関から、西は甘粛省の嘉峪関に至り、全長1万2700華里（おおよそ6350キロ）である。それゆえ、「万里の長城」という。長城は中華民族の歴史、建築、芸術、文化の結晶であり、世界文化遺産に認定されている。

言語、文字の交流

古代日本は漢字を参考にして、中日文化交流におけるきわめて重要な成果を産み出した。日本語は漢字と仮名を併用し、文字と言葉を結び付け、漢字文化に新機軸を打ち出した。清代末期に、中国の文字を改革するよう提唱し、日本の仮名を参考にして中国語の表音文字の試案を発表した中国人がいた。数世代にわたって発展し、現在のかなり円熟した漢語拼音方案〔中国語ローマ字表記法〕は、日本の仮名のかなり大きな影響を受けている。古代の日本民族が中国文化を吸収して文字を発展させたとすれば、近代中国は日本語の多数の新しい語彙を導入し、中国語の語彙を豊かにし、中国語の進歩と発展を促した。中日文化交流は歴史が古く、語彙の相互借用の情況は錯綜して複雑である。

もともと、日本語の語彙には、中国語に由来し漢字で表記する字音語と、漢字を借用して書写するものがある。日本が明治維新〔1868年〕ののち西洋の科学や文化を急速に導入してから接した大量の新しい語彙と概念は、一方でカタカナを使って外来語を音訳し、他方で漢字を利用して多数の新しい語彙を創造し、特に明治維新直後に西洋の書籍を翻訳するときに出会った多数の専門的な語彙については、中国の成語や古語に新しい意味を賦与した。

たとえば、'社会' という概念は中国古代では結社や集会のことであったが、日本語では英語の 'SOCIETY' を '社会' と翻訳し、共同の物質生産活動を基礎にしてたがいにつながり合う人びとの共同体のことを意味することにした。近代中国は日本語の '社会' の概念を受け容れたのである。類似の情況は、'単位'、'反対'、'分析'、'封鎖' など、少なくない。

成語や古語がない場合には、日本人は漢字を組み合わせて新しい語彙を創造した。たとえば、'哲学'、'美学'、'交流'、'独占'、'断交'、'動員'、'解放'、'説明' などで、このたぐいの語彙は日本語で非常に大きな比重を占めており、日本人はもはや外来語とは見なしていない。

多数の中国人留学生が日本で日本語の書籍で学び、それらを大量に翻訳したので、日本人が西洋の新しい事物や新しい思想を表現するのに創造した語彙ははなはだ形象的で、中国人に容易に受け容れられ、翻訳に使われたばかりか、中国の学者に論文や著作のなかでも使われた。たとえば、'資生学'〔経済学〕、'智学'〔哲学〕、'群学'〔社会学〕、'計学'〔財政学〕、'工群問題'〔労働問題〕などである。それらの中国語の訳語はゆっくり淘汰され、日本語の訳語が普遍的に受け容れられ、中国語のなかに融合した。日本語の訳語を使うことを '無謀なことをしてきわめて危険である' と指摘、批判した人もいた。しかし、'目的'、'権利'、'義務'、'経済'、'衛生' など、そのような人が批判する多数の言葉は、すでに普遍的に受け容れられ、中国語の言葉のなかに融合している。

もちろん、中国に対する蔑視を表わす言葉もある。たとえば、'支那' という言葉は中国人の感情を傷つけ、ずっと中国語には受け容れられなかった。また、'切手'〔郵票〕、'放送'〔伝播〕など、中国語にいっそう正確な訳語のあるものもあった。

発刊の辞

　中国と日本はともに東アジアに位置する重要な国家であり、その交流の歴史は非常に古い。漢代〔前202－後220年〕の中日間に文字記録のある歴史的事件から、これまでに2000年余りの歳月がたっている。とりわけ隋・唐代には両国の交流は密接で、たがいに使節を派遣し合い、政治管理の経験を交流し、文化、習俗、伝統を伝え広め、通商貿易に従事した。同じように漢字文化圏と儒学的伝統の背景のもとにある中日両国は、東アジア史の発展過程において共通点が少なくない。近代以後、とりわけ日本の明治維新〔1868年〕以後、日本の経験は中国に巨大な影響をもたらしたが、同時に両国の発展は両国の距離を引き離し、尖鋭な矛盾を生じ、一時期、血なまぐさい関係が近代の中日関係を支配し、侵略戦争が両国関係史上に暗黒の一ページをもたらした。

　戦争の終結後、とりわけ中日の国交正常化ののち、中日両国は経済、政治、文化、教育など各方面で新たな交流を始め、両国の有識の士は戦争のもたらした両国の国民の傷を癒すことに努めたが、両国の関係にはいまなお人意を尽くせないところが少なからず残っており、不協和音も少なくない。歴史認識の問題こそその重要なポイントにほかならない。

　人びとはつねに理想化された共通の歴史観について語るが、共通の歴史観は重要問題に対する共通の認識を基礎にして樹ち立てられ、共通の認識は歴史的事実の共有を源泉にしている。その意味から、歴史的事実の共有こそ、共通の歴史認識、ひいては共通の歴史観を樹ち立てる基礎にほかならない。歴史的事実の共有についていえば、中日両国の民衆のあいだにはたしかにかなり大きな問題が存在する。他国の民衆について語るのは、『アラビアンナイト』のようなものかもしれない。歴史的事実の共有が実現されなければ、各自がそれぞれ自己の掌握する歴史的事実にもとづいて樹ち立てた歴史認識は同一ではない可能性がある。

　中日両国の地理的な距離はけっして遠くないし、中国の歴史は、中国の

青少年にとっては聞き慣れていて詳しく話すことができるかもしれないが、日本の青少年にとってはまったく新たに認識するものかもしれない。両国の青少年の心理的な距離を狭めるために、本書は積極的な役割を果たすことができるかもしれない。歴史的事実の共有をふまえ、徐々に相互の認識の違いを取り除き、認識の共通点を拡大していけば、広範な国民のあいだに相互の理解と信頼を樹ち立て、国家関係の正常な発展を積極的に推進していくであろう。

　2008年8月15日

歩　平

まえがき

　中国は5000年にわたって絢爛たる文明の歴史を有してきた国であり、中華民族は世界の東方に屹立している。無数の王朝の変遷を経ているけれども、この国土に生活する人びとは先人が突進すれば後人が続き、つぎつぎとたえることなく発展、前進し、いまなお生気と活力に満ちあふれている。

　ますます多くの考古学的な資料が裏づけているように、黄河流域と長江流域だけでなく、全国各地にさまざまな文化類型の遺跡が少なくなく、中華文明には、黄河や長江の流域に定住し、かなり早くから農耕に依拠していた華夏文明も含まれるし、おもに遊牧と漁猟に依拠していたさまざまな民族の文明も含まれていたことを物語っている。理論的に矛盾のないモデルは、華夏文明を核心とし、その核心が周囲に拡散し、周囲が核心に同化し、核心と周囲が相互に補充し合い、相互に吸収し合い、相互に融合し合っているというものである。漢族と漢族以外の各民族は、いずれも中華文明のために重要な貢献をしてきた。

　中国の歴史には、戦争によって文明の発展過程が混乱、遅延させられたことがあり、とりわけ北方では長年にわたって文明の断絶がもたらされたことがある。それゆえ、中華民族は、戦争が文明を破壊することを深く理解しているし、平和が文明を保障することをも深く理解している。中華文明の歴史を理解すれば、文明の発展は平和や安定と切り離すことができず、文明の成果を保存できるものは平和しかなく、文明を着実な足取りで発展させることができるものは協調しかないことがわかる。

　東アジアに位置する中国は、東アジアの歴史の発展に重要な影響を及ぼし、各国とのあいだに密接な交流を有している。目下、経済のグローバル化が各国の経済交流を促進しており、一定程度、各民族の文化的差異を減らし、人類の生存方式を同一化するにちがいない。しかし、ある民族の文化や伝統は数千年、あるいはもっと長期にわたる蓄積の結果なのである。文化というものは、民族の霊魂であり、民族の尊厳性の象徴であり、他の

民族と区別する表象なのである。世界の各民族が長期にわたって形成してきた、千差万別の文化を単一の文化に変えてしまうことは、想像することさえできない。科学技術のレベルでは、人類の生活に利便性をもたらす先進的な科学技術は、いっそう容易に地球全体に広まるであろう。しかし、精神のレベルでは、宗教信仰、民族心理、生活様式、思考方式、言語習慣など、多岐にわたるので、強大な経済力と軍事力に依拠して特定の文化を人に無理強いしようとしても、不可能であり、賢明でもない。そのような情況のもとでは、相異なる文明のあいだの相互理解、相互尊重が重要な課題であり、相互理解と相互尊重を前提にしなければ、相互包容と相互吸収を実現することはできない。

　21世紀に突入した人類社会は狭隘、頑固、過激なさまざまな考え方を放棄し、大きな度量で文明の差異に対応すべきであり、平等を基礎に対話と交流を展開すべきであり、おのおのの民族や国家自身の選択を充分に尊重すべきである。その前提として、21世紀の人類は優れた智恵を活用し、文筆活動を展開すべきであり、相異なる文明のあいだで密接な交流の道を探し、滞りなく通ずる橋を架けて、相異なる文明の協調と共存を促し、世界の恒久平和を達成しなければならない。これこそ、われわれが日本の青少年に向けて本書を執筆した目的にほかならない。

　現在の世界では、民族文化は孤立して存在するのは難しいが、単一のグローバル文化というのも理解が及ばない。開明的、開放的な態度のなかでたがいに包容し合い、平和的、協調的に共存して、ともに発展し、ともに繁栄するという目標を達成すべきである。

2008年8月15日

歩　平　劉小萌　李長莉

目 次

発刊の辞・4
まえがき・6

第1部　中国の歴史と文化

第1編　中華文明の起源と国家の誕生

第1章　中華文明の起源
1．文明の曙光・14
2．華夏の祖・16

第2章　国家の誕生
1．初期国家——夏、商〔殷〕、周・18
2．商〔殷〕、周の文化・20

第3章　春秋・戦国時代
1．春秋の五覇・22
2．戦国の七雄・24
3．文化における'百家争鳴'・26

第2編　統一国家の樹立

第1章　秦朝による統一
1．秦の始皇帝の功業・30
2．項羽と劉邦の戦い・32

第2章　漢朝の興亡
1．前漢から後漢へ・34
2．漢代の文化・36
3．漢代の科学技術・38
4．シルクロードと東西交流・40

第3章　政権の分立と民族の融合
1．三国の鼎立・42
2．魏晋南北朝・44
3．魏晋南北朝の文化・46

第3編　多民族国家の発展

第1章　全盛期の唐朝
1．唐朝の隆盛・52

2．周辺の各民族との関係・54
　　3．唐朝の域外交流・56
　　4．絢爛たる文化・59
　　5．先進的な科学技術・62

　第2章　民族政権の並立と離合
　　1．北宋と遼、西夏、金との並立・64
　　2．南宋と金の対峙・66
　　3．宋代の科学技術・68
　　4．宋代の文化芸術・70

　第3章　大元帝国
　　1．モンゴル族の勃興と元朝による全国統一・72
　　2．元朝の内外関係と文化交流・75
　　3．元朝の文化と科学技術・77

　第4章　明朝の統治
　　1．明朝の樹立と君主集権・79
　　2．明朝の辺境経営と対外交流・82
　　3．明代の文化と科学技術・84

　第5章　清朝が統一した多民族国家の発展
　　1．清朝、中原に進出・87
　　2．辺境経営・90
　　3．清代前期の文化・92
　　4．清代前期の科学技術・94

第4編　清代後期──沈淪と覚醒

　第1章　開港通商と自強運動
　　1．アヘン戦争と開港通商・98
　　2．太平天国、一般住民とキリスト教徒との衝突・100
　　3．自強運動と'西洋に学ぶ'・102
　　4．西風東漸のもとにおける社会と文化・104

　第2章　民族危機と維新啓蒙
　　1．甲午中日戦争の衝撃・106
　　2．維新運動の啓蒙・108
　　3．義和団運動と八か国連合軍の中国侵略・110

　第3章　清代末期の新政と辛亥革命
　　1．新政と社会の変革・112
　　2．学校の設立、科挙の廃止、留学ブーム・114
　　3．社会生活と風俗の変遷・116
　　4．辛亥革命と清朝の滅亡・118

第5編　中華民国——戦乱と建設

第1章　共和制の草創と五四新文化運動
1. 共和制の樹立と軍閥政権・122
2. 社会、経済、文化の発展・124
3. 五四新文化運動・126
4. 家庭革命と新しい女性・128

第2章　国民革命と経済・文化建設
1. 軍閥混戦と中国共産党の創立・130
2. 国民革命と共産党の武装闘争・132
3. 社会と経済の発展・134
4. 教育、文化、生活・136

第3章　抗戦と解放
1. 日本の侵略戦争による災難・138
2. 抗日戦争——抵抗と勝利・140
3. 内戦と解放・142

第6編　新中国——模索と発展

第1章　曲折に富む模索
1. 建国と抗米援朝・146
2. 工業化と大躍進・148
3. '文化大革命'——内乱・150
4. 建国初期の社会と文化・153

第2章　改革・開放と急速な発展
1. 改革・開放・156
2. 中国の特色をもつ社会主義・159
3. 両岸四地と国際関係・161

第2部　中国と日本の文化交流
1. 古代の交通・166
2. 徐福の伝説・168
3. 金印の証明・169
4. 遣唐使・171
5. 文化交流の立役者（一）・173
6. 文化交流の立役者（二）・175
7. 宋代の交流・177
8. 元朝による日本征討・179
9. 朱舜水と日本文化・181

10. 近代における文化交流の先駆者・183
  11. 日本を遊歴した中国人・185
  12. アヘン戦争の教訓・187
  13. 国交樹立・189
  14. 琉球問題・191
  15. 日本留学生・193
  16. 春帆楼について・195
  17. 誠意のこもった友情・197
  18. 第二次世界大戦後の曲折に富む関係・199
  19. 中国残留日本人の帰国と中国人労働者の遺骨の返還・201
  20. 中国に対する'政府開発援助'（ＯＤＡ）・203
  21. 日本青年の訪中と中国卓球チームの訪日・205
  22. 新たな一ページ・206
  23. 戦争賠償と民間訴訟・208
  24. 中日歴史共同研究・210

おわりに・211

用語説明・212

人名索引・224

事項索引・227

訳者あとがき・232

凡 例

1 この本の構成は次のようになっています。
- 中国と日本の中学生・高校生をはじめとして、一般の人が中国史の入門書として読めるように、時代別・事件別に重要事項を整理しました。
- 大きく１部と２部に分けて構成し、１部では中国史の流れを、２部では中国と日本の文化交流史を一目でわかるように叙述しました。
- 巻末に用語説明を載せ、用語説明の項目と関連のある語句について本文中で「＊」を付しました。
- 本文に出てくる人名、地名、事件などは、「人名索引」「事項索引」で50音順に拾いました。

2 この本の中国の３人の著者は、共通の歴史認識を基礎にして、原則として共同執筆の形式をとるように努力しました。

3 原則として（ ）内は著者の原注、〔 〕内は訳注です。

第1編
中華文明の起源と国家の誕生

概観　人類の誕生について、中国の古代には'女媧が土をまるめて人を造った'という伝承があった。天神の盤古が天地を開闢してからも、まだ人類は出現していなかった。女神の女媧が水と泥で多数の男女を造り出したので、天地の間に人類が生まれた。不幸なことに、天地の間には、山が崩れ地が裂け、人類が体験した大災難が出現した。女媧は、人類を救済するために、五色の石を煉って天を補修したという。しかし、これは単なる神話伝説にすぎない。

　現代の科学が証明しているように、地球上の最古の人類は古猿（類人猿）から進化したもので、誕生の地はアフリカで、200～300万年前のことである。晩くとも100万年余り前には、中国の先民はすでに東アジア大陸に棲息し、繁栄していた。中国は、太古の人類の遺跡が世界でもっとも多い国である。最古の原始人類の化石は雲南省元謀県で発見されており、170万年前のものである。中国でもっとも重要な旧石器時代の人類の化石は、70万年前から20万年前にかけて生活していた北京人のものである。この時期の人類はすでに石器を作り、火を使用していた。考古学上のいわゆ

🔴**北京人の頭蓋骨**　旧石器時代前期。1966年、北京郊外の周口店で出土。北京人の頭蓋骨には、頭頂骨が低くて平坦、前額が後方へ傾斜、眉根がごついなど、猿に似ている特徴がある

1部 中国の歴史と文化

る新石器時代になると、農業、磨製石器、焼成土器が出現した。中国の新石器時代の遺跡は全国にくまなく存在しており、完璧な村落遺跡もある。

古史に記載されている多数の祖先伝説は、4000～5000年前の中国の先民の初期段階、つまり部族社会の時期における情況を反映している。炎帝と黄帝は、中華民族の共通の祖先として尊敬されている。黄帝以後、黄河流域に部族同盟のきわめて傑出した首領である堯、舜、禹が出現した。

おおよそ前21世紀に、禹が中国史上最初の王朝——夏朝——を樹立した。夏（おおよそ前21～前16世紀）、商〔殷〕（おおよそ前16～前11世紀）、周（おおよそ前11世紀～前221年）は、中国史上、'前三朝'とよばれている。前三朝はあわせて2000年ほど続き、中華文明が隆盛した起点である。

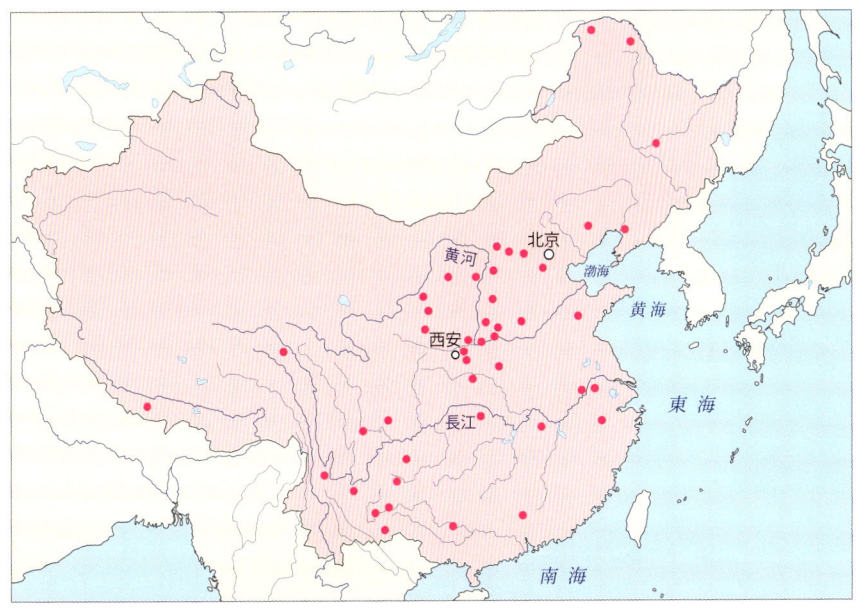

⬆中国の原始人化石と主要文化遺跡の分布図

 1　中華文明の起源

中国には、信頼しうる文字で記録された歴史がたえることなく4000年ちかくも続いている。有巣氏が民に樹上の巣で暮らすことを教えた、燧人氏が民に木を鑽って火を取ることを教えた、伏羲氏が食べものを煮ること、網を作って魚を捕まえることを教えた、神農氏が五穀を栽培することを教えたなど、古史に記録されている祖先の伝説は、中国の先民の発展の初期段階における生活体験を反映している。黄河流域の炎帝族、黄帝族と南方の蚩尤族との闘争の伝説は、部族社会時期の部族のあいだの関係を反映している。堯、舜、禹という三人の傑出した部族同盟の首領の高尚な人徳と業績は、部族同盟の歴史を反映している。堯と舜はともに首領の座を自発的に賢者に譲り渡し（いわゆる「禅譲」）、禹は首領の座を舜から譲り受けたのに、息子の啓に譲り、禹は中国史上最初の王朝の夏朝を創始した。

1. 文明の曙光

初期の人類

中国最古の人類の化石は雲南省元謀県で発見されており、おおよそ170万年前のものである。元謀人の遺物は、元謀人がすでに簡単な道具を製作、使用するとともに、天然の火を使用することを知っていたことを表している。

中国のもっとも重要な旧石器人類の化石は、北京人のものである。北京人の最初の完璧な頭蓋骨の化石は、1929年に北京市南西部の周口店〔北京市房山区の中部〕の龍骨山で発見されている。北京人はおおよそ70万年前から20万年前にかけて生活し、猿人段階に位置していたものの、直立歩行ができ、脳の量は現代人にちかかった。集団で穴居し、粗雑な石器を使用し、採集・狩猟生活を送り、火を使うことと火種を保存することを知っていた。おおよそ3万年前、北京人がかつて生活していた地区では原始人の群れが生活していたが、考古学者はそれらの原始人を「山頂洞人」とよんでいる。というのは、その遺跡が周口店の龍骨山の山頂の洞穴で発見されたからである。山頂洞人の体質や形態は、もはや現代人とあまり大きな差がない。その生活単位は血縁関係によって結び付いている氏族組織であった。採集と狩猟を生業とし、骨製の針で衣服を縫うことができ、すでに人工的に火をおこす方法を掌握していた。

⬆山頂洞人の骨針　旧石器時代後期。1933年、北京郊外の周口店の山頂の洞穴で出土。保存状態はいいが、孔は破裂している。表面に削って磨いた痕がある

氏族の村落

考古学上の新石器時代に、農業が出現した。中国の新石器時代の遺跡は全国にくまなく分布しており、完璧な村落遺跡もある。

河姆渡氏族村落遺跡（浙江省余姚市河姆渡村）は、長江流域の氏族村落の代表的存在で、おおよそ7000年前から5000年前にかけてのものである。河姆渡の住民はおもに水稲を栽培し、定住生活をしていた。住居は高床式で、上部に人が住み、下部で家畜を飼っていた。すでに井戸を掘る技術を掌握していた。土器には植物の図案を彫り、装飾品としての玉器や骨製の笛など原始的な楽器も発見されている。

⬆陶猪〔豚の泥人形〕　新石器時代河姆渡文化。1973年、浙江省余姚市河姆渡で出土

　半坡氏族村落遺跡（陝西省西安市臨潼区半坡村）は黄河の中流に位置し、おおよそ6000年余り前のものである。半坡村落の住民はおもに農業を営み、定住生活をしていて、磨製の石器を使い、粟、白菜、芥菜などを栽培していた。中国は世界で非常に早く粟を栽培した国の一つである。半坡氏族村落遺跡は、住居区、公共墓地、土器を焼成する窯場の三つの部分に分かれている。住居区の中央には非常に大きな長方形の建物があり、氏族が共通の活動を行う場所であった。その周囲に、小さな家が数多く散在しているが、氏族の成員の住居であった。半坡の土器の底はふつう紅色で、表面に動物、人物、幾何紋様が描かれており、後世の人びとは彩陶と名づけた。半坡で発見された人面魚紋盆は、描かれている魚の円い目、閉じた嘴、もたげている鰭は、まるで水中で楽しく戯れているようで、表情と姿態が活き活きしており、半坡の住民と漁撈生活との関係を反映している。符号を描いた彩陶もあり、その符号を漢字の雛形と見なす学者もいる。

　大汶口氏族村落遺跡（山東省泰安市大汶口村）は、黄河下流の氏族村落の代表的存在で、おおよそ5000年前から4000年前にかけてのものである。農耕経済がいっそう大きく発展していた。副葬品に非常に大きな差があり、当時すでに私有財産と貧富の分化が出現していたことを物語っている。大汶口も磨製の石器を使用していた。製作していた黒陶は真っ黒で光沢があり、白陶は生地が薄くて硬く、玉器は造りが精巧で美しく、工芸のレベルがかなり高い。

⬆象牙製の櫛　大汶口文化。山東省泰安市大汶口で出土

第1編　中華文明の起源と国家の誕生

2. 華夏の祖

◯ 炎帝、黄帝、蚩尤

中国人は'炎黄（えんこう）の子孫'と自称することが多いが、'炎黄'とは炎帝と黄帝のことである。炎帝と黄帝は中華民族の共通の祖先として崇拝されているが、実際には、ともに5000年前から4000年前の黄河流域における部族同盟の著名な首領であった。伝説では、炎帝は農具を改良し、人に農耕を教え、さらに土器の製造技術をも発明し、また人の病気を治すために、さまざまな草を嘗め、医薬を発明し、'神農氏'と称したといわれている。黄帝は部族民を率いて家を建て、穀物を栽培し、家畜を飼い馴らし、井戸を掘り、車と船を造り、妻の嫘祖（るいそ）が蚕を飼って糸を紡ぎ、部下の倉頡（そうけつ）が文字を発明したといわれている。これらの発明や創造は、名を知られていない多数の人びとの知恵の結晶のはずであり、それと同時に炎帝と黄帝の卓越した才能と輝かしい業績をも反映している。

その後、黄帝の部族と炎帝の部族が大戦を行い、炎帝の部族が敗れ、黄帝の部族に編入された。両部族が連合したのち、絶えることなく繁殖、繁栄し、華夏族（漢族*の前身）の主体を形成した。ほぼ黄帝と同時に、東方にも強大な部族が登場し、古代の東夷族の一派になった。その首領は蚩尤（しゆう）といった。蚩尤は勇猛かつ戦争に巧みで、西方へ勢力を拡大するなかで、黄帝の部族と大戦を展開し、その結果、敗れて殺された。

黄帝の部族は、その他の各部族との衝突、交流、融合を通じて、のちに戦国時代になって統一された華夏族を形成した。それ以来、人びとはつねに黄帝と炎帝を並称し、華夏族が炎帝、黄帝の時代から非常に長い歴史を有することを表してきた。

⬆ 黄帝陵　陝西省黄陵県の県城北方の橋山の山頂にある

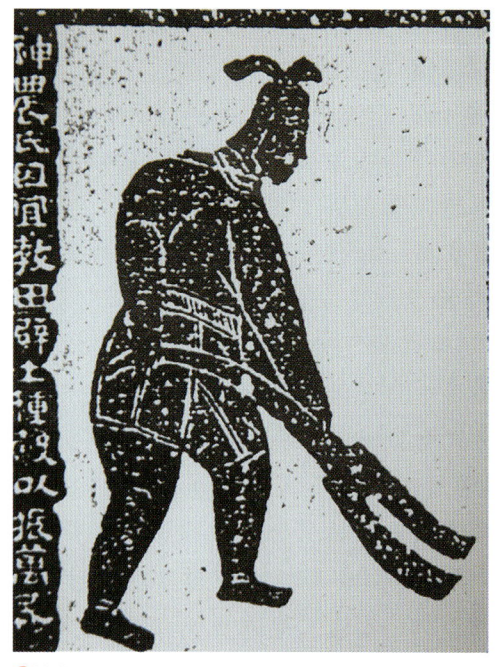
⬆ 神農氏　漢代の画像塼。人民に耕作を教える形象を反映

堯、舜、禹と禅譲制

黄帝ののち、黄河の流域には部族同盟の三人の傑出した首領——堯、舜、禹——が輩出した。三人とも品格が高尚で、暮らしぶりが質素で、統治が適正で、人民に心から敬愛されていた。

堯の晩年に、洪水が発生し、南方の三苗〔現在の湖南省、湖北省、江西省にいた部族〕がつねに北方を侵犯した。堯は、舜が才徳兼備であることを聞き、政務を処理するのを手伝わせた。

舜の父親は目が見えなかったといわれ、継母は舜を虐待し、異母弟も舜をいじめたが、舜は依然として父親と継母に孝を尽くし、弟とも仲よくしようとした。舜は堯が三苗を平定するのを助けた。

堯は鯀（禹の父親といわれている）に治水を命じたが、鯀は流れを塞き止める方法を採用して治水に失敗し、そのために殺された。その後、舜はまた禹を派遣して水害を処理させた。

禹は既往の失敗の教訓を汲み取り、堤防を築いて水をさえぎることと、河道を疎通させることとを結び付けた方法を採用することに改め、13年間働き、家の門前を3回通ったが家には寄らず、ついに治水に成功した。また、庶民を率いて水路を開削し、水を引いて灌漑を行い、農業生産を発展させた。それ以来、庶民は安らかに暮らし楽しく仕事に励むようになった。それを'大禹、水を治める'という。

古史の記述によれば、堯は、年老いたとき、舜が賢明で有能であることを発見し、最終的に首領の座を譲った。舜は、年老いたのち、同様の方法を採用して、治水に功のあった禹に譲った。部族同盟の首領を推挙するこの方式は、歴史上、'禅譲'とよばれている。

🟠**大禹陵** 伝説では、大禹は治水に努めていた13年間に家の前を3回通ったが、家に入らず、最終的に過労のために治水のさなかに亡くなり、会稽山（現在の浙江省紹興市内にある）に葬られたといわれており、人びとは大禹を記念するために同地に陵墓を築いた

🟠**大禹治水図** 山東省嘉祥県の武梁祠の後漢代の画像石。画面上の大禹は編み笠をかぶり、手に鋤を持ち、奔走して疲れきった形象をしている

第1編　中華文明の起源と国家の誕生

2 国家の誕生

禹はおおよそ前21世紀に活躍していたが、当時の社会は生産が発展し、人びとの財貨が増えたので、私有財産を保護する必要が生じた。禹は夏朝を樹立し、都城を陽城（現在の河南省登封市）に定め、また軍隊を創建し、法律を頒布し、監獄を設置し、国家機構を整備した。禹の在位中に、その息子の啓はすでに強大な勢力を有していた。禹の死後に、啓は父親の後を継ぎ、夏朝の第２代の国王になった。それ以来、中国史上の'禅譲時代'は終結し、'天下を公にする'は'天下を家とする'に変わり、歴史上、'夏は子に伝え、天下を家とす'といわれている。

1. 初期国家——夏、商〔殷〕、周

夏朝の興亡　夏朝（前21世紀？－前16世紀？）は父子、兄弟のあいだで代々王位を継承し、17代、おおよそ400年余り存続した。夏朝の統治の中心は黄河の中流にあった。考古学者は、現在の河南省登封市で発見した古城跡を夏朝の初期の都城と見なしている。その後、支配階級は財貨がますます増え、広々とした宮殿を建設した。河南省偃師市二里頭で発見された前1900年前後の宮殿遺跡は、青銅器、玉器、陶器なども出土し、夏朝の遺跡と見なされている。

夏代は、先人の蓄積した知識を受け継ぎ、天文暦法が新たな発展をみた。『春秋左氏伝』〔の「昭公十七年」〕の引用する『夏書』の'辰、房に集がず'〔日と月がその場所に落ち着かない〕という記述こそ、当時〔前525年〕、房宿の位置で発生した日蝕の記録にほかならず、日蝕に関する世界最古の記録である。夏の桀の十年に'夜中に星の隕つること雨の如し'という『今本竹書紀年』の記述も、流星に関する世界最古の記録である。当時すでに伝統的な干支*で年月日を記していた。春節、端午節、中秋節など、今日、中国に伝わっている多数の伝統的な祭日は、いずれも農暦〔旧暦〕の祭日である。農暦は夏暦ともいい、夏朝に由来するといわれている。

↑**青銅飾牌**　夏代。1981年、河南省偃師市の二里頭遺跡から出土

商〔殷〕の湯王、夏を滅ぼす　夏朝の最後の国王である桀は暴君で、庶民は大きな不満を抱いていた。桀は自分を天上の太陽になぞらえ、'天上

に太陽があるのは、わしに人民がいるようなものだ'と言ったが、人民は、'いずれあんたという太陽は亡びるだろう、わしらはあんたといっしょに亡びることを願っている'と罵った。この時期、黄河の中・下流に位置する商の部族が徐々に強大になるとともに、国家を樹立した。商の国君である湯王はきわめて賢明で、人民の苦しみに関心を寄せ、生産を発展させることに意をそそいだ。商は急速に強大になり、おおよそ前1600年ごろに、周囲の小国と連合し、兵を発して夏朝を滅ぼし、商朝を樹立した。湯は建国したのち、夏朝の滅亡の教訓を汲み取り、'民を寛大に治める'ことに意をそそいだ。そのため、湯王の統治期間に、商朝は日ましに勢力が盛んになった。

商朝（前16世紀？－前11世紀？）の前期は、水害と政治的動乱のために、たびたび都城を移転し、前1300年ごろに、盤庚〔第19代の国王〕が国都を殷（現在の河南省安陽市）に移し、やっと安定した。そのため、後世の人びとは商朝を殷朝ともいった。商朝はあわせて17世、31人の王で、おおよそ500年間存続した。

⇧夏桀騎人輦図　山東省嘉祥県出土の漢代の画像石。暴君の夏の桀が人にまたがり、人を車の代わりにしている情景が描かれている

武王、紂を伐つ

商朝の晩期、支配者は日をおって腐敗していった。最後の国王である紂は、対外作戦で勝利を勝ち取ったけれども、国力は消耗した。在位中、けたはずれに酒色に耽り、思う存分享楽し、酷刑を科し、庶民を弾圧したので、社会の矛盾が激化した。そのとき、西部に位置する周国が急速に勢力を拡大した。周国はもともと商朝の属国であったが、文王が農業生産の発展を重視し、賢人の姜尚（姜太公）を任用し、国力が急速に強大になったのである。文王の死後、武王が即位した。前1046年、武王は多数の諸侯と連合して紂王に大勝し、商の都城に攻め入った。紂王は焼身自殺し、商朝は滅亡した。武王は周朝を樹立し、都城を鎬京（現在の陝西省西安市）に定めた。歴史上、'西周'（前11世紀？－前771年）という。西周は11世、12人の王で、おおよそ200年余り存続した。

⇧玉人　商代。1976年、河南省安陽市の殷墟の婦好墓から出土

2. 商〔殷〕、周の文化

◯西周の分封

全国に対する統治を強化するために、周朝〔前11世紀？－前221年〕は分封制度を実行した。分封とは、封邦建国〔国王の一族や功臣を領主に封じ、土地人民を与えて世襲的に支配させ、平時には貢品を納め、戦時には軍隊を出す義務を負わせた〕の意味にほかならない。周王は都城の周辺を王畿とし、直接統治した。王畿以外の地区に諸侯を分封し、諸侯国を樹立し、領土を統治し、王室を防衛させた。周朝は初め71の諸侯国を封じたが、そのうち周王と同じ姫姓のものが40か国、そのほかは異姓の諸侯国であった。

西周〔前11世紀？－前771年〕の後期、政局は混乱に陥った。第10代の厲王は暴虐無道で、怨嗟の声が天下に満ちあふれた。厲王は庶民の言論を抑圧し、自分を誹謗する人を殺戮した。人びとは怒りを抑えて口には出そうとせず、路上で顔を合わせると、目配せして気持ちを表すしかなかった。厲王は、自分を誹謗する声を取り除くことができたと思い込み、得意満面であった。大臣たちは、'民の口をふさぐことは、水をふさぐよりも危ういのです。水は、いったんふさがれてからほとばしりますと、大変な力で人や物を傷つけますが、民の場合はそれ以上です'と諫めたが、厲王はその諫言をまったく聴き容れず、我意を通した。ついに庶民が暴動を起こし、厲王は逃亡せざるをえなかった。朝廷では諸侯と大臣が一時的に政治を行ったので、'共和'といった。共和元年、つまり前841年、これが中国の古史においてはじめて記された年代である。前771年、西周朝は滅亡した。

⇧甲骨文。商代。1991年、河南省安陽市花園村で出土

◯甲骨文

商朝の国王は事件に出会えばまず鬼神に問わなければならなかったが、その方法は亀甲や獣骨を炙り、甲骨に生ずるひびにもとづいて吉凶、禍福の判断を下し、しかるのちその占卜の情況を亀甲や獣骨に彫って記さなければならなかった。甲骨文は、このようにして残ったものである。これまでに、15万点の甲骨文が発見されている。甲骨文はすでに漢字の基本構造を具えており、中国の文字記録の歴史は、商朝から始まったのである。その内容は占卜を主とし、祭祀、征伐、狩猟、農業、牧畜、地理、方国〔四方の諸侯の国〕など、社会の各方面のことが含まれており、重要な文字史料である。

青銅器

青銅器は、銅、錫、鉛の合金で鋳造した器物である。青銅器が出現したのは夏代で、商・周代に青銅器の製造技術は高度に発達し、生産規模が大きくなり、種類が増え、造りが精緻になった。主なものは礼器〔宴会や祭祀に用いる器具〕、兵器、生産工具、車馬器である。商代の司母戊方鼎は、重さ832.8キロ、高さ1.3メートルで、鼎の本体と四本の足が一体になって鋳造されていて、鼎の耳は本体が鋳造されたのちに鋳込まれたものである（1939年、河南省安陽市武宮村出土）。西周代の青銅器の鋳造は商代の伝統を継承、発揚している。装飾紋様のあるものが少なくなく、獣面紋を主とし、芸術的価値がかなり高い。

商・周代の青銅器は文字を鋳込んだものが多く、後世の人びとはそのような文字を'金文'とか'鐘鼎文'とかよんでいる。金文は甲骨文よりも規範的で、商・周代の貴重な研究資料であり、漢字の発展と書道芸術の研究にも重要な価値を有する。

商・周代には、中国の西南地区の成都平原にも、独特の青銅器文化が出現した。世界的に有名な'三星堆文化'（遺跡は四川省広漢市にある）で、青銅製の神樹、仮面、立人像が出土している。立人像は高さ1.6メートルで、身が細長く、厳粛な態度をしており、顔つきが端正荘重で、顔が長く目が大きく、鼻が高く唇が大きく、耳が垂れて孔があいており、裸足で方形の座に立っている。三星堆の青銅器は造形が奇異、鋳造技術が精緻で、中原の青銅器と顕著な相違がある。三星堆文化の由来と内容については、いまなおさまざまな未解の謎がある。

文献と詩歌

現在まで伝えられている西周代の文献は非常に少ない。『書経』〔『尚書』〕の「牧誓」、「洪範」など十数篇は周代初期の史実と政治情況を記しており、重要な歴史的価値を有する。『詩経』は中国史上最初の詩歌集で、収録されている作品には西周代のものが少なくない。それらの詩歌は社会の情況を反映したり、男女の愛情を謳歌したり、歴史的な事蹟を描写したり、朝廷の政治を称賛、諷刺したりしている。『易経』〔『周易』〕はもともと占卜用の書籍で、おもに西周代にまとめられたものである。

⬆青銅樹　商・周代。1986年、四川省広漢市の三星堆遺跡から出土。高さ396センチ

第1編　中華文明の起源と国家の誕生　21

3 春秋・戦国時代

前770年、周の平王〔在位前770－前720〕は鎬京〔現在の陝西省西安市〕から東方の洛邑〔現在の河南省洛陽市〕に遷都し、'東周'（前770－前221年）とよばれている。東周はさらに'春秋時代'と'戦国時代'という二つの段階に分かれる。当時の魯国〔？－前249年〕の史書は、年、季、月、日にもとづいて記録され、1年は春、夏、秋、冬の四季に分かれている。その編年体の史書を『春秋』という。のちに、『春秋』の記事の始まりと終わりの年代にもとづいて、前770年から前476年までを'春秋時代'という。春秋時代以後、王室が衰退し、斉〔？－前221年〕、楚〔？－前223年〕、燕〔？－前222年〕、韓〔前408－前230年〕、趙〔前408－前222〕、魏〔前424－前225〕、秦〔前778－前207〕という七大諸侯国が、連年、戦争を展開したので、当時の人びとはこの七大諸侯国を'戦国'（連年交戦する国家という意味）といい、のちにこの時期を'戦国時代'（前475－前221年）とよんだ。

1. 春秋の五覇

小国の淘汰　春秋時代に最初に擡頭したのは斉国で、桓公〔在位前685－前643〕のときに強大になった。桓公は北方の戎、狄の侵略のなかで中原〔黄河の中・下流域一帯、現在の河南省の大部分、山東省の西部、河北省と山西省の南部で、当時の中国の中心〕の小国を支援し、また南方の楚国の北上に抵抗した。前651年、諸侯を召集して同盟を結び、同盟国は、相互に侵犯せず、共同で敵に対抗することを取り

⬆斉国の古城の排水口　山東省淄博市の臨淄古城の北西部にあり、幅40メートルの城壁の下に設置され、長さ43メートル、幅7メートルで、石灰岩を積み上げて築き、孔が15あり、上中下3段に分かれる

⬆鳥尊　1988年、山西省太原市金勝村の晋卿墓から出土。全体が首をもたげて毅然と立つ鵙鳥で、頭が鳳、嘴が鷹で、両目を見開き、全身が羽毛に満ちあふれ、羽紋が明瞭で、背中に虎形の取っ手が付くとともに、弧形の蓋を設け、胴の羽毛とつながり、渾然一体となり、晋国の春秋時代における青銅器の逸品

決めた。周の天子〔襄王〕も人を派遣して参加させ、桓公の覇主〔周の王室を守り、周の王室に代わって中原の周辺の民族を退け、天下の秩序を維持する同盟の指導者〕としての地位を承認したので、桓公は春秋時代の最初の覇主になった。

ついで覇主になった晋〔？－前376。のちに韓、趙、魏に分裂〕の文公〔在位前637－前628〕はひきつづき楚の北進に抵抗し、諸侯国の同盟を主宰した。荘王〔在位前614－前591〕のときに、楚は大挙して北上し、まっすぐ周の天子の都城である洛邑〔現在の河南省洛陽市〕の郊外まで攻め上った。中原の諸侯国はあいついで楚への臣従を表明し、荘王は中原の覇主になった。前546年、宋〔前11世紀－前286〕の提議で停戦の会合が開かれ、晋・楚両国に従属する国は晋にも楚にも従わなければならないと取り決めるとともに、同時に晋と楚を覇主として承認した。こうして、覇業が二つの強国によって平分されるという未曾有の事態が生じた。春秋時代の末期には、長江の下流に位置する呉〔？－前334〕と越〔？－前473〕があいついで勃興した。

各地区の経済や文化の発展が不均衡であるので、春秋時代の住民には華夏と戎、狄、蛮、夷という区別があった。経済や文化がかなり先進的な国が華夏を自称し、立ち遅れている周辺の小国や部族を戎、狄、蛮、夷とよんだのである。戎、狄、蛮、夷は長期にわたって華夏と入り交じって暮らしたので、相互に影響を及ぼし合い、文化や礼俗の面での差は日をおって少なくなった。春秋時代の末年になると、もともと中原の各地に分散して住んでいた戎、狄、蛮、夷はほとんど華夏と融合してしまった。長期にわたる相互の混戦のなかで、強国に併呑されてしまった小国が少なくなく、当初は120か国余りあったのに、春秋時代の末期にはその三分の一しか残っていなかった。

🔵 **呉王夫差〔？－前473〕の矛** 湖北省江陵県の馬山楚墓から出土。中央が盛り上がり、血槽があり、「呉王夫差自作用矛」の2行8字が金象嵌されている。呉王夫差は前495年に即位。呉国と越国の滅亡後、両国の王室の貴重な兵器はすべて楚国の都城に運ばれたので、楚墓から出土した

🔵 **越王句践〔？－前465、在位前497－前465〕の剣** 湖北省江陵県の望山楚墓から出土。鍔に藍色のガラスと緑色のトルコ石を象嵌し、剣身に「越王自作（作）用鐱（剣）」という2行の鳥篆〔鳥跡の篆ともいい、鳥の足跡のような書体で、篆書の変体〕の銘文がある。造りが優れていて、2000年余り経ているけれども、鋳造したばかりのような状態で出土し、冷たい光を放っている

第1編 中華文明の起源と国家の誕生

2. 戦国の七雄

群雄割拠から統一へ　春秋時代末年には、列国の兼併によって、残っていたのは斉、楚、燕、韓、趙、魏、秦の七大国だけで、'戦国の七雄' といった。戦国時代には、戦争の規模がいっそう拡大され、より頻繁に行われるようになった。前4世紀中葉、魏の大将の龐涓〔？－前341〕が大軍を率いて趙の首都の邯鄲〔現在の河北省邯鄲市〕を包囲すると、趙が斉に救援を求めたので、斉王は孫臏を軍師とし、趙の救援に向かわせた。孫臏は魏の国内の兵力が手薄であるのに乗じて、まっすぐ魏の都城の大梁〔現在の河南省開封市〕に向かった。龐涓は邯鄲の包囲を解いて救援に向かったが、途中で斉軍の待ち伏せ攻撃にあい、大敗を喫して帰国した。これこそ、'魏を包囲して' 趙を救った有名なエピソードにほかならない。

前230年から前221年にかけて、秦が韓、趙、魏、楚、燕、斉をつぎつぎに打ち破り、天下を統一し、七国が雄を争う局面に終止符が打たれた。

中国では、春秋時代に鉄製の農具がはじめて現れ、戦国時代に使用地域が拡大した。それと同時に、普遍的に牛耕が行われるようになった。その結果、土地の利用率が向上し、農産物の収穫量が増大した。各国は、農業を発展させるために、水利工事をきわめて重視した。秦国の蜀郡の太守の李冰が岷江の中流に建設した、洪水の防止と灌漑を兼ねた工事——都江堰——がもっとも有名である。都江堰（現在の四川省都江堰市に位置する）の建設によって、岷江の水害が一掃され、広大な農地が灌漑の便に恵まれ、成都平原は肥沃な地と化し、'天府の国'〔肥沃で産物が豊かな国〕という美称を得るにいたった。2000年余り、都江堰はずっと同地の人民に幸福をもたらしている。

↑都江堰水利施設の全景

◯人形銅燈　戦国時代。照明用具。1957年に山東省諸城市の葛埠口村で出土。人が両手でランプを捧げ、その足元に龍がとぐろを巻いている

◯武士闘獣紋銅鏡　戦国時代。顔を映す道具。1975年、湖北省雲夢県の睡虎地秦墓から出土。裏面に、二人の勇猛な武士が、右手に剣、左手に矛を持ち、二匹の豹と格闘する図が描かれ、形態が活き活きとし、秦人の尚武の精神を反映している

◯戦国の七雄と周辺国の勢力図

第1編　中華文明の起源と国家の誕生　25

3. 文化における'百家争鳴'

　春秋・戦国時代は、社会が動揺し、各種の勢力があいついで興亡を繰り返し、新しい思想や思潮も空前の活況を呈し、文化における'百家争鳴'〔儒家、法家、道家などの各種の学術思想がたがいに論戦を展開して盛んになったこと〕を迎えるにいたった。

孔子と儒家

　孔子〔前551－前479〕は名を丘という。'子' というのは先賢に対する尊称である。孔子は儒家学派の創始者で、その思想の核心をなすのは仁である。仁というのは、人を尊重し、人に対して同情心をもたなければならないということで、'仁者は人を愛す' である。孔子は、人が仁の基準に到達したければ、'己に克ちて礼に復る' べきであり、自己を抑制し、制約を課すことで道徳水準を高め、礼の要求に適合すべきであると指摘している。孔子は偉大な教育者でもあった。官学と異なる私学を創設し、出身の貴賤、家庭の貧富を問わず、広く門下生を募った。みずから虚心に他人に学ぶことができ、そのうえ学んで厭わず、学生に対しては'人を誨えて倦まなかった'。'これを知るを知ると為し、知らざるを知らざると為せ' という実事求是〔事実に即して正しい方法で問題に対処する〕の態度を提唱した。その言論は『論語』に集められている。学識が該博で、後世の儒家の経典（『詩経』、『書経』、『礼記』、『易経』、『春秋』、『楽経』、いわゆる '六経' を含む）は、いずれも孔子が審査して決定したといわれている。のちに、孔子の学説は中国古代の正統思想になり、後世に非常に大きな影響を及ぼした。孔子自身は '聖人'、あるいは '至聖' という尊称を奉られている。

孟子と荀子

　儒家の代表的人物には、孟子（名は軻）と荀子（名は況）もいる。

　孟子〔前372?－前289〕は、人の性は善であると主張し、仁政を行うよう提唱した。民が貴く君は軽いと主張し、君主は人民を重視しなければならない、君主に大きな過ちがあれば、臣下は諌め、諌めても聴かなければ君主を易えてもかまわない、暴君については、臣民は起ち上がって誅滅してもかまわないと指摘している。戦争で他国を征服することに反対し、仁政を行い、民心の帰順をかち取り、不戦をもって服させる、すなわち、「仁者に敵なし」を主張した。今日まで伝えられている『孟子』は、孟子の弟子が編んだもので、孟子の言動を記している。孟子は孔子の学説と思想を継承、展開し、中国古代に孔子

↑孟子

第1部　中国の歴史と文化

に次ぐ影響力を有する儒家の宗師になり、'亜聖' とよばれている。

荀子〔前313?－前238〕は、人の性は悪であると主張し、人の性を善とする孟子と鋭く対立した。人の本性は悪であり、したがって天性の聖賢はありえず、人の性が善であるのは教化を受けた結果であると指摘した。それゆえ、礼を非常に重視した。礼とは綱常と倫理道徳のことであり、礼は社会における人と人との関係を調節するなかで重要な役割を果たしていると指摘した。

百家争鳴

戦国時代には、諸子百家が競って興った。儒家と並び称される著名な学派には、墨家、道家、法家、兵家などがあった。

墨家の創始者の墨子（名は翟_{てき}）〔前468?－前376〕は戦争に反対して兼愛を提唱し、奢侈に反対して節倹を提唱した。

道家の老子（姓は李、名は耳）〔孔子とほぼ同時代の人といわれている〕は天道自然、無為にして治まるを主張した。対立する要素は転化することができると見なしていたが、これは素朴な弁証思想である。

荘子（名は周）〔前369?－前286〕は自然と社会の万事万物に対して相対的な観点を持し、自然無為を尊んだ。

法家は社会はたえず進化するが、社会の前進は君主の権威に頼るべきだと見なした。法家の学説を集大成したのは韓非〔前280?－前233〕である。

兵家の鼻祖は〔春秋時代の〕孫武で、著書の『孫子兵法』は世界最古の兵書である。「己を知り彼を知らば、百戦殆_{あや}うからず」という軍事の格言は、同書のものである。孫武の子孫である〔戦国時代の〕孫臏_{そんぴん}も傑出した軍事家で、孫武の軍事思想を継承、発展させ、『孫臏兵法』を著している。

🔼 老子騎牛図

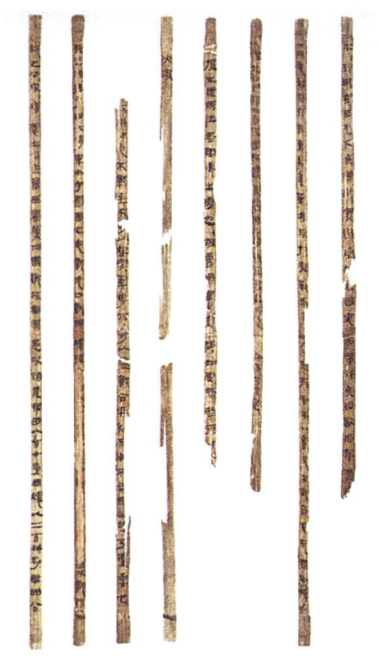
🔼 『孫臏兵法』の断簡　1972年に山東省臨沂市の銀雀山漢墓から出土

第1編　中華文明の起源と国家の誕生

第2編

統一国家の樹立

<u>概観</u>　戦国時代の初期、秦は辺鄙な西部に位置し、社会経済の発展が中原〔黄河の中・下流域一帯、現在の河南省の大部分、山東省の西部、河北省と山西省の南部〕の大国よりも立ち遅れていた。中原の大国は秦を軽んじ、夷狄〔異民族に対する蔑称〕の国と見なし、各国の同盟に参加するよう招請しなかった。秦は、孝公〔在位前362－前338〕のときに、発奮して強大になろうとして、広く賢才を招いた。衛の商鞅〔前390?－前338〕はそのことを聞きつけると、秦にやって来て、孝公に富国強兵の方法を進言し、孝公は商鞅の主張に大きな興味を抱き、商鞅を登用して改革を実行した。その改革によって、秦は急速に強大になった。商鞅の変法*の100年余りのち、秦王の嬴政〔のちの始皇帝。在位前247－前210〕が即位すると、六国〔韓、魏、楚、趙、燕、斉〕を兼併する戦争を引き起こした。

六国は軍事的に秦国の攻勢に抵抗しがたいので、一方で連合を求め、同時にその他の手段をも採用して秦と対抗したが、そのうちもっとも驚くべき一幕こそ荊軻〔?－前227〕が秦王を刺殺しようとしたエピソードにほかならない。荊軻は斉の壮士で、燕の太子である丹〔?－前226〕が亡国の危機を救うために、買収して刺客にしたのである。太子の丹は荊軻を上賓として遇し、宝馬車騎、美食歌女でできるかぎりその欲望を満足させ、ひいては自分が心から愛していた千里馬を殺してその肝を食べさせさえした。秦軍が大挙して燕を攻める危急のときに、荊軻は太子の丹の命を奉じ

⬆秦始皇陵の遠景　陝西省西安市臨潼区にある

て秦に使者として赴き、秦王の刺殺を図った。出発するさい、太子の丹と部下が一様に白色の孝服を身にまとって荊軻を易水のほとりまで送っていくと、荊軻は悲歌を唱って別れを告げた。そのなかの'風蕭蕭として易水寒し、壮士一たび去って復た還らず'の二句は、永遠の絶唱になった。荊軻は秦国に着くと、秦王の嬴政にまみえ、燕国の地図を献上した。秦王が巻物の地図を開いていくと、地図のなかに隠しておいた匕首が姿を現した。歴史上、'図窮まって匕首見わる'〔土壇場で露見する〕という。荊軻は匕首を手にとって秦王を刺そうとしたが、秦王は必死にもがき、袖を引き裂いて逃げ出し、一命を取り留めた。荊軻は追いかけて刺そうとしたが、最終的に秦王の抜いた剣で左腿を断ち斬られた。秦王の左右の武士がどっと押し寄せ、荊軻を殺した。

　六国は荊軻のような忠臣や義士が乏しくなかったけれども、結局、秦の強大な軍事力に抵抗のしようがなかった。秦王の嬴政は前230年から、わずか10年で六国を兼併し、550年も続いた春秋・戦国時代の混戦の局面に終止符を打ち、中国史上最初の、統一された、多民族の、専制主義的中央集権国家――秦朝――を樹立した（前221年）。

　しかし、秦朝（前221－前207年）の統治は残虐を極め、わずか14年で覆され、中国史上もっとも短命な王朝に終わった。ついで興った漢朝（前202－後220年）は秦国が早々に滅亡した教訓を汲み取り、経済を発展させ、民に休息を与え、日の出の勢いで発展し、ひいては中国史上最初の全盛期を迎えた。

秦将軍俑　陝西省西安市の秦俑博物館蔵

秦軍吏俑　陝西省西安市の秦俑博物館蔵

 1　秦朝による統一

> 秦王の嬴政は六国を兼併したのち、咸陽（現在の陝西省咸陽市）を首都とする大帝国を樹立した。そして、天下を統一した自分の功徳をひけらかし、至高無上の権威を確立するために、'皇帝'という尊号を作り出し、始皇帝を自称し、子孫を二世皇帝、三世皇帝とよび、万世にいたるまで、代々、踏襲することを宣布した。同時にまた、今後、皇帝は'朕'と自称し、皇帝の高貴さを示すことをも宣布した。

1. 秦の始皇帝の功業

秦の始皇帝の功業　秦の始皇帝は支配を強化するために、中央集権国家を強固にする一連の措置を講じた。民衆が武器を収蔵することを禁止し、没収した武器を溶解して廃棄し、12体の金人〔金製の人物像〕を鋳造し、宮殿の前に並べた。経済面では、重農抑商政策を推進し、土地私有制の発展を促し、秦国の度量衡を基準にして全国の度量衡を統一し、各国の貨幣を廃して全国の幣制を統一し、全国の水陸の交通を発展させるために、首都から全国各地に通ずる街道を建設した。また、秦国の文字を基準にして全国の文字を統一したが、秦朝による文字の統一は、中国のその後の発展に計り知れない影響をもたらした。国土が広大であるうえ、分裂割拠の局面がたえまなく出現したため、各地の方言が統一されなかったが、文字は終始一貫して統一されていた。それは秦朝による文字の統一と重要な関係がある。

北方の遊牧民族である匈奴*が侵略してくると、始皇帝は大軍を派遣して反撃し、黄河以南の土地を取り戻し、匈奴を北方の草原地帯に追い払った。さらに、匈奴の侵攻を防ぐために、戦国時代に秦、趙、燕の3国が北辺に築いた長城を連結し、西の臨洮（現在の甘粛省岷県）から東の遼東（現在の遼寧省東部）に至る万里の長城を建設した。

↑陝西省府谷県内の秦長城烽火台

焚書坑儒　秦朝の暴虐な支配の結果、古代の制度を遵守すべきだという儒者の非難が巻き起こった。始皇帝はそれを聞くと、民間に収蔵されている各種の書

30　第1部　中国の歴史と文化

籍を焼却し、秦国の史書と医薬、卜筮、農業などの書籍だけは焼くなという命令を発した。この'焚書'によって、古代文化の典籍が非常に大きな損害をこうむった〔前213年〕。

　焚書の翌年、またも'坑儒'事件が発生した。始皇帝は方士〔方術の士〕に不老長生の仙薬を求めさせたが、方士は仙薬が手に入らなかったばかりか、始皇帝が権勢を貪ることを仙薬が手に入らない理由とし、示し合わせて逃亡した。始皇帝はそれを聞いて激怒し、誹謗の罪があると見なした460人余りの儒者を生き埋めにしたのである。

🟠秦坑儒谷　秦の始皇帝が儒者を弾圧したところで、陝西省西安市臨潼区韓峪郷の洪慶堡に位置する

　始皇帝は咸陽に豪華な阿房宮を造営し、自分の享楽に供し、また、驪山（現在の陝西省西安市臨潼区）に自分のために巨大な規模の陵墓を造営した。あいついで5回にわたって大規模な巡遊を行い、名山や景勝地に功績を記した石碑を建て、名声と威勢をひけらかした。不老長生の仙薬を求めるために、方士の徐福に男女の子ども数千人を率いて日本に赴かせた。それらのために、巨大な財力と人力を費やし、人民の苦しみを増し、強烈な反抗を引き起こし、前207年、秦朝は滅亡した。

秦始皇陵

　秦始皇陵は驪山の北麓に位置し、地上は高大な封土に覆われ、地下は広大な規模の宮殿である。史書によれば、巨大な墓室は驪山を穿ち、銅液を注いで鋳込んだものである。墓内には各種の宮殿が建てられていて、珠玉や宝石がその間に満ちあふれ、さらに、夜光玉で日月星辰を作り、水銀で川や湖や海を作っている。近年、秦始皇陵の付近でたえず陪葬墓が発見されている。世界的に有名な兵馬俑群は、秦始皇陵の東側の陪葬墓内で発見されたものである。兵馬俑群は雄大な気概の地下軍陣で、あわせて8000点余りの兵馬俑からなり、戦車兵、騎兵、歩兵などさまざまな兵種がそろい、さらに馬や戦車もある。兵馬俑は本物の兵や馬と同じ大きさで、形象が真に迫っており、非常に活き活きとしている。

秦俑第一号坑の先鋒隊列。陝西省西安市臨潼区の秦俑博物館

第2編　統一国家の樹立　31

2. 項羽と劉邦の戦い

陳勝と呉広の指導した農民大蜂起

秦の始皇帝〔在位前247－前210〕は、在位中、人民を過酷に支配した。前209年、陳勝〔？－前208〕、呉広〔？－前208〕ら900人余りが、徴兵されたときに大雨のために到着が遅れ、処刑される危険に直面した。陳勝、呉広らは処刑に甘んぜず、大事業をする決意を固め、こうして秦朝に反抗すべく蜂起した。人民は秦朝の支配にすでに忍ぶにも忍べなくなっていたので、各地がただちに呼応し、陳勝、呉広らを擁して将軍とし、野原を焼き尽くすような烈火が燃え上がった。しかし、蜂起軍がたえず勝利をかち取るのに伴い、陳勝は徐々に驕りたかぶり、敵を軽んじ、朋友をだんだん遠ざけるようになり、のちに自分の車夫に殺された。

楚漢戦争

陳勝と呉広の指導した農民大蜂起の後を継いで、項羽〔前232－前202〕と劉邦〔前256か247－前195〕とのあいだで全国の支配権を争奪する'楚漢戦争'が展開された。項羽は旧貴族の出身で、祖父は戦国時代末年の楚国の名将で、秦国に殺された。秦が全国を統一したのち、ひそかに賓客の子弟を組織、訓練し、仇を討とうとしていた。前209年、陳勝と呉広が秦朝に反抗して蜂起すると、項羽は挙兵して呼応し、陳勝と呉広が死ぬと、またたくまに秦朝に反対する軍勢の主力になった。

劉邦は農家の出身で、若いころ亭長（下っ端の役人）をしていたことがあり、闊達で度量が大きかった。囚人を服役させるために驪山に護送していく途中、囚人があいついで逃亡すると、残りの囚人を釈放し、自分は山中に逃れて隠れ潜んだ。陳勝と呉広が蜂起して秦朝に反抗すると、衆人を集めて呼応した。秦朝に反対する闘争のなかでは、項羽の兵力のほうが劉邦よりも強大であったが、劉邦のほうがさきに秦朝の都城の咸陽に攻め入って秦朝を滅ぼした。項羽は激怒し、出兵して鴻門（現在の陝西省西安市臨潼区鴻門堡村）に進駐し、劉邦を攻撃しようとした。そのとき、項羽は40万の兵を擁していたが、劉邦のほうは10万の兵しかなかった。劉邦は兵力が劣っていることを自覚しており、みずから鴻門に赴き、項羽に謝罪した。項羽は宴を設けて劉邦を歓待したが、宴席の雰囲気は緊張していた。項羽の謀士である范増〔前277－前204〕は何回も項羽に劉邦を殺すよう合図したが、項羽はためらって決行しなかった。范増はまた武将の項荘に剣舞で興を添えることを口実に、劉邦を刺殺するよう託した。劉邦の謀士の張良〔？－前186〕は情況が切迫しているのを目にすると、将軍の樊噲〔？－前189〕を宴席に闖入させた。樊噲は義をふまえて容赦なく項羽を叱責したので、項羽は口をつぐんでなにも

言わなかった。劉邦はその機に乗じて宴席から脱け出して逃亡した。これこそ、有名な'鴻門の会'〔前206年〕のエピソードにほかならない。

項羽は勢力が突出しており、覇権を握り、自分を西楚の覇王に、劉邦を漢王に封じ、西南一帯を支配した。劉邦は秦を滅した勝利の果実を項羽に独占されるのに甘んぜず、軍を率いて東方に進出し、四年もの長きにわたる楚漢戦争を引き起こした。最終的に、楚軍が大敗を喫した。漢軍は楚軍を垓下（現在の安徽省霊壁県の南部）に包囲し、夜になると楚の歌を唱ったので、楚軍は士気が動揺した。項羽は愛人の虞姫〔？－前202〕と酒を酌み交わし、憂い嘆いて、

　　　力は山を抜き気は世を覆う、時利あらず騅逝かず、
　　　騅逝かざるを奈何すべき、虞や虞や若を奈何せん。

と唱った。項羽は少数の騎兵を率いて包囲を突破し、烏江（現在の安徽省和県）に至ると、みずから首を刎ねて死んだ。楚漢戦争は、最終的に劉邦が天下を取り、漢朝を樹立して終止符が打たれた。

⬆「垓下遺址」の碑　劉邦は項羽を完全に包囲し兵士に楚の国の歌を唱わせ、「四面楚歌」の言葉が生まれた（写真提供：世羅徹）

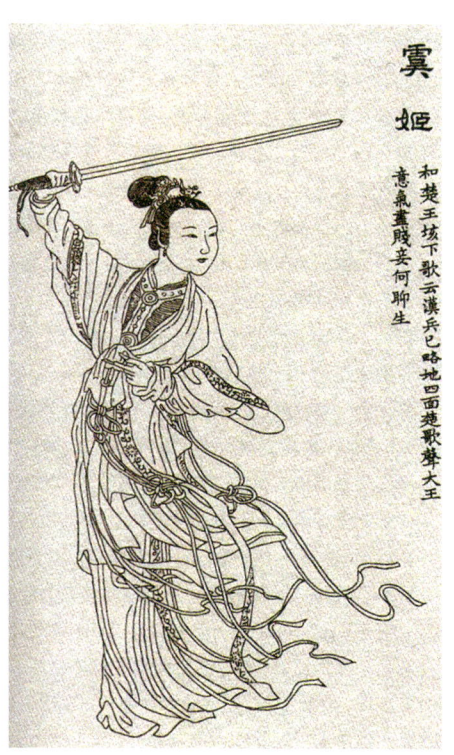
⬆虞姫像　「覇王別姫」の物語は悲壮で感動的で、虞姫も中国史上の不朽の女性になっている。清代の上官周〔1665－1749?〕『晩笑堂画伝』より

第2編　統一国家の樹立

 2 漢朝の興亡

> 劉邦〔前256か247－前195、在位前202－前195〕は若いときは気ままに暮らし、儒者を軽蔑していたが、秦朝に反対する蜂起軍のなかでも、ややもすると儒者を侮辱していた。皇帝を称したのち、謀士の陸賈はつねに劉邦に儒家の経典の『詩経』や『書経』を称えていたが、劉邦は自分は馬上で天下を得たのであり、『詩経』や『書経』は役に立たないと見なしていた。陸賈は、「馬上で得たものを馬上で治められるわけではありますまい」と言った。そこで、劉邦は陸賈に命じて、書を著して秦が天下を失った原因を論述させ、戒めとした。劉邦はさまざまな措置を講じて農民の小作料を減らし、国力を強大にした。
> 　漢朝（前202－後220年）は前漢と後漢からなり、それぞれ西部の長安（現在の陝西省西安市）と東部の洛陽（現在の河南省洛陽市）を都城とした。前漢の武帝劉徹〔在位前141－前87〕のとき、経済が繁栄し、国力が強大になったが、それは漢朝の頂点であったばかりか、中国古代の最初の全盛期でもあった。

1. 前漢から後漢へ

文景の治　　前漢の文帝劉恒〔前180－前157〕と景帝劉啓〔前157－前141〕は、在位中に農業生産の発展に力を入れ、農民の徭役、兵役、賦税の削減に力をそそぎ、倹約を提唱するとともに、身をもって実践した。劉恒は20年余りの在位中に、宮殿や庭園は一つも増やさなかった。自分の陵墓を造営したが、簡略を旨とし、金銀の装飾を許さなかったので、陶製の瓦を使うしかなかった。社会がかなり安定し、経済が急速に発展し、庶民の生活は非常に豊かになり、国庫も充実した。食糧庫は新穀が古穀を押しつぶし、穀類が倉庫の外に堆積し、黴が生じて腐乱するほどであった。国庫の大量の銅銭は、長年使われず、銭の孔に通して束ねている銭差しがすべてぼろぼろになり、散乱した銅貨は計算のしようがなかった。歴史上、成功したこの時期の治政を'文景の治'という。

武帝による'天下大統一'　　前漢の武帝劉徹〔在位前141－前87〕は傑出した才知と方略の持ち主で、その在位中が前漢の最盛期であった。中国の皇帝が年号*を定めるのは、武帝から始まった。16歳で即位したが、前漢朝はすでに70年ちかい発展を経ていた。同姓の諸王の勢力を減らして、中央集権を強化した。政治思想上の'天下大統一'を実現するために、'百家を罷黜し、独り儒術を尊ぶ'ことを宣布し、儒家学説を唯一の正統思想とし、その他の学説はすべて排斥し、儒学教育の推進に大いに努め、太学を設立した。太学は中国古代の最高学府で、儒家の五経（『詩経』、

『書経』、『礼記』、『易経』、『春秋』）を主要な教材にし、その他の各家の学説は学ばせなかった。それ以来、儒家思想は中国の歴代王朝の統治思想になり、後世に計り知れない影響を及ぼした。匈奴の侵略*の恐れを取り除くために、匈奴と30年にもわたって戦争を繰り広げた。その結果、匈奴が敗れ、漠北（モンゴルのゴビ大砂漠以北のことで、その南側は漠南といった）に退き、二度と漢朝と対抗することができなくなった。こうして、前漢朝は政治、思想、軍事の面で'天下大統一'を実現し、最盛期を迎えるにいたった。

後漢朝の興亡

前漢代後期になると、官吏が貪欲で暴虐を極め、農民は生活がとても苦しく、各地で暴動があいついで起こった。外戚（皇帝の母親や妻の一族のこと）の王氏がその機に乗じて徐々に政権を支配していった。後9年、外戚の王莽〔前45－後23〕が漢朝にとって代わって新朝を樹立した。しかし、まもなく、各地でまたも大規模な蜂起があいついで起こり、新朝は滅亡した。蜂起の領袖の劉秀〔前6－後57〕は25年に帝を称した。すなわち、後漢朝（25－220年）の光武帝である。後漢朝はつぎつぎに各地の割拠勢力を平定し、あらためて国家の統一を実現した。後漢朝の初期60年余りは政治が安定し、経済が回復、発展した。その後、皇権が衰退し、外戚と宦官（宮中で皇帝や皇帝の家族に仕える、去勢された男性）が競って幼い皇帝を擁して勝手に振る舞い、朝政が非常に混乱した。184年、黄巾の大蜂起が勃発し、各地で呼応する者が少なくなかった。蜂起は鎮圧されたけれども、後漢政権も瓦解に向かった。

🔼甘泉宮遺跡　陝西省淳化県の北部にある。前漢代には、甘泉宮で諸侯王の接見、外国の使臣の招宴などがつねに行われた

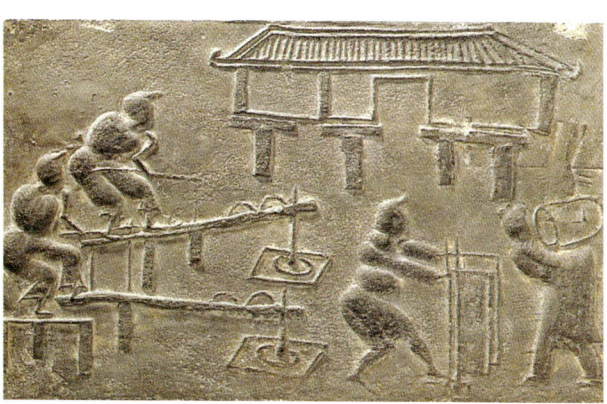

🔼舂米画像塼　後漢代。1955年に四川省彭山県で出土

第2編　統一国家の樹立　35

2. 漢代の文化

司馬遷と『史記』

司馬遷〔前145か135-?〕は中国古代の歴史家である。父親の司馬談〔?-前110〕も前漢朝の史官で、司馬遷は幼いときから知識欲に燃え、20歳のときに天下を遊歴し、各地の史蹟、伝説、風俗、民情を探訪し、歴史上の英雄たちの気概に感銘を受け、非常に博識多才にもなった。前108年、父親の仕事を引き継ぎ、国家の史官（太史令）になり、上下、古今を貫通する歴史書を執筆し、君主の賢明さと臣下の忠誠ぶりを称賛する決意を固めた。しかし、任官してまもなく、匈奴の討伐に向かい、敗れて投降した李陵〔?-前74〕を弁護したため、武帝の不興をこうむり、腐刑（生殖器を切り取る刑罰）に処せられた。歴史書を執筆するという目標を実現するために、古代の著名な人物にならい、困窮のなかで執筆し、18年の年月を費やして不朽の著作である『史記』を完成させた。『史記』は中国の最初の紀伝体*の通史で、上は伝説中の黄帝から、下は漢の武帝の時代にいたる歴史を記している。『史記』が創造した紀伝体という新しい体裁は、その後の2000年間、王朝の歴史を編纂する規範になった。われわれは、『史記』を読むときに、依然として司馬遷の強烈な個性に感銘を受け、その知恵を理解することができる。司馬遷は活き活きとした豊富な記述で、人びとのためにはるか古代を再現している。

⬆司馬遷祠　陝西省韓城市の南部、黄河西岸の梁山の東麓に位置する司馬遷の墓地の傍らにある

文化芸術

漢代は絵画芸術が発達した。現存する馬王堆漢墓の帛画(はくが)は、縦205センチで、画面は上、中、下の三つの部分に分かれ、それぞれ天上、人間(じんかん)〔人の世〕、地下の情景が描かれており、描写が精緻、色彩が絢爛で、きわめて貴重な芸術的価値を具えている。

漢代以来、装飾的な壁画が流行し、大量の宮殿や邸宅を彩っているだけでなく、陵墓のなかにも壁画が少なくない。墓室の壁画は、線が力強く、色彩の濃淡に気概が感じられ、画面の立体感が非常に強く、厚葬を徳とする漢代の社会風俗を反映している。壁画の内容は人物車馬、楽舞狩猟、飲宴祭祀などが多く、やはり官僚や地主の生活を反映している。後漢代には、官僚や地主はつねに墳墓や祀堂の石材の画像に、陰線や陽線の彫

第1部　中国の歴史と文化

刻を施しており、それを画像石という。画像石の題材は豊富で、漁猟、耕作、紡織、宴会、戦闘、伎楽、舞踊などの場面、および歴史故事もみられる。

　漢代の彫刻芸術もすばらしい。陝西省興平市の霍去病〔前140－前117〕墓の墓前の石獣群は、天然石の形態を利用して少ししか手を加えておらず、造りが素朴かつ古風で、重厚で力強い。後漢代の陶俑〔陶製の人形〕は出土が非常に多く、そのうち成都の説唱〔講談師〕俑と洛陽の雑技〔曲芸〕俑は造形が活き活きしていて、漢代の貴重な芸術品である。1969年に甘粛省武威市で出土した青銅製の奔馬像は、馬の高さ34.5センチ、長さ45センチで、飛ぶように走っている造形で、首を高々ともたげ、尾を振り上げ、三本の足が空を蹴り、一本の足が燕の背を踏みつけている。それゆえ、'馬踏飛燕'ともいう。奔馬は造形が真に迫り、構想が精巧で、国内外における知名度が高いので、中国観光のロゴマークになっている。

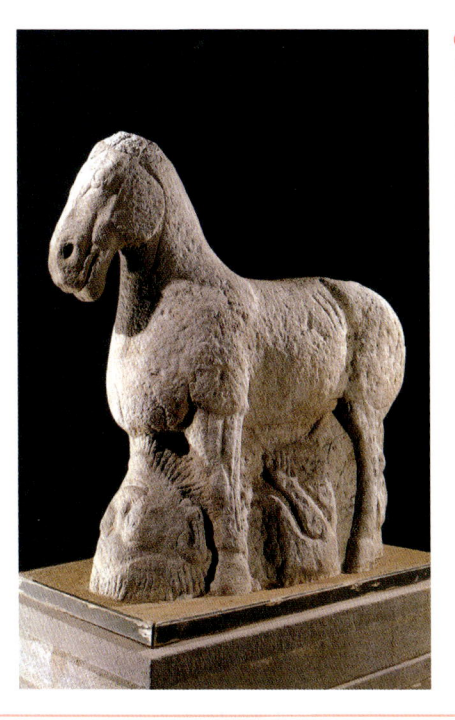

⬅馬踏匈奴石彫　陝西省興平市の霍去病の墓から出土。馬蹄の下で天を仰ぐ匈奴人の形象は、漢王朝と北方の匈奴との対立を反映

⬆馬王堆帛画　前漢代。1972年に湖南省長沙市馬王堆で出土。湖南省博物館蔵。帛画は三段に分かれ、上段は九輪の紅日、弦月、扶桑樹、燭龍、天門、豹、門神を描いて天国を象徴、中段は杖をついて立つ墓主の肖像を描き、下段は水府〔水神の居所〕の図形を描き、大地の鼇、魚、蛇、神仙、妖怪などを載せる、墓主の霊魂を導いて昇天させる絵である

3. 漢代の科学技術

蔡倫、紙を発明

漢代における重要な科学技術の成果は紙の発明である。中国古代における書写の材料は竹簡〔竹片〕、木牘〔木札〕、絲帛〔絹布〕であった。しかし、竹簡や木牘はかさばって重く、絲帛は価格が高く、いずれも書写の材料には適していなかった。甘粛省天水市の後漢代初期の墓から麻から作った紙が一枚出土している。これは、これまで知られているものでは世界最古の紙である。植物繊維による製紙方法の普及は、後漢代から始まった。当時、宦官の蔡倫〔？－121〕が先人の経験を集大成して、樹皮、麻、ぼろ、古い魚網などを粉砕して発酵させ、パルプにして作った紙は、価格が安く、質がよく、書写に適していたので、全国であまねく作られ、生産量が増大した。その後、紙は完全に竹簡、木牘、絲帛にとって代わり、通常の書写材料になった。中国の製紙法は朝鮮、日本、中央アジア各国に伝えられ、またアラブを経てヨーロッパにも伝えられ、世界の文化の発展を促進した。

↑蔡倫墓　陝西省洋県にある。蔡倫はその功によって龍亭侯に封ぜられたので、蔡倫の作る紙を当時の人は「蔡侯紙」といった

『九章算術』

『九章算術』は、多勢の人が改訂、増補して完成した数学の名著で、246問の算術の問題とその解答からなり、9章に分かれている。問題には耕地の計算、土地の測量、粟と米との交換、比例分配、倉庫の容積、土木工事の計算、賦税の割り当てなどが含まれている。これらの問題の解答では、分数計算法、比例計算法、平方根と立方根の求め方、二次方程式と連立一次方程式の解法をも利用し、さらに負数の概念と正負数の加減法をも提起している。本書の出現は中国古代数学の完璧な体系の形成を意味し、本書は朝鮮、日本などに伝えられ、のちにはさらに日本語、ロシア語、ドイツ語、フランス語などに翻訳されている。

渾天説

天体の構造については、中国には相異なる三種の学説、つまり宣夜説、蓋天説、渾天説*があった。宣夜説は、無限の宇宙は'気'から構成されていて、日月星辰は宇宙の虚空のなかを漂っていると見なした。蓋天説は、天はかぶっている編み笠、地は裏返しの大皿に似ており、日月星辰は天蓋に従って運動すると見なした。渾天説は、天地の像は鶏卵の黄身のようで、天が外、地が内で、天が大きく地が小さく、

第1部　中国の歴史と文化

天が動き地が静止していると見なし、科学的には依然として非常に大きな欠陥があるけれども、上述の二つの説よりも実情にちかいので、かなり長期にわたって中国の宇宙構成の学説を支配していた。後漢代の傑出した天文学者の張衡〔78-139〕は渾天説の代表的人物で、『霊憲』という天文書を著し、天体発展の問題を解説している。月光は日光の反射、月蝕は月が地球の影に入ったために生ずることを正確に解明し、さらに惑星の運動の速度はその惑星と太陽との距離と関係があることを認識していた。

⬆地動儀の模型　張衡は渾天説にもとづいて、132年に地震の方位を観測する世界最初の計器である地動儀を作製した

張仲景と華佗

中国医学の体系も、この時期に完璧なものになった。戦国時代に編纂され、前漢代に最終的に完成した『黄帝内経（こうていだいけい）』は、中国の現存最古の医書である。後漢代に出現した『神農本草経』は、あわせて365種の薬物を収録しており、薬物学の最初の完璧な著作である。

きわめて有名な医学者に張仲景と華佗（かだ）がいた。後漢代末期に、張仲景〔2-3世紀〕の故郷で悪性の伝染病が流行し、張仲景の一族も3分の2が病死したが、十人中七人は傷寒（中医のいわゆる各種の熱病）で死んだことになるので、張仲景は民間の処方を広く探し求め、自分の臨床経験と結び付け、医学の名著『傷寒雑病論』を執筆し、中医の理論と治療の原則を全面的に明らかにしている。張仲景は医術が優れていたので、後世の人びとに'医聖'として尊ばれている。

華佗〔？-208？〕は中薬と針灸に精通していた。針や薬で治すことのできない疾病については、外科手術で治した。まず病人に酒で'麻沸散'を服用させて麻酔をかけ、しかるのちに手術を行った。全身麻酔で外科手術を行うこの方法は、世界史上の壮挙である。華佗は、人体は平常に活動しなければ、飲食は消化されず、血脈が流れず、若い人は疾病が生ずると指摘している。また、'五禽の戯'、すなわち、虎、鹿、熊、猿、鳥の動きにならって身体を強健にすることを提唱している。

⬆帛画「導引図」（模写）　前漢代。1973年に湖南省長沙市馬王堆の漢墓から出土。導引は呼吸運動と身体運動を結合した中国古代の医療健康法

第2編　統一国家の樹立

4. シルクロードと東西交流

張騫と西域

武帝〔在位前141－前87〕のとき、漢朝は西域*の各民族と手を組んで匈奴に対抗することを画策し、張騫〔？－前114〕がみずから勇気を奮って使者として赴くことを名乗り出た。しかし、張騫らは出発してまもなく匈奴に拘禁され、匈奴のもとで10年間過ごした。匈奴が監視の目を緩めると、張騫は西方へ逃亡して大宛国と康居国に至った。両国の協力のもとで、ついに大月氏国〔中央アジアに位置し、匈奴と戦って敗れたことがある〕の国王にまみえた。帰国の途中、またも匈奴に1年余り拘留された。艱難辛苦のすえ、やっと長安（現在の陝西省西安市）に帰還した。西域の各民族と連合する目的は達成できなかったけれども、漢朝は西域の情況をあらためて理解することができた。その後、張騫はふたたび使者として西域に赴いたので、漢朝は烏孫〔天山山脈の北方にいた遊牧民族〕などと連絡をつけることができた。

シルクロード

漢朝は絹織物業が発達し、品質がよく、品柄が豊富で、遠く国外にも売りさばいていた。首都の長安から西へ、中央アジア、西アジア、南アジアに通ずる街道を切り開き、中国の絹織物を売りさばいたので世に名を知られるようになった。それこそ、有名な'シルクロード'にほかならない。

シルクロードは、東は漢朝の首都の長安から、河西回廊の武威、張掖、酒泉、敦煌四郡を経て、しかるのち南北両路に分かれる。南路は、陽関（現在の甘粛省敦煌市）を出ると、タリム盆地の東端を経て南西に折れ、崑崙山の北麓沿いに西方に向かい、葱嶺（現在のパミール高原とカラコンロン山脈）を出ると、中央アジアの南部、西部、地中海の東岸、あるいは南アジアに到達することができた。北路は、玉門関（現在の甘粛省敦煌市の北西部）を出て、天山の南麓に沿って西方に向かい、葱嶺を越えると、中央アジアの北部に到達することができた。

最初にこの街道を通じさせ

↑張騫出使西域辞別漢武帝図　唐代。甘粛省敦煌市の莫高窟壁画。漢の武帝が群臣を率いて長安郊外に赴いて張騫を見送るのを描いている。笏を持って地上にひざまずいて別れを告げているのが張騫

40　第1部　中国の歴史と文化

たのは、張騫である。その後、前漢朝は西域に行政機関を設け、さらに一歩進めてこの街道の交通と貿易の発展を促した。後漢朝の班超〔32-102〕は西域の長官を30年間つとめ、シルクロードを保護、改善するために重要な貢献をした。97年、班超が甘英を使者として大秦（ローマ帝国の東部）に派遣すると、甘英は現在のペルシア湾まで到達したものの、そこで阻止されて引き返した。166年、大秦王（ローマ皇帝のアントニウス・ピウス、在位138-161）の派遣した使者が洛陽〔後漢朝の首都〕に到達した。ヨーロッパの国家の使者が中国を訪問した最古の記録である。

⇧盤羊頭杖頭飾　漢代。内モンゴル自治区ジュンガル旗で出土、1962年に内モンゴル博物館に収納。盤羊は盤角を特徴とするモンゴル草原の野生動物で、匈奴人の主要な狩猟対象であった

◯東西交流

シルクロードが通じたのち、中原〔黄河の中・下流域一帯、現在の河南省の大部分、山東省の西部、河北省と山西省の南部で、当時の中国の中心部〕と西域、ひいてはいっそう遠方の地域とさえ、経済、政治、文化のつながりが日ましに密接になった。西域の葡萄、石榴、馬肥やし、空豆、胡麻、胡瓜、胡蒜、胡桃などがつぎつぎに伝来し、西域の駿馬、駱駝、各種の奇異な禽獣をはじめ、珍しい毛織物がたえまなく伝来した。西方の音楽、舞踊、絵画、彫塑、建築、天文、暦方、医薬や科学技術の知識、さらに仏教、イスラームなどの宗教も中国に伝来した。中原地区は西域に大量の絹織物と金属工具を送り出すとともに、鋳鉄や鑿井の技術を西域に伝えた。中国の絹織物は、中央アジアを経てローマ帝国に運ばれ、ローマの皇帝や貴族は絹織りの服装を身に着けることを栄誉としていた。

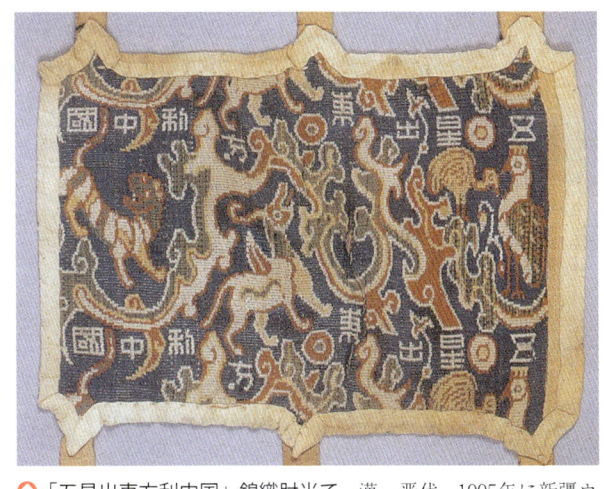

⇧「五星出東方利中国」錦織肘当て　漢-晋代。1995年に新疆ウイグル自治区民豊県のニヤ遺跡の墓地から出土。色彩が艶麗、図案が清新で、孔雀、仙鶴、虎、龍などの形象とともに、「五星出東方利中国」の句が織り込まれている

第2編　統一国家の樹立

3 政権の分立と民族の融合

後漢代の後期、外戚と宦官が交互に権力を握り、政治は暗黒と化し、貧困と戦乱によって人民の苦しみが激化した。張角〔?－184〕らが太平道を創始し、教徒と連絡を取り、大衆を動員し、184年、蜂起を決行した。蜂起軍は黄色の頭巾をかぶり、黄巾軍と号した。黄巾軍が鎮圧されたのち、後漢朝の外戚と宦官はまたもたがいに殺し合い、その結果、共倒れになった。軍閥の董卓〔?－192〕が兵を率いて洛陽に入り、一度は権力を握った。後漢朝の末代の皇帝である献帝劉協〔在位189－220〕は人に束縛され、あちこちを転々と流浪したすえ、220年、曹操〔155－220〕の息子の曹丕〔のちの魏の文帝。187－226、在位220－226〕に廃され、後漢朝は滅亡した。それ以来、中国の歴史は三国鼎立の時代（220－265年）に突入した。

1. 三国の鼎立

赤壁の戦い

後漢代末年、軍閥の董卓に反対するため、各地の州牧や郡太守はあいついで挙兵し、袁紹〔?－202〕を盟主に推した。その後〔196年〕、曹操は献帝を擁して許昌（現在の河南省許昌市）に遷都し、政治的に'天子を擁して諸侯に命令を発する'有利な地位を手に入れた。袁紹を破って北方を統一すると、一気呵成に江南〔長江の中・下流域一帯〕を平定しようとした。208年、みずから20万の大軍を率いて南下し、5万人たらずの劉備〔のちの蜀漢の昭烈帝。161－223、在位221－223〕、孫権〔のちの呉の大帝。182－252、在位222－252〕の連合軍と長江南岸の赤壁〔現在の湖北省赤壁市北西部の赤壁山〕で遭遇し、長江を隔てて対峙した。曹操の軍は北方の出身者が多く、水上戦に通じておらず、また南方の気候風土に適応せず、伝染病が流行した。曹操の軍は鉄索で戦船を一つに連ねていた。その結果、船の揺れが減じ、士卒は船酔いにならなくなったが、行動しにくくなった。連合軍がまさにその点を衝いて曹操の戦船に放火したので、曹操の軍は大敗を喫した。これこそ、'天下の三分'を決定づけた'赤壁の戦い'にほかならない。

三国の鼎立

赤壁の戦いののち、曹操は大損害をこうむり、北方へ引き揚げた。220年、曹操が死ぬと、息子の曹丕が献帝を廃し、みずから帝を称し、国号を魏に改め、洛陽に遷都した。翌年、劉備が成都で帝を称し、国号を漢とした。歴史にいう'蜀漢'である。222年、孫権が建業（現在の江蘇省南京市）で王を称し、国号を呉とした。歴史にいう'孫呉'である。それ以来、北方の魏が南方の蜀、呉両国と鼎立

する形勢が固定化された。まもなく、孫権も帝を称した。

　魏、蜀、呉の三国鼎立の局面は数十年しか続かなかった。蜀国の劉備が死ぬと、諸葛亮〔諸葛孔明。181－234〕が政治を輔佐したが、国は小さく力が弱かった。諸葛亮は呉国と盟約を結ぶとともに、西南夷〔現在の中国の西南にいた民族〕との関係を適切に処理し、蜀国の政権を強固にした。しかるのち、軍を率いて漢中〔現在の陝西省の南部〕に進駐し、魏軍と持久戦を展開した。諸葛亮が病死したのち、蜀国は保守的になり、政治が徐々に腐敗し、魏国に滅ぼされた〔263年〕。

⬆塢壁図（塼画）　三国時代の魏。1972年に甘粛省嘉峪関市で出土

　呉国は長江の中・下流域を本拠にし、農業が非常に発展し、絹織物業が徐々に勃興し、製磁業、冶金・鋳造業、造船業がかなり発達していた。江南の大運河の水系が整備され、かなり大きな通航の効果を発揮した。海上の船艦は、北は遼東まで、南は南海の諸国まで通じ、夷洲、つまり現在の台湾に出かけたこともある。

○『三国志』と『三国演義』

　魏代から晋代にかけて活躍した史学者の陳寿〔233－297〕は広く魏、蜀、呉三国の歴史資料を収集し、魏、呉両国の史書を基礎に、蜀国の出身という有利な立場を利用し、『三国志』を執筆した。陳寿は史学と文学の造詣が深く、史実の叙述が簡潔かつ明確で、条理が明確で、そのうえ取材をゆるがせにせず、三国の歴史を三部分〔「魏志」、「蜀志」、「呉志」〕に分けて叙述し、重大な史実はいずれもありのままに反映している。しかし、『三国志』の叙述は簡略すぎるので、後世の人〔南北朝時代の宋代の裴松之（372－451）〕が大量の資料を引用して注釈を施している。

　元代末期から明代初期にかけて、羅貫中が『三国志』を基本的な素材にして、民間の評話〔講談〕を手本にして芸術的に加工し、多数の典型的人物を造形し、非常に活き活きした作品〔『三国演義』〕に仕立てたので、三国の故事はだれもが知っており、ひいては国外でも巨大な影響を産み出している。

⬆神獣紋銅鏡　三国時代の魏。1987年に河南省洛陽市で出土。主要な図案はレリーフの神人と龍、虎

第2編　統一国家の樹立

2. 魏晋南北朝

西晋による統一と十六国

　265年、魏朝の権臣の司馬炎〔晋の武帝。236－290、在位265－290〕は魏朝を廃して自立し、国号を晋とし、洛陽を都城とした。歴史にいう西晋（265－316年）である。晋は呉を滅ぼし、三国鼎立の局面に終止符を打ち、全国をまたも統一した〔280年〕。その前後に、北方と西方の匈奴、羯、氐、羌、鮮卑という五つの民族があいついで中原〔黄河の中・下流域一帯〕に移住してきた。歴史にいう'五胡'である。まもなく、これらの民族の首領は西晋の内乱に乗じて、挙兵して晋朝に反抗した。316年、西晋は匈奴の一支族に滅ぼされた。ついで、上述のいくつかの民族は漢族とたがいに討伐し合い、それぞれ政権を立てたが、そのなかで比較的重要なものが16か国あった。歴史にいう'五胡十六国'である。

　五胡十六国の時代は民族の大分裂の時期であるが、同時に民族の大融合の時期でもあった。北方の民族は、中原に入ったのち、徐々に従来の遊牧生活を放棄し、漢族の農業生産技術を会得し、定住して農耕生活を始めた。'胡'はもともと北方の民族に対する中国古代の総称であったが、のちに意味が拡大し、胡麻、胡椒、胡餅、胡笳、胡琴など、およそ西北地域や域外の関連する事物は、'胡'の字を冠してよぶようになった。漢族はもともと床（寝台）に筵を敷いて腰を下ろしたり、ひざまずいたりしていたが、この時期になると、高足の胡床〔携帯用の折り畳み式の椅子〕、椅子、榻〔背もたれのない椅子〕が徐々に漢族固有の坐具にとって代わった。これら胡人のものが中原に伝来すると、人びとの生活は豊富多彩になった。

⬆「親晋胡王」印　西晋朝政府が北方の非漢族の首領に下賜した印章

東晋と南北朝

　西晋が滅亡したのち、皇族の司馬睿〔元帝。276－323、在位317－323〕が江南〔長江の中・下流域一帯〕にふたたび晋朝を樹立した。歴史にいう'東晋'（317－420年）である。東晋の時期は、北方ではまさに五胡十六国の時期にあたっており、戦乱が絶えず、北方で暮らしていた漢族が大挙して長江以南に移住してきたので、江南地区は急速に開発され、発展した。383年、北方の氐族が樹立した前秦朝の皇帝苻堅〔338〜385、在位357－385〕が90万の大軍を率いて南下し東晋

第1部　中国の歴史と文化

⬆騎馬武士陶俑　北魏代。1953年に陝西省西安市で出土。騎兵作戦を最初に採用した北魏朝は鮮卑族の習俗を数多く留めている

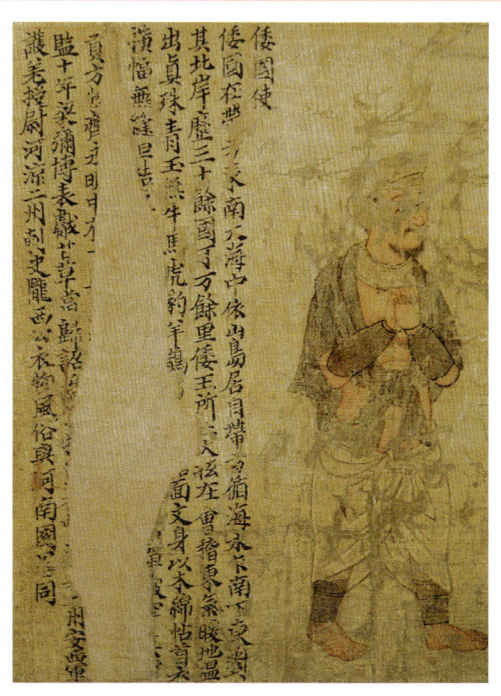

⬆伝蕭繹（梁の元帝。508-554、在位552-554）「職貢図」（一部）　中国歴史博物館所蔵の宋代の模写。倭国の使臣が描かれている

に進攻したが、惨敗を喫した。南方は戦禍を免れたので、経済と文化が急速に発展した。420年、東晋の大将の劉裕〔363-422〕が自立して皇帝になり、建国して宋〔420-479年〕と号し、東晋は亡んだ。その後、南方にもまたあいついで斉〔479-502年〕、梁〔502-557年〕、陳〔557-589年〕の3王朝が出現し、宋、斉、梁、陳4王朝はいずれも建康（現在の江蘇省南京市）に都城を置いたので、'南朝'と総称する。

　それと同時に、北方は依然として長期にわたって戦乱に見舞われ、鮮卑族の拓跋部が樹立した北魏が黄河流域を統一し、都城を平城（現在の山西省大同市）に定めるにいたって〔386年〕、やっと120年余りも続いた北方の戦乱の局面に終止符が打たれた。北魏の支配者は漢族の文士を登用し、政治や軍事の制度を整え、法律を定め、学校を設け、儒学を興し、平城を胡族と漢族の文化が入り交じる都市にした。孝文帝〔在位471-499〕のとき、首都を平城から洛陽に移すとともに、鮮卑の古い風習を改革する一連の措置を講じたので、言語、文化、風俗における北方の各民族の融合が促進された。その後〔534年〕、北魏は東魏〔534-550年〕と西魏〔535-556年〕に分裂し、さらにそれぞれ北斉〔550-577年〕と北周〔556-581年〕に変わった。この5王朝は、'北朝'と総称される。581年、北周の大臣の楊堅〔文帝。541-604、在位581-604〕が北周を滅ぼし、隋朝〔581-619年〕を樹立した。隋軍が南下して陳を滅ぼし、中国の南北はまたも統一された。

第2編　統一国家の樹立

3. 魏晋南北朝の文化

仏教と道教　前6世紀－前5世紀に古代インドで誕生した仏教は、現在の世界の三大宗教（仏教、イスラーム、キリスト教）の一つで、前漢代末年（紀元前後）に中国に伝来した。魏晋南北朝時代、社会が長期にわたって動揺して不安定であったので、仏教は大きく発展した。代々、苦しみをなめ尽くしてきた人民は現実の世界に対して無力さを感じていたので、仏教によって仏の加護と来世の幸福に希望を託すよう導かれたのである。支配者も仏教の教義から精神的な支持を得なければならず、積極的に仏教を提唱した。名僧の道安〔312か314－385〕が長安〔現在の陝西省西安市〕などで仏法を広め、支配者に崇め奉られた。道安は仏教の経典を整理、翻訳し、仏法を広める面で非常に大きな役割を果たした。仏教の経典の翻訳はすこぶる大規模で、天竺（古代インド）出身の鳩摩羅什〔344－413〕は、博学多識で漢語に通暁していた僧で、300巻ちかい仏教の経論の訳出を主宰した。仏僧が長安に雲集し、訳経に参加した僧は1000人にものぼった。

　当時、高僧がつねに経典を求めて西方へ赴き、東西交流の記録を残している。そのうち、もっとも称賛に値するのは法顕〔337?－422?〕である。399年、長安を出発し、非常に苦しい行程を経て、葱嶺〔パミール高原〕を越え、インダス河を渡って、北天竺に至ったが、仏教の経典が手に入らなかったので、天竺の各地を転々とした。さらに渡海して、獅子国（現在のスリランカ）、耶婆提国（現在のインドネシアのジャワ島かスマトラ島）まで赴いた。獅子国では、商人が中国の絹扇を仏に供え、悲しみにくれて涙を流すのを目にした。412年、経典と戒律を携えてインド洋を横断し、たびたび危険なめにあいながら、中国に帰国した。

　法顕は数十年間にわたって30か国余りを巡礼した行程を記述して『仏国記』全一巻を執筆したが、『法顕伝』、『歴遊天竺記伝』ともいう。同書は5世紀初めのアジア仏教史の重要な史料であり、中国とインド、パキスタン、スリランカなどとの友好往来の重要な研究史料でもある。

　道教は中国の土着の宗教である。後漢代に民衆のあいだで勃興し、創始者の一人は張陵（張道陵ともいい、道教徒は張天師と尊称する）〔34－156〕である。道教は陰陽五行で自然と社会を説明し、修身養性し、丹薬

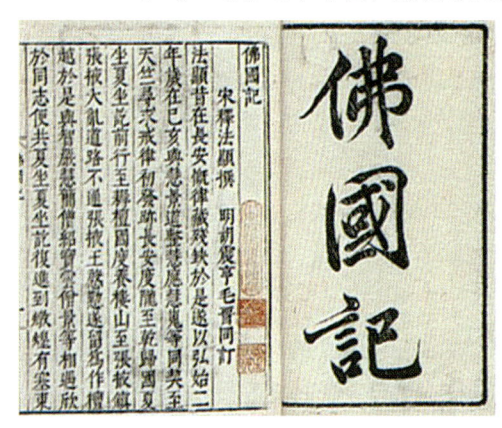

↑法顕『仏国記』

を服食して、道を得て仙人になることを主張し、李耳〔老子〕を教主として尊び、'太上老君'とよんだ。南朝では、道教と仏教との闘争が生じ、道教は仏教を外国の風習として排斥した。その実、道教も仏教の教理と戒律を吸収するとともに、寺院にならって道観を建立して、自己の発展に役立てた。

石窟芸術

仏教の伝来に伴い、西方の彫塑も伝来したので、石窟を開鑿し、仏像を彫り、精緻で輝かしい石窟が残っているところが少なくない。世界的に有名な芸術の宝庫——敦煌石窟〔甘粛省敦煌市東南部の鳴沙山にある〕——は、当時、開鑿されたのである。中原〔黄河の中・下流域〕では、山西省大同市の雲崗石窟と河南省洛陽市の龍門石窟がはなはだ有名である。

雲崗石窟は武周山の北麓に沿って開鑿され、東西が1キロ余りもあり、あわせて53か所の主要な石窟、大小の仏像が5万1000体も彫られている。そのうち、第20窟の露天の大仏は造形が雄大で、高さ13.7メートルで、顔の形が豊満柔和で、鼻がまっすぐで高く、両耳が肩まで垂れ、口が小さく唇が薄く、表情が厳粛で、代表的な彫刻である。

洛陽の龍門石窟は2100か所余りの石窟、仏像が10万体余り現存する。そのうち、「帝后礼仏図」は貴重な彫刻である。

地図学

中国には晩くとも春秋時代には地図が作られていたが、現存する最古の地図は、甘粛省の放馬灘で発見された戦国時代晩期のもので、木の板に墨で描かれている。湖南省長沙市の馬王堆で発見された前漢代の地図は、絹布に描かれ、山河と集落が詳細に描かれているばかりか、縮尺をも使用して

⬆菩薩石像　1996年に山東省青州市の龍興寺で出土。彫りが精細で、表情が含蓄に富み、微笑しており、北魏代の石像の代表作

⬆山西省大同市の雲崗石窟の大仏像　北魏代

第2編　統一国家の樹立　47

いる。西晋代の裴秀〔224-271〕は「禹貢地域図」の作成を主宰し、先人の経験を総括し、6項目の原則を提起した。すなわち、地図を作成するには、縮尺、地物の間の方向、地物の間の水平直線の距離、すなわち現代の地図学でいう縮尺、方向、距離という3要素を決定しなければならないと説明し、中国の伝統的な地図学の基礎を築いた。

絵画と書道

絵画では、依然として人物画が流行するとともに、山水画が出現した。有名な顧愷之〔345?-406〕の描く人物画は線が優美で、活き活きとしていて真髄を伝え、大事なところを引き立て、人物の表情はおもに瞳に表されている。代表作に「女史箴図」、「洛神賦図」がある。

書道は中国特有の芸術で、この時期になると、徐々に円熟してきて、多数の書家が出現したが、もっとも有名なのは王羲之〔303-361か、321-379〕である。ひたすら修練して、独特の風格を創造し、楷書、草書、行書など各種の書体に精通していたが、とりわけ行書が後人に称賛されており、「蘭亭序」は精美で、筆の運びが一気呵成であり、「天下第一の行書」と称えられている。王羲之は後人に'書聖'として尊ばれている。

祖沖之と円周率

祖沖之〔429-500〕は傑出した数学者、天文学者である。その最大の功績は円周率を推算したことである。祖沖之以前にも、円周率を研究するとともに、成果をあげた数学者たちがすでにいた。しかし、祖沖之はその数値をあまり精確でないと見なし、ひきつづき探索を続けた。祖沖之が推算した円周率の数値は3.1415926と3.1415927の間で、当時の世界でもっとも先進的な成果であり、

❶王羲之「蘭亭序帖」

ヨーロッパよりも1000年余りも先んじていた。二次方程式と三次方程式についても研究し、著書の『綴術(ていじゅつ)』は、唐代の国子監や朝鮮、日本で算学の教科書として使用された。天文暦法の面では、1年を365.2428日と測定したが、今日の天文観測の結果とわずか50秒の誤差しかない。

◯『隋書』「律暦志」中の、祖沖之の円周率に関する記述

◯顧愷之「洛神賦図」（北宋代の模写）の洛神

第3編

多民族国家の発展

概観　581年、北周の外戚で大丞相の楊堅〔541-604〕が北周に代わって帝を称し、隋朝〔581-618年〕を樹立し、まもなく隋軍が南下し、南朝の陳を滅ぼし、300年ちかく続いた南北分裂ののち、中国をふたたび統一した。隋朝を創始した文帝楊堅は治政に精励し、在位中に制度を改革し、生産を発展させ、安定平和の局面をもたらした。その後を継いだ隋の煬帝〔在位604-618〕は大規模なことを好み、功名心が強く、民力を惜しまなかった。在位していた10年余りのあいだに、大運河*を開鑿し、東都の洛陽を建設し、大規模な土木工事を興し、民を疲弊させ財力を消耗させた。ほとんど毎年巡遊に出かけ、人民に重い負担を強いた。高句麗〔前37-後668年〕に連続3回遠征を行い、非常に多数の死者を出した。兵役の徴発が非常に激しい地で、最初に農民暴動が起こった。しかし、煬帝はますます放縦暗愚になり、民間の美女を選抜して後宮を充実させるよう命じ、毎日酒色に耽った。また、鏡を手に取って自分を照らし、皇后に、「すばらしい首だが、だれが斬り落とすのだろうか」と言い、末日がじきに到来するのを予感していた。617年、隋朝の大将の李淵〔のちの唐の高祖。566-635、在位618-626〕が挙兵し、長安〔現在の陝

⬆隋大運河図

西省西安市〕を占領し、翌年、唐朝を建てて帝を称し、隋朝は亡んだ。

唐代（618－907年）には、中国史上でも数少ない全盛期がもたらされた。中国古代の最初の全盛期は漢代〔前202－後220年〕にもたらされたが、2回目の全盛期は唐代にもたらされたのである。唐代初期には、国家が統一され、社会が安定し、太平の様相を呈していた。世界的規模でみると、唐帝国は非常に重要で、非常に強大な国家の一つであった。唐朝の領土ははてしなく広く、高度の物質文明と高水準の文化によって、周辺の各民族が向上心を高め、国内の各民族間の接触と交流が空前絶後に発展し、民族関係がいっそう密接になった。唐朝の時期に、中国はアジア諸国の経済・文化交流の架け橋と中心になり、中国と西方との交流でも大きな役割を果たした。当時の世界で、文化交流の中心はインド、アラブ、中国であったが、この三つの中心のうち、中国の地位がもっとも突出していた。

唐代以後、中国領内の各民族の融合は非常に加速され、中国は多民族国家として安定した発展を始めた。単一民族の構成する国家と異なり、中国は古くから多民族で構成される国家であり、一時的な分裂を除けば、基本的に'天下大統一'の局面を維持している。特に、元朝〔1271－1368年〕と清朝〔1644－1911年〕によって、基本的に現代中国の領域が定まったのである。

⬆隋の五銖銭

⬆女子騎馬俑　隋代。1956年に湖北省で出土。女性が馬にまたがり、右手に鞭、左手に手綱を握り、形態が真に迫るほど活き活きしている

1 全盛期の唐朝

李淵〔高祖。565－635、在位618－626〕は、〔618年に〕唐朝を樹立したのち、都を長安（現在の陝西省西安市）に定め、長子の李建成〔589－626〕を皇太子に立て、次子の李世民〔のちの太宗。598－649、在位626－649〕を秦王に封じた。李世民は唐朝を樹立する戦争で赫々たる勲功を立てたので、単に秦王になるだけでは満足せず、皇位継承権を奪取する政治的野心を徐々に抱くにいたった。626年、兵を率いて皇宮に進入し、太子の建成を殺した。クーデターの勃発後、高齢の李淵は李世民を太子に立てるよう強いられ、2か月後、李世民に譲位し、太上皇を称した。この李世民こそ、唐朝の基礎を築いた太宗にほかならない。

1. 唐朝の隆盛

'貞観の治'　貞観〔627－649年〕は唐の太宗李世民の年号である。太宗は23年間在位し、治政に精励し、唐朝が全盛期に向かう基礎を固めた。賢才を登用することに注意し、虚心に臣下の意見を受け容れた。貞観年間には名臣が輩出したが、そのうち魏徴〔580－643〕がもっとも傑出していた。いやな顔をされてもあえて直諫し、前後して李世民に200回余り諫言を行い、その多くは受け容れられた。魏徴が病死すると、李世民は心から嘆き惜しみつつ朝臣に、'銅で鏡を作れば、衣冠を正すことができ、古を鏡にすれば、盛衰を知ることができ、人を鏡にすれば、得失を明らかにすることができる。わしはいつもこの三つの鏡をもち、過ちを犯すのを防いできた。いま、魏徴が死に、鏡の一つを失った'と言った。李世民は政策を重視し、徭役を軽くし賦税を少なくし、節約自制した。貞観年間には、牛や馬が野に満ちあふれ、穀類の価格が安定し、社会が平穏、経済が繁栄という様相が出現した。歴史にいう'貞観の治'である。

女帝武則天　武則天〔則天武后。624－705〕はもと高宗李治〔在位649－683〕の皇后で、もともと知謀に富み、文学や歴史に精通していたので、李治の病弱に乗じ、徐々に実権を掌握し、威勢が日ましに高まった。690年、武則天はみずから帝を称し、国号を周に改めた。武則天の在位中は、政局は混乱したけれども、基本的に既定の政策を踏襲し、社会はかなり安定していた。

❶武則天の無字碑　陝西省乾県の唐乾陵にある

52　第1部　中国の歴史と文化

705年、武則天は強いられて退位し、息子の中宗〔在位683－684、705－710〕が復位した。中宗が'則天大聖帝'という尊号を奉ったので、後人は'武則天'とよんでいる。中国史上の唯一の女性の皇帝である。中国古代の墓碑にはふつう墓主の生涯と業績が刻されているが、武則天の墓地には無字碑が一基しかない。この無字碑は、'自分の功過は後人が評価するので、文字は刻するな'という武則天の遺言にもとづいて建てられたものである。

'開元の盛世'

唐の玄宗李隆基〔在位712－756〕の在位中は、経済が繁栄し、国勢が盛んであった。歴史にいう'開元の盛世'である。杜甫〔712－770〕が「昔を憶う」で開元年間〔713－741年〕の繁栄ぶりを、'昔の開元の全盛の時を憶えば、小邑猶お万家の室を蔵するがごとし。稲米　脂を流し　粟米白く、公私の倉廩倶に豊実なり'と活き活きと詠じている。当時、江南〔長江の中・下流域〕は食糧の重要な産地で、おもに水稲を栽培していた。野菜には新しい品種が少なくなかったが、その大半は西域から伝来したものである。茶葉の生産が南方の農業で重要な地位を占め、喫茶の風習が全国的に盛んであった。

⬆胡人俑　唐代。1955年に陝西省西安市で出土

玄宗は、その後半に楊貴妃〔719－756〕を寵愛し、酒色に溺れ、政務を怠ったので、辺境防備の将領である胡人の安禄山〔？－757〕、史思明〔？－761〕を首領とする反乱〔安史の乱〕を招いた。8年にわたる戦争のすえ、唐朝はこの反乱をやっと鎮圧したが、それ以来、唐朝も衰退した。土地の兼併と政治の腐敗に伴い、農民は徐々に苦境に陥った。9世紀末、大規模な農民蜂起が勃発し、唐朝は瓦解し、907年、滅亡した。

⬆楊貴妃墓　陝西省興平市にある。756年、唐の玄宗は安禄山の反乱軍を避けるために首都の長安から西南に逃げたが、その途中、部下の将軍がクーデターを起こし、楊貴妃に死を賜るよう玄宗を強要したので、玄宗はどうしようもなく、身を切られる思いで楊貴妃に死を賜った。唐代の詩人の白居易〔772－846〕は「長恨歌」を作り、この悲劇と玄宗の遺恨を活き活きと詠じ、この動乱で犠牲になった楊貴妃に同情を表明している。中国の民衆のあいだでは、楊貴妃は死なず、日本の遣唐使とともに日本に渡ったと語り継がれており、日本には楊貴妃の美しい伝説と遺跡がいまなお残っている

第3編　多民族国家の発展

2. 周辺の各民族との関係

突厥と回鶻

唐代には、周辺の各民族が急速に発展した。ジュンガル盆地の北部の突厥〔トルコ系の民族〕が徐々に東方へ移動し、東・西両部に分裂した。7世紀末、東突厥が唐朝の辺境に侵攻してきたが、唐軍に敗れ、羈縻支配〔各民族の支配者に中国の官爵などを与えて自治を行わせ、間接支配を行う〕に服した。西突厥は西域を支配していたので、唐朝は西域に大軍を動員し、都護府〔異民族を支配する機関〕を設置し、葱嶺〔パミール高原〕以西に至った。

回紇（回鶻）〔トルコ系の民族〕はもと突厥に属していたが、のちに徐々に東突厥の地に進出し、馬と唐の絹や茶との交易を行い、唐朝と和親〔周辺の民族と姻戚関係を結ぶこと〕を行った。唐代末期に回鶻は分裂して移住し、そのうち西州回鶻は現在のウイグル族の祖、甘州回鶻は現在のユーグ族の祖になった。

突厥石人　唐代。1961年に新疆ウイグル自治区温泉県で出土。新疆ウイグル自治区博物館蔵

唐と吐蕃の和親

吐蕃〔7－9世紀〕は現在のチベット族の祖先である。唐代初期にソンツェンガンポ〔？－650、在位629－650〕が国家を樹立し、都を邏些（現在のラサ）に定めた。634年、ソンツェンガンポは使者を唐朝に派遣して通婚を求めてきた。太宗〔在位626－649〕は文成公主〔？－650。公主は皇帝の娘〕を嫁がせた。ソンツェンガンポは文成公主のために吐蕃に唐風の宮室を造営した。文成公主に率いられてチベット入りした漢人のなかには、手工業の工匠がいた。それに伴い、大量の書籍、手工業技術が吐蕃にもたらされた。また、中宗〔在位683－684、705－710〕のときには、金城公主〔中宗の養女。？－739〕を嫁がせて吐蕃と和親を行い、またも工匠が公主に従ってチベット入りした。のちに、吐蕃は精緻に書写した中国の書籍を手に入れ、馬、金器、瑪瑙杯、紡織品など、吐蕃の特産品も唐朝に伝来した。その後、唐朝と吐蕃は戦ったり和親したりしたが、邏些に建てた「唐蕃会盟碑」はいまなお現存している。

ソンツェンガンポ像　チベット自治区ラサ市のポタラ宮に祭る

南詔国

西南には、大理（現在の雲南省大理市）に建都した南詔国〔8世紀中葉－901年〕が出現した。その主要な住

第1部　中国の歴史と文化

民は現在のペー族の祖先である。南詔は唐朝の冊封〔中国王朝の官爵を与えられ、その秩序に組み込まれること〕を受け、経済文化交流が絶えなかったが、ときには戦火を交えることもあった。南詔は基本的に唐朝の官制を模倣し、儒学を尊重し、支配者はたえず子弟を成都に派遣して学ばせた。

⬆千尋塔　雲南省大理市にある。南詔国の最高の建築水準を代表する。漢族の工匠によって唐の開成年間（836-840年）以後に建造され、唐代の密檐式塔の逸品

契丹と靺鞨

東北の契丹族〔モンゴル系の遊牧民族〕は、古代の胡族の一支族である。契丹族の首領は唐代初期から代々唐朝の松漠都督〔現在の内モンゴル自治区パリン右旗を中心とする地域を管轄〕に任じられ、中国と交易を行っていた。

靺鞨族は現在の黒龍江省、吉林省周辺で渤海国〔713-926年〕を樹立した。渤海の政治、軍事制度の多くは唐朝の制度を模倣していた。靺鞨族は漢文を使用していたばかりか、使者を派遣して漢族の典籍をも求めた。靺鞨族と漢族は使者をたがいに招聘し合って交流を行い、つねに交易を行っていた。鴨緑江から海に入って登州（現在の山東省蓬莱市）に至って上陸するのが、渤海が内地と交流する要路であった。唐朝は青州（現在の山東省青州市）に渤海館を設置してその使臣を接待した。渤海はさらに少なからぬ学生を長安に派遣して漢族の先進的な文化と技術を学ばせた。

唐代に、周辺の各民族と漢族との交流は空前絶後に頻繁になり、各民族間の関係はいっそう密接になり、そのため、多民族国家である唐朝の発展は、壮大にして、また長足の前進がみられた。

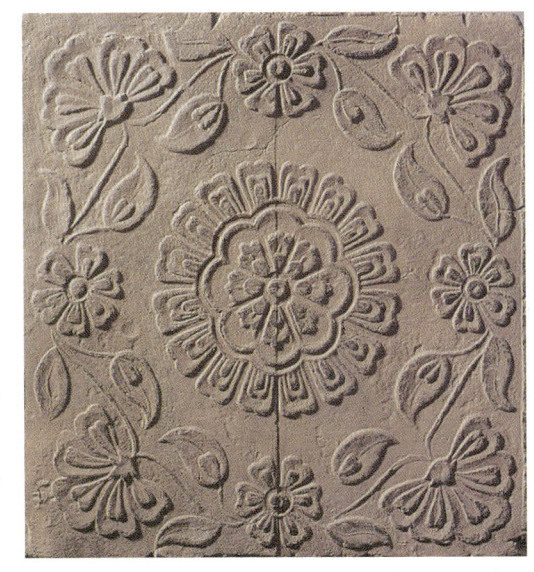

⬆牡丹紋方塼　黒龍江省寧安市の渤海上京遺跡から出土。上品で落ち着いている牡丹は、中国の民衆のあいだでは豊かさの象徴であり、この方塼は渤海に対する唐文化の影響を反映している

第3編　多民族国家の発展

3. 唐朝の域外交流

○ **対外交通**　唐代の中国は世界でもっとも発達した国家で、対外交通が発達していた。陸路の交通は、西域を経て、中央アジア、インドなどに通ずることができ、海路の交通は、広州を主要な海港とし、東南アジア各国やペルシア湾などに行くことができ、遼東半島、山東半島、東南沿海から船に乗って朝鮮、日本などに行くことができた。中国の海船は長さが20丈もあり、積載能力と耐風能力は大食〔アラブ〕の海船を凌駕し、600－700人も載せることができ、つねに広州とペルシア湾の間を往来していた。この時期、各国の使臣、商人、学者、宗教人が頻繁に往来し、中国と域外の交流は空前の活況を呈した。

長安〔現在の陝西省西安市〕は唐朝の政治、経済、文化の中心であり、西方へ通ずるシルクロードの起点でもあるので、内外の経済、文化交流の重要都市になった。各国の使臣、留学生、僧侶、商人が集まり、密接に接触していた。

○ **東アジアの隣国との交流**　中国は朝鮮半島と代々交流しており、隋代と唐代初期に中国が高句麗〔前37－後668年〕を侵略したときに、しばらく正常な交流が中断しただけである。高句麗の音楽と舞踊は隋と唐に非常に大きな影響を及ぼし、唐朝の十部楽には高麗楽がある。新羅〔前57－後935年〕は、朝鮮半島を統一したのち、唐と頻繁に交流し、唐代後期には新羅の留学生は200人余りにのぼ

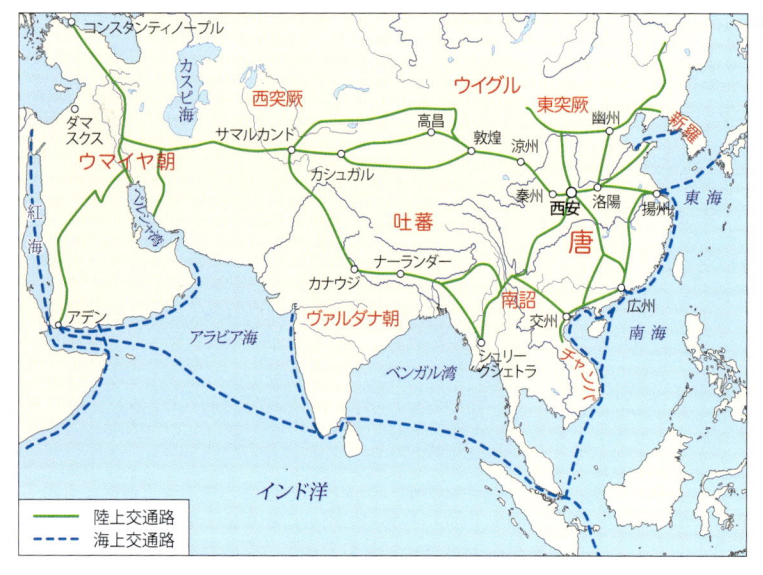

○唐朝対外交通図

○道賢法師経筒
中国の仏教の聖地である山西省五台県の五台山で発見され、現在は中国国家博物館蔵。経桶〔経筒〕は仏経を納める日本独特の容器で、これは銅製。表面に、「倭国椿谷椿山寺、奉納三部経一巻、為父母菩提敬白、延長三乙酉年〔925年〕八月十三日道賢法師」という銘文が楷書で彫られている。道賢法師は日本の有名な僧侶

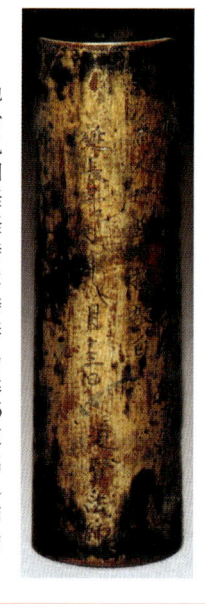

り、そのなかには王子が少なくなかった。唐代末期には、中国の科挙*に合格した新羅人が非常に多かったが、そのうちもっとも有名なのは崔致遠〔858-?〕である。崔致遠は、12歳のときに中国に留学し、18歳で科挙に合格した。著書の『桂苑筆耕集』は今日まで伝えられている。新羅は唐朝の制度を参考にして法令・制度を制定した。7世紀末、留学生の薛聡〔655-?〕は漢字を利用して'吏読〔漢字の音・訓を利用して朝鮮語を表記する方法〕を考案し、朝鮮語の助詞や助動詞などを表すのに用い、朝鮮の文化的発展を大きく促した。中国の沿海には新羅の商人が住む都市が少なくなかった。

日本は古くは倭国といい、唐代に日本と改称した。日本と中国は一衣帯水の隣国で、漢代から正式の交流が始まり、唐代にいたって両国の交流はいっそう密接になった。

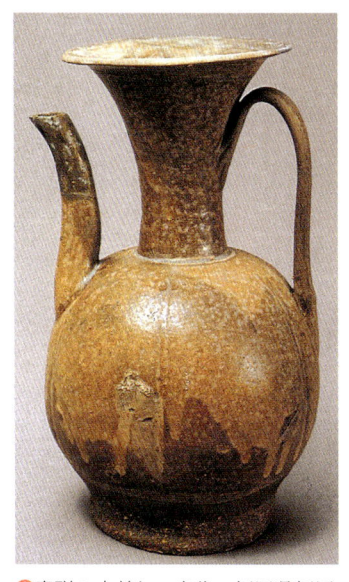

●青磁の水差し　唐代。福岡県福岡市の鴻臚館遺跡から出土

インドなどとの交流

唐朝とインド（当時は天竺といった）との交流で重要な役割を果たしたのは、仏僧の玄奘と義浄である。玄奘〔602-664〕は若いころ、天竺に赴いて仏法を求める志を立て、貞観年間〔627-649年〕初年、長安を出発し、現在の新疆、中央アジアなどを経て、最終的に天竺に到達し、645年、大量の仏教経典を携えて長安に戻ってきた。その後、経典を翻訳する機関を発足させ、あわせて75部、1335巻の経典を翻訳するとともに、旅行中の見聞にもとづいて『大唐西域記』を執筆し、途上の多数の国家や地域の情況を記した。同書は、7世紀中葉における中央アジア、アフガニスタン、インド、パキスタン、バングラデシュ、ネパール、スリランカなどの歴史や地理の貴重な研究資料であり、中国の西域を研究するのにも非常に価値がある。

僧侶の義浄〔635-713〕もややのちに仏法を求めて海路でインドに至り、訳経のほかに、著書〔『大唐西域求法高僧伝』、『南海寄帰内法伝』など〕をも残している。

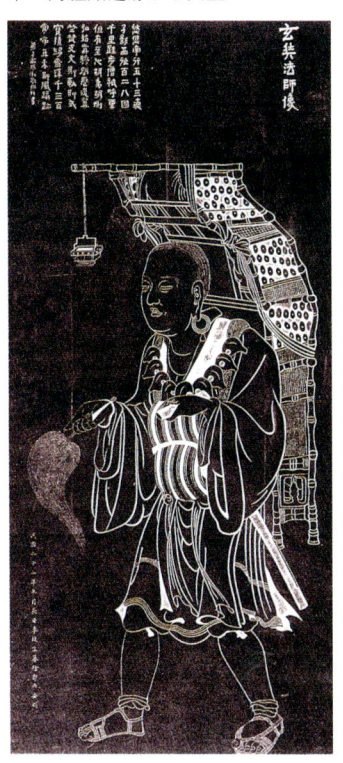

西アジアとの交流

唐朝と大食、ペルシア（現在のイラン）との交流は密接であった。751年、唐朝の大将の高仙芝〔?-755〕はタラス河の会戦（現在のカザフスタン

●「玄奘取経図」（拓本）　陝西省西安市郊外の興教寺の玄奘墓塔内にある

第3編　多民族国家の発展　**57**

のチアンプル付近）で大食に敗れ、中国の製紙職人が捕らえられ、その結果、製紙法がサマルカンドに伝えられ、同地に中央アジアで最初の製紙工場が建設された。イスラームは唐代初期に大食から中国に伝来した。広州から出発する海上航路は、インド亜大陸をめぐったのち、ペルシア湾岸に到達することができた。大食の商人の活動範囲は西はマラッカから、東は中国に至ったので、中国との通航によって中国と東アフリカ、北アフリカとの経済交流を促した。オマーンは東アフリカの象牙が中国に運ばれる中継点であった。

　中国とペルシアは'シルクロード'による交流も密接であった。ペルシア人は長安などに店舗を開設し、銘酒を売り出した。唐代の墓からアラブの金貨やササン朝〔226－651〕の銀貨がたえず発見されていることは、交易がつねに行われていたことを物語っている。景教＊〔ネストリウス派キリスト教〕など西方の宗教もペルシアを経て伝来した。

↑大秦景教流行中国碑（拓本）　唐代。陝西省西安市の碑林博物館蔵。大秦はローマ帝国、景教はネストリウス派キリスト教のこと。同派は428年に正統派と分裂したのち、7世紀初めに中国に伝来した。その教義、教規、中国における伝播情況を記す

↑玄奘題名石仏座　唐代。陝西省銅川市の玉華宮遺跡から出土

第1部　中国の歴史と文化

4. 絢爛たる文化

道教と仏教

中国の道教は李耳〔老子〕を教主として奉り、唐朝もまた李姓であったので、唐朝の初めから支配者は道教を仏教よりも優遇し、唐朝の大半の皇帝は道教を信奉した。仏教の政治的地位は道教に及ばなかったけれども、その影響力と寺院の経済力についていえば、実際には道教を凌駕していた。唐代の仏教は正式の宗派を形成し、おもに天台宗、法相宗、華厳宗、禅宗があり、そのうち、禅宗は中国化の度合いがもっとも高く、もっとも広く流行した。

史学

中国には'盛世に史を修む'という言葉がある。唐代は社会が繁栄し、文化が発達したが、それ以前の王朝の歴史を編纂する面でも突出した成果を収めた。中国が代々伝えてきた二十四史＊のうち、唐代に編纂されたものが八つもある（政府が『晋書』、『梁書』、『陳書』、『周書』、『北斉書』、『隋書』を、李延寿が『南史』と『北史』を編纂している）。劉知幾〔661－721〕の『史通』は非常に価値の高い史学理論書であり、杜佑〔735－812〕の『通典』は歴代の法令や制度を総括し、中国史学の「政書」〔もっぱら法令や制度について記載した書籍〕体の先駆をなした。

唐詩

唐代の文学は、中国史上で突出した地位を占め、詩歌の創作、古文運動〔南北朝時代から流行していた、四字句と六字句を交互に繰り返す美文調の四六駢儷文に対して、漢代以前の散文の復興を唱え、韓愈（768－824）が代表的存在〕、民間文学などの面で、輝かしい成果をあげている。古典の詩歌は、唐代に全盛期を迎えた。『全唐詩』〔清朝の勅令を奉じて1703年に編纂〕は5万首ちかい詩歌を収録し、作者は2200人余りにのぼっており、唐代には有名な詩人が輩出し、永遠にうたい継がれている名詩が少なくない。唐代の代表的な詩人は、李白、杜甫、白居易である。李白〔701－762〕は、詩にはロマンチックな色彩が満ちあふれ、マンネリズムに陥っていないが、官界では不如意であった。杜甫〔712－770〕は、社会の弱者にすこぶる同情的で、詩には憂国憂民の愛国の情愛が満ちあふれている。白居易

⬆写経紙　唐代。甘粛省敦煌市の千仏洞で発見

第3編　多民族国家の発展　59

〔772－846〕は、活き活きとした描写で、いっそう庶民的な色彩が濃い。この3人の作品は、現代にいたるまで社会に巨大な影響をもたらしている。

絵画と書道

唐代には絵画の名手が数多く登場し、人物画、山水画、花鳥画が大量に描かれた。後世に大きな影響を与えた画家に、閻立本と呉道子がいる。閻立本〔？－673〕は、もともと人物故事画に秀で、代表作に「歴代帝王図」がある。呉道子〔呉道玄。？－792〕は画聖として尊ばれている。西域の暈染法〔紅や墨などにじませる画法〕を吸収するとともに、墨痕のなかに別の色彩を施し、画面に立体感をもたらしている。

漢代から魏代に移るころから、書道は定型化した篆書、隷書のパターンを脱け出し、楷書、行書、草書に変わった。隋・唐代には、全国がふたたび統一されたのに伴い、南方の風流瀟洒な筆法がついに北方の謹厳で保守的な風格を圧倒し、全国的に流行した。他方、南北交流を基礎に、探索と努力のすえ、唐代にまたも新たな風格が形成された。書道の大家には顔真卿〔709－784〕、柳公権〔778－865〕らがいた。両者の楷書は、構造が厳密で、規範が精密である。宋代の人びとは両者の楷書を印刷体に用い、「宋体字」といい、いまなお使われている。

⬆弈棋仕女絹図　新疆ウイグル自治区トルファン市の唐墓から出土

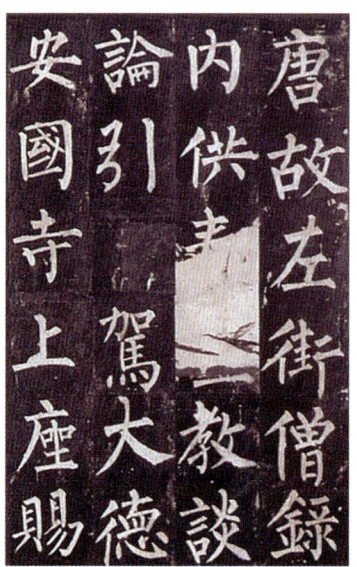

⬆「玄秘塔碑」（拓本）　唐代の柳公権の書。碑は陝西省西安市の碑林博物館蔵

彫塑と壁画

　唐代の彫塑と壁画には貴重なものが非常に多い。昭陵の六駿〔昭陵は唐の太宗（在位626－649）の陵で、陝西省礼泉県北東部の九嵕山にあり、六駿は太宗の六頭の乗馬のレリーフ〕、龍門の仏像、敦煌の莫高窟など、現存する彫塑は世界的に有名である。莫高窟は偉大な芸術博物館であり、唐代は敦煌芸術の全盛期である。莫高窟のもっとも主要な作品は塑像と壁画である。それまでの仏像にくらべ、唐代の塑像には世俗化という特徴がみられ、仏と菩薩の塑像は端正荘重で、慈愛に満ち、温和である。洞窟の四方の壁は絢爛たる壁画に埋め尽くされ、経変画〔仏教説話図〕は画面が巨大で、内容が豊富、構図が緊密で、有名な「維摩詰経変画」は中国化の傾向がきわだっている。大型の塑像の出現と極楽世界に対する浄土宗の経変画の描写は、ともに唐代における経済的繁栄をある程度反映している。経変画の内容は、農地、収穫、伐採、狩猟などの生産活動、および角抵〔力や技を競う競技〕、百戯〔舞踏、曲芸、手品など大衆向けの興行〕などにも及んでおり、社会生活を克明に描写している。供養する人びとの像は、当時の各民族、各階級、各階層の人物を活き活きと反映している。

⬆三彩*駱駝載楽俑　1957年に陝西省西安市の唐墓から出土

⬆三彩女俑　1957年に陝西省西安市の唐墓から出土

⬆大食人俑　唐代。陝西省西安市で出土

第３編　多民族国家の発展

5. 先進的な科学技術

　唐代は生産力が向上し、経済が繁栄し、科学と技術の発展に有利な条件を提供した。それゆえ、科学技術の領域で輝かしい成果を収めた。

木版印刷　木版印刷*は隋代に生まれ、唐代中葉以後に徐々に全国に普及した。868年に印刷された『金剛経』は、巻頭が図版で、本文の文字が精美であり、印刷技術がかなり円熟していたことがわかる。近代にイギリス人が盗み出し、現在はロンドンの大英博物館に蔵されている。成都市の望江楼付近の唐墓から出土した『陀羅尼経』は、中国国内に現存する最古の印刷本である。木版印刷術の発明によって、大量の書籍を印刷する条件がもたらされた。日本と朝鮮半島では、8世紀に印刷された仏教経典が現存しているが、唐朝と交流していた僧侶がもたらした可能性がある。1966年に韓国の慶州の仏国寺で発見された漢訳仏経の印刷本は、唐代の武周〔武則天（624－705）が創始した周朝のこと〕の時期〔690－704年）のものと認定されている。木版印刷は海外に伝えられ、世界文化の発展を促した。

'薬聖' 孫思邈　孫思邈〔581－682〕は有名な医学者、薬物学者である。先人の経験と遺産を総括し、先秦代以来の医学書や民間の医学の経験を分類して『千金要方』と『千金翼方』にまとめている。あわせて5000余りの処方、800種余りの薬物を記載し、診療の秘訣、針灸の方法、養生術について周到詳細に論述している。この両著は中国の薬学史上重要な地位を占めている。孫思邈は、医師が人を治療するときには困難や危険を避けず、寒冷を恐れず、ひたすら治療に駆けつけ、しかも果断かつ

⬆『金剛経』　唐代。1900年に甘粛省敦煌市の千仏洞で発見。大英博物館蔵

大胆に、勇気を発揮するよう要求している。孫思邈のエピソードは民衆のあいだで語り伝えられ、多くの地方に、'薬王洞'、'薬王山' など、その遺跡があり、後世の人びとから '薬聖' として尊ばれている。『千金要方』と『千金翼方』は日本、朝鮮などに伝えられ、医師に研修されている。

○僧一行と「大衍暦」

中国古代には、農業生産の必要から暦法を非常に重視したが、代々使われていた '陰陽暦' は正確ではなく、朝廷の威信の低下をもたらしたので、唐の玄宗〔在位712－756〕が一行和尚に暦法の改正を命じた。

一行〔673か683－727〕は、いっそう正確に天文観測を行い、科学的な数値にもとづいて従来の暦法の不充分なところを補充、修正しなければならないと考えた。そこで、まず天空における太陽の運行を観測する各種の器具を作成し、それらの器具で太陽と天空の星象を観測し、それと同時に全国にあわせて12か所の観測地点を設け、それらの地点で同一の日時に北極星の高度と各種の天象を測定し、同一の高度の圭表〔石の台の上に圭を平らに置き、南側に目印の表が立ててあり、日脚の長さで時間の長さを計る〕で日影の長さを測定し、節気の時刻を修正した。724年、一行の組織した大規模な天文観測が行われた。人類史上はじめて統一的に行われた大規模な天文観測であり、貴重な資料を大量に入手した。この観測を基礎にして、一行は新しい暦法──「大衍暦」──を編纂した。これは古代の非常に優れた暦法である。

↑『千金要方』と『千金翼方』

第3編　多民族国家の発展

2 民族政権の並立と離合

　唐朝の滅亡〔907年〕後、中国政治は重心を失い、分裂割拠の局面がふたたび出現した。中原地区〔黄河の中・下流域〕には後梁〔907－923年〕、後唐〔923－936年〕、後晋〔936－946年〕、後漢〔947－950年〕、後周〔951－960年〕という五つの王朝が出現した。歴史にいう五代である。南方と今日の山西一帯では、前後して10個の国家が樹立され、十国と総称する。それゆえ、この時期は'五代十国'〔907－960年〕とよばれている。後周代には、中原地区はすでに安定に向かった。後周朝がはぐくんだ宋朝はさらに十国の局面に終止符を打った。

　宋朝〔960－1279年〕は、経済と文化が高度に発展した帝国であった。その成果は人類の文明に対して深遠な影響を及ぼしている。中国古代の四大発明のうち、印刷術、火薬、羅針盤の三大発明が開発、応用されたのは宋代である。宋朝はさらに世界で最初の紙幣をも発行した。しかし、北方の民族の南進と侵略は、終始一貫して宋朝にとって大きな禍根であり、そのため、宋朝は中国古代において領域が最小の中原の王朝であったばかりか、最終的に滅亡させられた。

1. 北宋と遼、西夏、金との並立

北宋の樹立　960年、後周の大将の趙匡胤〔宋の太祖。927－976、在位960－976〕が陳橋（現在の河南省封丘県）でクーデター*を起こし、宋朝を樹立した。宋朝は前期には都を北方の汴京（現在の河南省開封市）に定めた。歴史にいう'北宋'である。後期には都を南方の臨安（現在の浙江省杭州市）に定めた。歴史にいう'南宋'である。

　北宋は皇帝の権力を強化するために、中央の権力を三分し、枢密使が軍政を、三司使が財政をつかさどり、宰相は民事しか扱えず、それぞれ皇帝に対して責任を負った。さらに、軍事の統帥の勝手な振る舞いを防止するために、軍隊を動員する権限と軍隊を統括する権限を分離する政策を実行した。軍事行動に出会うと、枢密院が皇帝の意向にもとづいて軍隊を動員したが、軍隊を直接統括することはできなかった。軍隊を統括する将領は皇帝が臨時に任命し、軍事行動の終結後、将領は軍権を返上させられた。地方に駐屯する軍隊の将領もつねに交代させた。このやり方は、武将が軍隊を擁して反乱を起こすのを防ぐには役立ったけれども、'兵に常帥無く、帥に常師無し'という局面をもたらした。宋朝の軍隊の戦闘力は非常に弱く、外敵を防御する大任に堪えること

↑宋太祖趙匡胤図

ができなかった。

◯遼と北宋との和戦

契丹族はもともと北方の遊牧民族の一支族で、916年、潢水(こう)(現在の内モンゴル自治区のシラムレン河)流域で建国し、つねに南方へ進攻した。947年、北宋の首都の汴京を攻略し、遼〔916－1125年〕と称した。その皇帝はつねに狩猟を行い、朝官が随行していたが、都城を'四時捺鉢(なつはち)'〔四季の気候に応じて移動した〕といった。その官制は、北面官と南面官がそれぞれ契丹族のことと漢族のことを管理し、北枢密院と南枢密院がそれぞれ契丹族の軍事と漢族の軍事をつかさどった。遼朝と宋朝の領域は、だいたい河北省の中部を境界にしていた。北宋朝は2度遼を攻撃し、失地の回復を図ったが、ともに成功しなかった。1004年、遼軍が南進し、黄河のほとりの澶州(せん)(現在の河南省濮陽市)に到達したので、汴京は恐慌状態に陥った。北宋は迫られて遼と屈辱的な澶淵〔澶州の雅名〕の盟約を締結した。それ以来、遼と宋は100年余り平和を維持した。

⬆鱗紋銀壺　1954年に内モンゴル自治区赤峰市の遼駙馬墓から出土。造形が美しく、当時の契丹族の工芸水準を反映

◯西夏と北宋との関係

西夏〔1038－1227年〕はタングート人(古代の羌族(きょう)の一支族)が樹立した国家で、中国の西北に位置していた。1038年、李元昊(りげん)(こう)〔1003－48、在位1032－48〕は皇帝を称し、国号を大夏とした。歴史にいう'西夏'である。李元昊は北宋の官制にならい、積極的に漢族文化を吸収するとともに、漢字にならって西夏文字を考案した。経済的には農業も牧畜も行い、さまざまな手工業や製塩も行っていた。その後、西夏の軍は宋軍と遼軍をあいついで破り、宋、遼、西夏の鼎立の形勢が形成された。〔1044年に〕宋は西夏との戦争で破滅的な損失を出し、和議を結び、銀、絹、茶を西夏に供給し、辺境貿易を始めた。その後、宋と西夏はときには戦争をしたり、ときに平和を維持したりし、不安定な関係にあった。

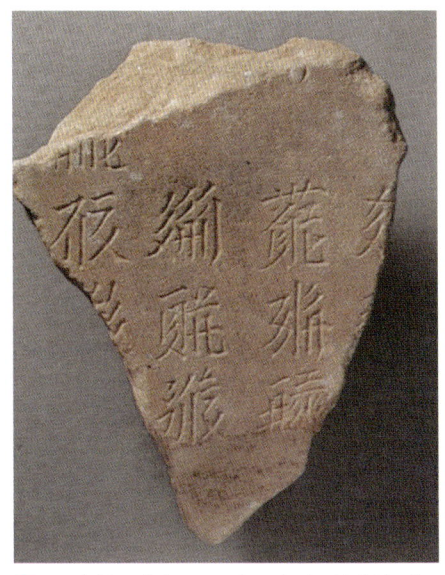

⬆西夏文刻石残片　1972年に寧夏回族自治区銀川市の西夏皇陵から出土

第3編　多民族国家の発展　65

2. 南宋と金の対峙

金の勃興と北宋の滅亡

北宋朝〔960－1127年〕は、樹立されてまもなく、その弱体ぶりが明らかになった。遼や西夏と戦争が絶えないので、軍隊が100万余りに達し、軍費が歳入の大半を占め、深刻な財政危機に陥った。軍隊は腐敗し、戦闘力が非常に弱まり、官僚機構は膨大になり、効率に欠けていた。役所の苛斂誅求がひどかったので、農民や将兵はつねに暴動を起こした。

北宋代に、松花江流域に女真族が勃興し、首領の完顔阿骨打〔太祖。ワンヤンアクダ 1068－1123、在位1115－23〕が1115年に金〔1115－1234年〕を樹立し、南方へ進出してたびたび遼軍を破ったので、北宋と金は共同で遼を攻めることを取り決めた。1125年、金は遼を滅ぼし、勢いに乗じて宋を侵し、汴京〔現在の河南省開封市〕に迫った。宋朝は金に地を割いて賠償し、和を求めた。1127年、金軍はふたたび南侵し、汴京に攻め入り、徽宗〔1082－1135、在位1100－25〕と欽宗〔1100－61、在位1125－27〕を俘虜にして北方へ引き揚げ、北宋朝は滅亡した。

南宋の興亡

北宋が滅亡した年〔1127年〕に、欽宗の弟の趙構〔高宗。1107－87、在位1127－62〕が帝位に即き、まもなく首都を南方の臨安（現在の浙江省杭州市）に移した。歴史にいう'南宋'〔1127－1279年〕である。南宋の建国直後には、金軍が何回も南侵し、南宋の名将の岳飛〔1103－41〕が英雄的な抵抗を行った。岳飛は、軍隊の統制が厳格、賞罰が明確であったので、庶民に心から敬愛され、その軍隊は'岳家軍'とよばれた。岳飛はこの軍隊を率いて北伐し、1度は広大な失地を取り戻したが、南宋の君臣は金軍を恐れ、罪名をでっち上げて岳飛を殺害し、金に対して臣と称して貢納した〔1141年〕。その後、モンゴル族が金の後方で勃興し、金は中都（現在の北京市）から南京（現在の河南省開封市）に遷都して、モンゴル軍の鋒先を避けた。モンゴル軍は南宋と共同で金を攻め、金は1234年に亡んだ。モンゴル軍はたえず南侵を繰り返し、南宋を攻掠し、1276年に臨安に攻め入って南宋を滅ぼした。大臣の文天祥*〔1236－82〕らが抵抗を堅持し、南東の海上で幼帝〔端宗。1269－78、在位1276－78〕を擁立したが、まもな

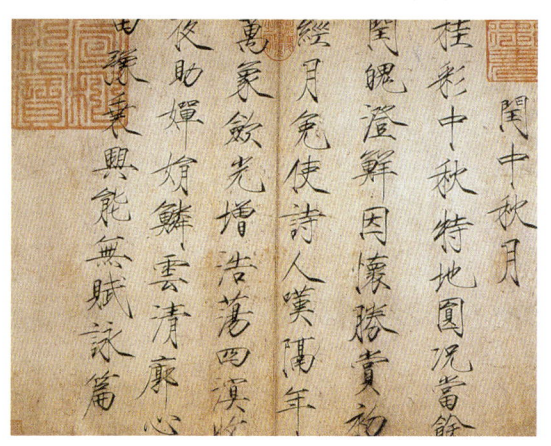

↑宋の徽宗は、亡国の君主であったけれども、出色の画家、書家であった。これは徽宗の筆になる「中秋の詩」

南宋の経済

南宋代には南方の経済が急速に発展し、人口と開拓された農地の面積が大幅に増加した。新しい水稲の育成と導入、麦と稲の二毛作と稲の二期作の登場によって、単位面積あたりの生産量が大幅に向上した。茶樹、甘蔗、桑麻、棉花（当時は木棉と称した）、および柑橘、茘枝などの果樹が、かなり普遍的に栽培されるようになった。絹織物、製紙、木版印刷、造船など、手工業が空前の勢いで発達した。商業が発達し、鋳銭が需要をまったく満たせないほどであった。北宋代にはすでに'交子'という紙幣が出現しており、南宋代の主要な貨幣は紙幣であった。

宋代は域外との海上交通が頻繁で、開港していた都市に市舶司を設け、船舶の出入りを管理した。輸出入される貨物は種類が非常に多かった。南東の沿海部では造船業が発達し、大型の外航船を造ることのできる造船所のある地方が少なくなかった。当時、泉州〔現在の福建省泉州市〕の造船技術がもっとも優れていた。

宋代は中国の製磁業がもっとも繁栄した時期であり、鈞窯〔現在の河北省北東部〕、哥窯〔現在の浙江省龍泉市〕、官窯〔現在の浙江省杭州市〕、汝窯〔現在の河南省汝州市〕、定窯〔現在の河北省曲陽県〕などの名窯が出現した。江西の景徳鎮は江南で最大の磁器の生産地であり、生産された磁器は、いまなお内外で称賛されている。

⇧「対鏡理紅粧」壁画　河南省禹州市の宋墓から出土。裕福な家の女性の家庭生活を反映

⇧褐釉剔花磁扁壺　西夏代。1985年に寧夏回族自治区海原県で収納。正面に褐釉剔刻の二組の牡丹花紋がある

第3編　多民族国家の発展

3. 宋代の科学技術

宋代の科学の主要な成果は、羅針盤、印刷術、火薬の三大発明の開発、応用である。

羅針盤 　羅針盤は、磁石が地球の磁場で南極と北極を指し示す性質を利用して作られた、方向を指示する器具である。早くも戦国時代に、磁石が鉄を吸い寄せる現象が発見されていて、天然の磁石で'司南'を作ったのが、方向を指示する世界最古の器具であった。その後、長期にわたる実践を経て、人工磁化の方法を発見し、さらに高い磁性指向の器具を作成した。宋代の科学者の沈括〔1031-95〕はまず地磁気の偏角について記し、天然磁石で摩擦して鋼針を作り、鋼針を磁化して磁針とすれば、南の方角を指示することができるが、やや東に偏ると述べるとともに、羅針盤を装置する四つの方法を紹介している。宋軍が配備した指南魚は、薄い鉄板を魚形に切って磁化したもので、曇天や暗夜に行軍の方向を判断するのに使用したのである。その後、また発展し、磁針と方位盤を一体にして羅針盤にするとともに、航海や軍事に利用し始めた。南宋代に、アラブ人が羅針盤の使用を会得するとともに、ヨーロッパに伝えた。

活字印刷 　木版印刷は唐代からかなり発展したが、時間と金がかかった。北宋代に、木版印刷が普及したことを基礎に、畢昇〔?-1051?〕が活字印刷

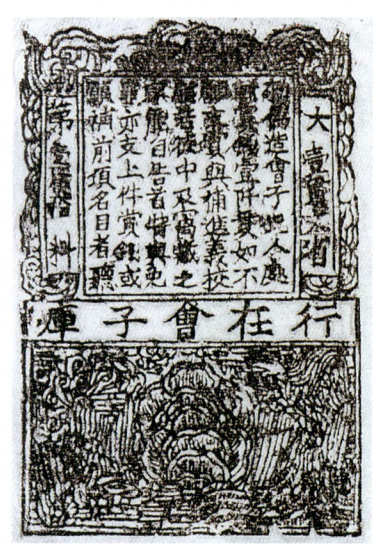

🔼会子印刷銅版　南宋代。中国国家博物館蔵。中央に「行在会子〔紙幣〕庫」の5字を大きな楷書で横書きし、その両側の上方にそれぞれ縦枠があり、価値を標記し、縦枠の間に紙幣の偽造を厳禁する告示を記す

を発明した。粘土に字を刻し、字画を凸出させ、1字づつ独立した印を作り、火で焼き固め、字印を作成した。別に、鉄板に松脂、蠟、灰で合成した薬品を塗る。印刷するときは、字印を一つづつ配列し、鉄板に象嵌し、火で焼いて薬をやや溶かしてから、平らな板で字印を圧し、板面を平らにし、薬品が固まると、印刷することができる。畢昇の発明には、すでに活字の製造、組版、印刷という三つの基本工程が具わっている。活字印刷の発明は、世界の文明の伝播、交流、発展に計り知れない影響を及ぼした。13世紀に、活字印刷は朝鮮半島に伝えられ、さらに日本やヨーロッパに伝えられた。元代〔1271－1368年〕に木製活字が出現し、その後、さらに銅、鉛などの金属活字が出現し、鉛活字はずっと20世紀の後半まで使われていた。

〇 火薬を使う武器

古代の煉丹家〔長生不老の仙薬を追求する者〕は、その仙薬を追求する過程で、硫黄、煙硝、木炭の混合物に燃焼と爆発の能力があることを徐々に気づいた。唐代末年に、戦争に火薬箭が使われ、さらに「発機飛火」も使用した記録がある。すなわち、投石器で火薬包を投擲し、燃焼性の兵器にしたのである。曾公亮〔999－1078〕の『武経総要(ぶけい)』に火薬の調合方法が三つ載っており、火薬の生産が相当の規模に達していたことがわかる。生産技術は厳秘に付されていたにもかかわらず、遼朝〔916－1125年〕に知られてしまったので、日本から硫黄を大量に輸入すると同時に、硫黄と煙硝の遼への輸出を厳しく禁じた。13世紀に火薬はアラブに伝えられ、14世紀にヨーロッパに伝えられた。

その後、宋〔960－1279年〕、金〔1115－1234年〕、元〔1271－1368年〕のあいだの戦争で、火薬はますます頻繁に使われるようになり、軍隊には火玉、火箭、火槍、火炮などの兵器が大量に配備された。南宋代に突火槍が発明された。大きな竹を筒にし、そのなかに火薬を詰め、'子窠(しか)'（原始的な銃弾）を発射するもので、後世の銃砲の類似品である。

⇧蒺藜〔武器の一種〕陶弾　宋代

第3編　多民族国家の発展　69

4. 宋代の文化芸術

理学と宗教

儒家の経学は仏教や道教の思想を吸収し、宋代に理学を形成した。程朱理学は、程顥〔1032−85〕、程頤〔1033−1107〕、朱熹〔朱子。1130−1200〕を代表的人物とし、物〔事象や事態を含む〕にはかならず理があると見なす客観的唯心主義である。陸九淵〔1139−93〕は心即是理を主張し、心学と称し、主観的唯心主義である。宗教の面では、宋代の仏教は禅宗がもっとも発達し、道教もすこぶる流行した。唐代に伝来したキリスト教（景教、つまりネストリウス派）とイスラームは、宋代以後に非常に流行した。

文学と史学

宋代における文学上の突出した成果は、詞の創造である。詞は新しい詩歌体で、句に長短があるので、長短句ともいう。詞は隋・唐代に萌芽し、発展のすえ、宋代に最高峰に到達した。蘇軾と辛棄疾が時代を画する詞の大家である。蘇軾〔蘇東坡。1037−1101〕の詞は慷慨激昂、清新豪邁で、豪放詞派を創始した。辛棄疾〔1140−1207〕は蘇軾の豪放な作風を継承するとともに、発展させた。若いときに金〔1115−1234年〕の侵攻に抵抗する闘争に参加し、ひたすら国に尽くしたが、しばしば打撃をこうむり、悲壮慷慨の詞で豪情壮志と抑鬱不平の気を吐露した。

宋代には史学が発達し、新しい史学の体裁を創始した。司馬光〔1019−86〕は有名な政治家、史学者で、紀伝体の史書は文章が煩雑で、読むのに不便であると考え、18年の年月を費やし、読むのに便利な編年体の史書である『資治通鑑』を編纂し、戦国時代か

司馬光『資治通鑑』手稿

「大駕鹵簿図」（一部）北宋代。中国国家博物館蔵

ら五代にいたるあわせて1362年の歴史を記し、歴史の教訓を総括して支配者に提供した。同書は、のちに編年体史書に広く用いられる模範になった。

絵画と書道

宋画は山水花鳥で知られているが、人物画も流行した。張択端の「清明上河図」は、社会風俗画の代表作で、清明の時節における北宋朝の都城内の繁栄の様相を活き活きときめ細かく描いている。宋代には文人画も流行したが、写実を重んぜず、気品や情趣を重んじた。作者はいずれも文人で、きちんと整っている精緻な作風を軽視し、作者を「匠人」〔職人〕とよんだ。文人画の代表的な作者は蘇軾と米芾である。蘇軾は枯れ木や風変わりな形の石を好んで描いたが、竹を描いたものもきわめて有名である。米芾〔1051－1107〕は山水を描き、精緻さを追求せず、水墨〔色彩や構図を重んぜず、墨の濃淡だけで表現する画法〕を多用した。

書家は蘇軾、黄庭堅、米芾、蔡襄がはなはだ有名である。蘇軾は行書と楷書に秀で、黄庭堅〔1045－1105〕は行書と草書に秀で、米芾も行書と草書に秀で、当時第一の技巧の持ち主であり、蔡襄〔1012－67〕は楷書が端正重厚で、行書がしとやかでなまめかしく、草書には飛白法〔墨をかすれさせる書法〕を多用している。

↑伝張択端「金明池争標図」　北宋代。天津博物館蔵

↑馬遠「踏歌図」　南宋代。北京の故宮博物院蔵

3 大元帝国

　　元朝はモンゴル族が樹立した王朝である。1206年、チンギスカン〔1162－1227〕が漠北〔ゴビ砂漠の北方〕で建国し、大モンゴル国と称した。たえまない征服戦争を通じて、大モンゴル国はアジアとヨーロッパの広大な地区を支配するにいたった。1271年、世祖のクビライ〔1215－94、在位1260－94〕が国号を大元に改めた。元朝は樹立から滅亡まで（1271－1368年）、百年たらずであったが、中国の歴史発展の重要な時期であった。元朝の版図は空前の広さになり、漢朝や唐朝をはるかに凌駕した。内外の交流も非常に密接であったが、軍事的な征服と民族的な圧迫が否定的な影響をももたらした。

1. モンゴル族の勃興と元朝による全国統一

モンゴル族の勃興と建国

　　モンゴル族は、もともと北方の草原の奥地で水と草を求め、遊牧をして暮らし、長期にわたって分裂状態にあった。12世紀末から13世紀初めにかけて、貴族のテムジンが勢力を拡大し、その他の部族を撃破し、モンゴル族の統一を完成し、1206年に大モンゴル国を樹立し、チンギス（モンゴル語で「強大」という意味）カン（モンゴル社会の最高支配者の称号）と称した。チンギスカンは国家の一連の制度を整備し、完璧なものにした。モンゴル族にはもともと文字*がなく、木に刻して記録していた。モンゴル高原西部のナイマン部〔トルコ系の部族〕がウイグル文字を使用していたので、モンゴルは、ナイマン部を滅ぼしたのち、ウイグル文字でモンゴル語を書写した。それ以来、モンゴルの文化は大幅に向上した。

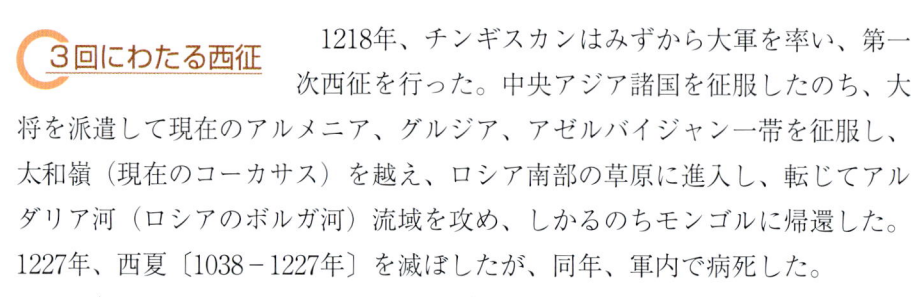

3回にわたる西征

　　1218年、チンギスカンはみずから大軍を率い、第一次西征を行った。中央アジア諸国を征服したのち、大将を派遣して現在のアルメニア、グルジア、アゼルバイジャン一帯を征服し、太和嶺（現在のコーカサス）を越え、ロシア南部の草原に進入し、転じてアルダリア河（ロシアのボルガ河）流域を攻め、しかるのちモンゴルに帰還した。1227年、西夏〔1038－1227年〕を滅ぼしたが、同年、軍内で病死した。

　　1236年、チンギスカンの孫のバトゥ〔キプチャクカン国の創始者。1207－55、在位1227－55〕を統帥とし、第二次西征を行った。ロシアを攻略し、ヨーロッパに侵入し、先鋒がウィーンに迫り、ドナウ河の流域に到達したが、1242年、バトゥは軍を率いて東方へ引き揚げた。

❶チンギスカン皇帝聖旨銀牌

1253年、チンギスカンの孫のフラグ〔イルカン国の創始者。1218－65、在位1256－65〕が軍を率いて第三次西征を行い、ペルシア、メソポタミアを征服し、地中海東岸に到達した。1260年、モンゴル軍はエルサレム以北のガリラヤ平原でエジプト軍に撃破され、モンゴルの西征にはじめて終止符が打たれた。

　モンゴル族は武力でユーラシア大陸にまたがる大カン国を樹立したが、まもなくいくつかの独立国家に分裂したものの、名義上はともにモンゴルの皇帝を大カンをとして奉った。

クビライ、元朝を樹立

　1260年、チンギスカンの孫のクビライがカン位を継承し、はじめて中原〔黄河中・下流域一帯〕の王朝の制度を採用した。1271年、中国古代の経典である『易経』〔の「乾」〕の「大いなるかな乾元」の意味を取って国号を大元に改め、大都（北京）を都城とした。元朝は南宋朝〔1127－1279年〕を滅ぼし、中国を統一した。元朝は中央に中書省、地方に行中書省を設け、後者は「行省」と略称した。中国の省クラス行政区の設立は、元朝に始まる。元朝政府はさらに中央に宣政院を設立し、チベットの行政事務を管理する責任を負わせ、チベットは元朝の正式の行政区になった。

⇧モンゴル軍攻城図　ペルシアのシュワイニー（1226－83）『世界征服者の歴史』より

⇧元代ペルシア語碑　モンゴル人民共和国後杭愛省のオルドニ寺院にある。カラホリンの遺物で、1行目はアラビア語の『コーラン』の一節であるが、その他の部分はペルシア語で書かれていて、北方高原におけるイスラームの活動がうかがえる

クビライは農地の開拓を提唱し、黄河を整備し、綿織物業と絹織物業の発展をもかなり促した。南方から北方へ食糧を輸送し、大都に供給する便を図るために、大運河の浚渫を命ずるとともに、海運の航路をも開いた。

元朝による統一によって、国内の各民族の交流が密接になった。唐代以来、中原に進入した契丹、渤海、およびその他の民族は、漢族と徐々に融合して一体化した。ペルシア、アラブなどから中国にやって来た大量のムスリム（イスラームの信徒）は、長期にわたって地元民と入り交じって暮らし、漢族の文化を受け容れるとともに、なおも自己の宗教や習俗を保持し、代々変わらず、徐々に新しい民族——回族——を形成した。

元朝の滅亡

元朝の支配者は、自己の特権的地位を保持するために、民族圧迫政策を実行し、全国の住民を蒙古、色目人*、漢人、南人の四等級に分けた。いわゆる「四等人制」にほかならない。第一等のモンゴル人は元朝の「国族」、第二等の色目人は広く西北の各民族、西域からヨーロッパにかけての各民族、第三等の漢人は広く中国北方の旧金朝〔1115－1234年〕領内の各民族、第四等の南人は最後に元朝が征服した南宋朝〔1127－1279年〕領内の各民族のことである。漢人と南人の大半は漢族である。モンゴル人は政治的に種々の特権を有し、色目人がそれに次ぎ、南人の地位がもっとも低かった。四等人制の実行によって、元朝の民族矛盾はいっそう尖鋭化し、元朝の滅亡を速めた。

元朝の末年、中原地区で紅巾〔紅色の頭巾〕で頭をつつんで標識とする宗教的農民暴動が勃発し、またたくまに全国各地に蔓延した。1367年、蜂起軍の首領の朱元璋〔のちの明の太祖。1328－98、在位1368－98〕が北伐を開始し、「胡虜を駆逐し、中華を回復する」と呼びかけ、翌年、大都〔元朝の都城、現在の北京〕を攻略し、明朝を樹立した。

⬆元朝疆域図

2. 元朝の内外関係と文化交流

元朝の対外関係

元代は、中国史上で対外関係が発展した重要な時代である。伝統的な陸路と海路による交通圏は、宋代よりも拡大した。モンゴルの支配者の勢力が拡大した結果、支配地域は西は黒海の南北とペルシア湾岸に到達した。この広大な領域の内部で、従来の境界はことごとく取り除かれた。元朝政府は各国の商人が領内で商業を営み、交易を行うことを許容、奨励したので、各国の商人で中国にやって来る者が非常に多かった。

文化の交流

印刷術、火薬を使う武器の製造技術など、中国の重大な科学的発明は、いずれもこの時期に西方へ伝えられた。もともと発達していると称えられていたペルシアやアラブの天文学、医学などの成果も、中国に大量に紹介された。中国に滞在する西方人が非常に多く、大都は賑やかな国際的大都市であった。ベニスの商人の息子のマルコ・ポーロ（1254-1324）が父親に従って中国にやって来、17年間滞在し、多数の地方を遊歴し、『東方見聞録』を著した。同書は、何世紀にもわたって西洋人が中国とアジアを理解する主要な文献の一つであった。

東アジアの隣国との関係

元朝は隣国との往来が頻繁であった。モンゴルの支配者は何回か兵を派遣して高麗〔918-1392年〕を攻撃した。クビライ〔在位1260-94〕は、即位したのち、高麗と婚姻を通じて「甥舅の好」を結んだ。元朝は高麗に征東行省を設け、高麗国王を丞相としたものの、その政権の機

⬆「蒙古襲来絵詞」（一部）　永仁元年（1293年）の作。九州大学附属図書館蔵（模本）。鎌倉時代中期の画家が元朝軍の侵攻に抵抗する日本軍を描いたもので、双方の軍隊が船上で交戦する模様を描いた部分

構と制度をそのまま存続させた。中国の商船はつねに高麗との間を往来するか、あるいは高麗を経て日本に赴いて貿易をした。棉花の栽培、火薬を使う武器などの技術は、いずれも元代に高麗に伝えられた。

　クビライは、1274年と1281年の二回にわたって大挙して日本に侵攻したが、ともに暴風にあったために失敗に終わった。その後、両国の関係は正常に戻った。元代に日本に渡った中国の名僧は10人余りにのぼり、日本の仏教思想、制度、文学などに非常に大きな影響を及ぼした。中国に修行にやって来た日本の僧侶は非常に多く、姓名のわかっている者だけでも200人余りにのぼる。

❶**大元帝師統領諸国僧尼中興釈教之印**　チベット博物館蔵。1270年、クビライはパスパ〔1235-80〕を帝師に任じ、全国の仏教を管理させた。これは元朝の皇帝が帝師に下賜した玉印

3. 元朝の文化と科学技術

宗教　元朝はラマ教（チベット伝来の仏教）を重んじ、チベット大蔵経を刊行した。当時、中原では道教の新しい宗派が形成され、そのうち全真道の丘処機〔邱処機。1148-1227〕はチンギスカンに崇敬された。唐代に伝来したネストリウス派キリスト教（景教）とイスラームも元代にすこぶる流行した。

文学芸術　元代は演劇が発達し、元曲が出現した。元曲は雑劇〔台詞、仕種、唱からなる芝居〕を主とし、有名な作家に関漢卿、王実甫らがいる。関漢卿〔1220?-1300?〕は60種余りの雑劇を執筆し、悲劇の『竇娥冤』が代表作である。王実甫の『西廂記』は愛情を描く名作であり、台詞も非常に活き活きとしていて優美である。

趙孟頫〔1254-1322〕は元代の絵画の重鎮であり、書画ともに優れ、山水、花竹、人馬を描くのに秀で、書は円滑流美、骨力秀勁であり、当時の人びとは「書法は一世に雄たり、画は神品に入る」と称えた。

科学技術　郭守敬〔1231-1316〕が先進的な授時暦を制定した。元代初期は、金朝の「大明暦」を踏襲し、誤差がかなり大きかった。クビライ〔在位1260-94〕は郭守敬に新たな暦法を作るよう命じた。郭守敬の編纂した「授時暦」は一年を365.2425日と推算していたので、地球が実際に太陽を一周する周期と26秒の誤差があるのは、現在使われているグレゴリウス暦と同じである。グレゴリウス暦はローマ法王のグレゴリウス13世〔在位1572-85〕が1582年に制定したもので、「授時暦」よりも300年も晩かった。

元代には農学が非常に大きく発展した。司農司が編纂した『農桑輯要』は、6世紀から13世紀末にかけての中国の植物栽培の進展を反映し、13世紀以前の中国における農業生産の

⬆「売魚図」壁画　山西省洪洞県の広勝寺にある。元代の社会生活を反映しており、漢人の形象と生活状態がわかる

⬆関漢卿『竇娥冤』（戯曲）　元代。寡婦の竇娥が誣告で殺人罪に陥れられて死ぬ冤罪事件を描いていて、中国古代の四大悲劇の一つ

第3編　多民族国家の発展

経験を総括し、大量の古農書の資料を保存している。王禎の『農書』は農業生産の経験を総括した農学書である。各種の農作物の栽培方法を総括しており、そのうち棉花の栽培法に関するものがもっとも価値がある。著者は各種の農具や農業機械の図を306幅描き、耕作技術の向上に対して非常に大きな役割を果たしている。

　元代は、印刷術、火砲の技術、造船技術、航海術、水利工事の技術などの面で多くの成果を収めている。

◐双鳳麒麟石彫　元代。1966年に北京の明代の城壁の土台から出土。中国国家博物館蔵。中央で双鳳が舞い、下方で2頭の麒麟が遊び戯れ、熟練した技法で、元代の石刻の傑作

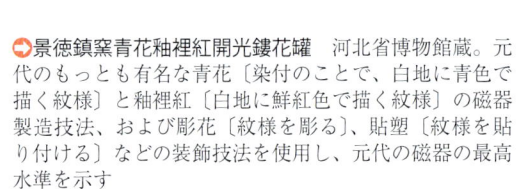

◐景徳鎮窯青花釉裡紅開光鏤花罐　河北省博物館蔵。元代のもっとも有名な青花〔染付のことで、白地に青色で描く紋様〕と釉裡紅〔白地に鮮紅色で描く紋様〕の磁器製造技法、および彫花〔紋様を彫る〕、貼塑〔紋様を貼り付ける〕などの装飾技法を使用し、元代の磁器の最高水準を示す

4 明朝の統治

明朝（1368－1644年）は元朝〔1271－1368年〕の後を継いだ統一王朝である。1368年、朱元璋〔太祖。1328－98、在位1368－98〕は元朝の支配を覆し、応天（現在の江蘇省南京市）で帝を称し、国号を明とした。明の成祖朱棣〔1360－1424、在位1402－24〕は在位中に首都を北京に移した。明朝の領域は、もっとも広いときには、北東は日本海、オホーツク海、ゴダ河（現在のウディ河）流域、北西は新疆のハミに至り、南西は現在のチベット、雲南を含み、南東は海、および南海の諸島に至った。明朝は16代、277年にわたって中国を統治した。その末年、陝西で農民蜂起が勃発し、じきに全国的規模の農民戦争に発展し、1644年、李自成〔1606－45〕の農民軍が北京に攻め入り、明朝は滅亡した。

1. 明朝の樹立と君主集権

明朝の樹立　元朝の末年、社会矛盾が尖鋭化し、最終的に紅巾軍を主力とする農民の大蜂起が勃発した。各地の蜂起軍のうち、朱元璋が徐々に頭角を現し、蜂起軍の首領になった。朱元璋は、17歳のときに、父親、母親、兄がいずれも伝染病で死んで孤児になったので、やむをえず仏寺に入って僧侶になり、その後、生活に迫られて蜂起軍に参加したのである。当時、群雄があいついで蜂起し、王や帝を称し、朱元璋は軍師の提案を受け容れ、金陵（現在の江蘇省南京市）を根拠地とし、屯田を実行し、水利工事を興し、農業を発展させ、兵力を強大にし、ついに群雄を消滅させた。1368年、大軍を派遣して北伐を行い、「胡虜を駆逐し、中華を回復する」というスローガンを掲げたが、それは北方の人民が民族圧迫に反抗することに対してすこぶる訴求力を具えていた。同年、北伐軍は大都〔現在の北京市〕を占領し、元朝〔1271－1368年〕の支配を覆した。朱元璋は金陵〔現在の江蘇省南京市〕を首都とし、皇帝に即位したことを宣布し、国号を「大明」と定めた。

朱元璋は歴史の経験と教訓を汲み取り、新王朝の支配の安定化に努め、一連の政策と制度を制定し、専制主義と中央集権をいっそう強化、発展させた。中央では中書省と丞相制を廃し、行政権を吏、戸、礼、兵、刑、工の六部に与え、じかに皇帝に対

⬆ 明城壁遺跡（北京の内城）

第3編　多民族国家の発展　79

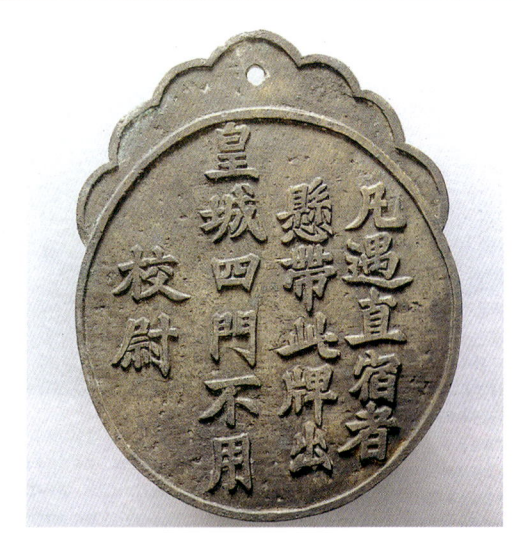

して責任を負わせ、秦・漢朝以来1000年余り存続してきた丞相制に終止符を打ち、皇帝権を強化した。

北京への遷都

朱元璋は分封制を実行し、24人の息子と1人の従孫〔兄弟の孫〕を全国各地に分封して藩王とし、皇室を取り囲んで守る役割を果たすよう期待した。しかし、事態は思惑どおりには運ばず、朱元璋が死ぬと、藩王は徐々に統制しにくくなり、皇位を継承した建文帝〔1377-1402?、在位1398-1402〕はさまざまな措置を講じて藩王の勢力を減殺しようと試み、藩王の強烈な不満を引き起こした。燕王の朱棣〔のちの永楽帝、成祖。1360-1424、在位1402-24〕はその機に乗じて北京で挙兵し、南京に攻め入り、建文帝から皇位を奪取し、ただちに皇帝への即位を宣布した。燕王として北京を数十年間統治してきたので、さっそく北京への遷都を計画し、1421年、正式に都城を南京から北京に移した。

明代の経済的発展

明代の初期、農業は急速に回復した。明朝政府は棉花の栽培を全国に普及させ、経済作物の栽培を提唱し、煙草、甘薯、玉蜀黍、落花生など、新しい農作物があいついで国外から導入された。

手工業の面では、遵化〔現在の河北省遵化市〕の製鉄、仏山〔現在の広東省仏山市〕の製鉄、北京の西山の採炭、景徳鎮〔現在の江西省景徳鎮市〕の製磁、蘇州〔現在の江蘇省蘇州市〕の絹織物、松江〔現在の上海市松江区〕の綿織物がかなり高い水準まで発展した。

製磁業の中心は景徳鎮にあった。景徳鎮の製磁業は、宋・元代の基礎をふまえてひきつづき発展し、製品が豊富多彩になり、各種の青花〔白地に青色で紋様を施したもの〕と彩釉の磁器、および生地の薄い純白の磁

⬆ 明皇城校尉銅牌　皇城校尉（衛士）が皇城に出入りするための許可証

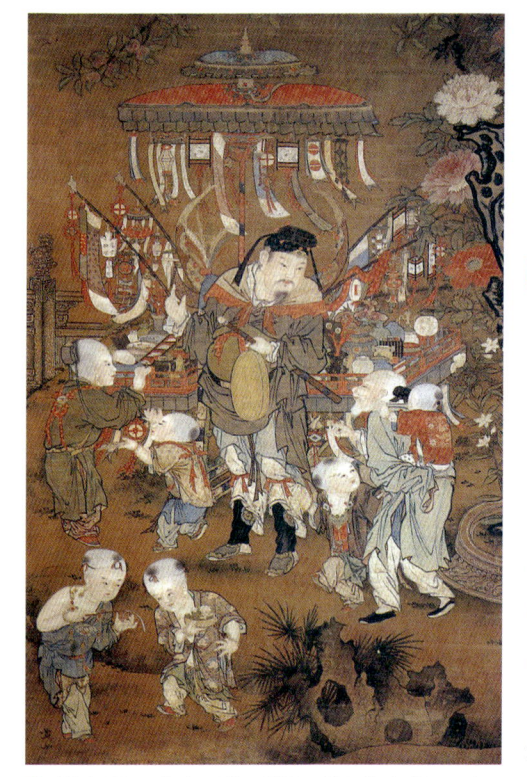

⬆「貨郎図」 作者不詳。明代。貨郎鼓を鳴らしながら振り売りをする貨郎〔小間物の行商人〕を描いた風俗画

器は、非常に精美で、内外にその名を知られていた。

　発達した農業と手工業を基礎に、商品経済がいっそう発展した。物産が豊富で、交通が便利な地方には、大小の商業中心地が形成され、北京、南京、蘇州、杭州〔現在の浙江省杭州市〕、広州〔現在の広東省広州市〕、および漢口〔現在の湖北省武漢市〕、仏山など、賑やかな都市が出現した。農村では、定期市や縁日における取引がさらに盛んになり、全国的な範囲で流通、取引のルートとネットワークが形成された。

　明代の後期には、土地の集中が深刻で、農村における闘争が勃発しつつあり、幾千幾万という飢民が農民軍の隊列に加わった。1644年初め、李自成〔1606-45〕の農民軍が西安〔現在の陝西省西安市〕を出発し、太原〔現在の山西省太原市〕、大同〔現在の同省大同市〕、宣府〔現在の河北省宣化市〕を占領したので、明朝の官吏や将兵は形勢を見て帰順した。農民軍が北京城*に進入すると、末代の皇帝の朱由検〔崇禎帝、毅宗。在位1627-44〕は紫禁城の北面にある煤山（現在の景山公園）の槐の木で首を吊って死に、明朝は滅亡した。

⇧「五良太浦呉祥瑞造」青花磁薫　薫香器〔香炉〕。五良太浦は日本の僧侶で、中国名を呉祥瑞といい、正徳年間（1506-21年）に景徳鎮にやって来て磁器製造技術を修得し、帰国後、肥前の有田付近で窯を開いて磁器を製造した

⇧「皇朝積勝図巻」（部分）　作者不詳。明代。北京城内の商業の活況を描く

第3編　多民族国家の発展　81

2. 明朝の辺境経営と対外交流

辺境経営　元朝〔1271－1368年〕の滅亡後、残存勢力は北方の草原に撤退したものの、たえまなく明朝の統治する地域に侵攻を繰り返した。成祖朱棣〔永楽帝。在位1402－24〕は、在位中に前後5回にわたって軍を率いて漠北〔ゴビ砂漠の北方〕へ遠征を行った。1410年、朱棣は最初の親征で、斡難河〔現在のモンゴル人民共和国北東部のオノン河〕でモンゴル軍に大打撃を与えるとともに、石に刻して記念とした（現在のモンゴル人民共和国のウランバートル付近）。朱棣は五回にわたる漠北への親征で、モンゴルの南侵を制止し、辺境の安定を保障したが、最後の親征から引き揚げる途中、病死した。

長城の建設　万里の長城は、秦の始皇帝〔在位前247－前210〕が建設したのち、多数の王朝がたえず整備してきた。明朝は、北方の民族の侵攻を防止するために、古い長城を基礎に何回も整備を行い、1万8000座余りの堡塁、関門、敵台、煙墩（つまり烽火台）、城壁からなる完全な防御体系を作り上げた。東部の険要な地帯の城壁は細長い石と青塼〔黒煉瓦〕を積み上げたもので、非常に堅固である。明代の長城は西は嘉峪関〔甘粛省嘉峪関市〕から、東は鴨緑江〔朝鮮民主主義人民共和国との国境〕に至るまで、中国北部を横断し、全長1万2700華里余り（6350キロ余り）あり、巨大な規模で、世界の奇蹟である。

東北の経営　明の成祖朱棣は、積極的に東北を経営した。1409年、東北の特林（現在のロシア領内、黒龍江の河口付近）に奴児干都司を設置し、東北地区を統括させた。奴児干都司の管轄は、西は斡難河、東は海を越えて庫頁島〔サハリン島〕、北は外興安嶺〔大興安嶺。黒龍江の北方に位置し、現在はロシア領内〕、南は日本海に至っていた。成祖と宣宗〔在位1425－35〕は数回にわたって宦官の亦失哈らを派遣して東北を巡視させ、各民族の人民を慰撫し、特林に永寧寺を建立するとともに、石碑を2基建てて、明朝が奴児干都司を経営、管理した史実を記録した。

↑明代の長城の一つ――八達嶺長城（北京北部）

○戚継光、'倭寇'を撃退

「倭」とは、中国古代における日本の通称である。明代初年には、日中両国の交易が非常に盛んであった。日本は中国に硫黄、銅、刀剣、扇、漆器を輸出し、中国は日本に大量の銅銭、および絹、綿、絹織物、磁器、書籍を輸出した。それと同時に、日本の武士や浪人の一部は中国の沿海の豪商と結託し、中国の東南各省を侵略し、「倭寇」とよばれた。倭寇の侵略は日中の正常な交易を阻害したばかりか、中国の沿海の人民の生活と生産に深刻な危害をもたらした。名将の戚継光〔1528－87〕、兪大猷〔1504－80〕らが軍隊や民衆を動員して長年にわたって倭寇を撃退し、「倭患」にやっと終止符が打たれた。

⬆「抗倭図巻」 作者不詳。明の嘉靖年間（1522－66年）における倭寇の侵略に抵抗する浙江省の沿海の軍民を描く

○鄭和、西洋に下る

明朝の初期は、国力が強盛で、航海術は世界の先進の隊列に位置していた。宦官の鄭和〔1371か1375－1433〕が'西洋に下った'ことは、もっとも計り知れない影響を及ぼした。1405年から1433年にかけて、明朝の膨大な船隊を率い、前後7回にわたって遠洋航海を行い、東南アジア、インド、アラブ、東アフリカの各地に到達した。その船隊は数十艘にものぼり、大きい船は1000人も載せることができた。船隊は途上の諸国に明朝の国威を宣伝するとともに、交易を発展させ、おもに磁器、麝香、絹布、鉄器、金属貨幣と象牙、スパイス、宝石などの海外の貴重品と交換した。当時、中国人は現在のカリマンタン島以西の南洋とインド洋を'西洋'とよんでいたので、鄭和のこの歴史的航海も'鄭和、西洋に下る'といったのである。

⬆鄭和の航海路と15世紀ごろのアジア

第3編　多民族国家の発展　83

3. 明代の文化と科学技術

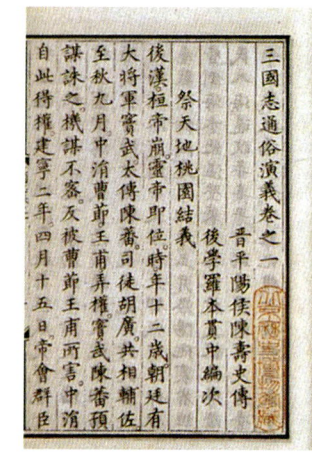

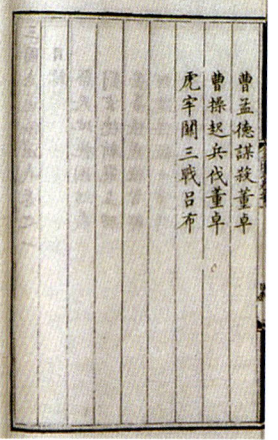

羅貫中『三国志通俗演義』 明代の版本

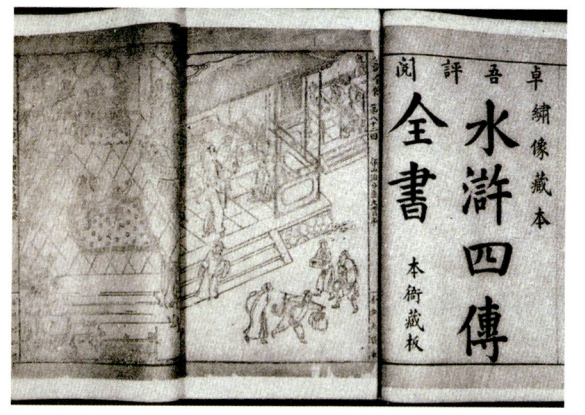

施耐庵『水滸伝』 明代の版本

古典小説 長篇小説は元代〔1271－1368年〕末期に勃興し、明代〔1368－1644年〕に成熟した。元代末期から明代初期にかけての羅貫中が、三国時代の史実と民衆のあいだに流布していた、劉備〔蜀の昭烈帝。161－223、在位221－223〕、関羽〔？－220〕、張飛〔？－221〕の3人が桃園で義兄弟の契りを結んだという伝承にもとづいて、中国の最初の長篇歴史小説である『三国演義』〔日本では『三国志』の名で知られている〕を創作した。魏、蜀、呉の三国のあいだの複雑で錯綜した軍事・政治闘争を描き、諸葛亮〔181－234〕、劉備、曹操〔155－220〕、関羽、張飛など、性格の鮮明な多数の人物の形象を造形している。

同じく元代末期から明代初期にかけての施耐庵の創作した『水滸伝』は、北宋代〔960－1127年〕末年における宋江ら梁山泊〔現在の山東省の梁山・鄆城両県の県境にある〕の好漢の物語を描き、「官が民に反抗を迫る」社会の実態を暴露し、さまざまな反抗者の形象を造形化している。

呉承恩〔1500？－82〕の創作した神話小説の『西遊記』は、唐代初期に僧侶の玄奘〔602－664〕が天竺（古代インド）に赴いて仏教の経典を手に入れた事蹟に材を取り、民間の伝承を吸収して潤色したものである。想像力に富み、手法がロマンチックで、言葉がユーモアに満ち、独特で優れた新しいタイプの小説である。広大な神通力を有する孫悟空と肝っ玉が小さく利己的な猪八戒という、人びとに愛される文学形象を造形し、読者に非常に愛読されている。

科学技術 明代には農学研究が長足の進歩を遂げたが、その進歩の成果は徐光啓〔1562－1633〕の『農政全書』に集大成されている。徐光啓は科学技術

の革新を提唱し、伝統的な'風土論'に反対し、北方でも水稲を栽培し、痩せ地でも棉花を栽培することができる、その関鍵は選種と栽培の技術をいかに探求するかにあると指摘している。農学のほかに、徐光啓は天文、暦算、水利、測量、物理などについても研究し、多数の書籍を著している。

　宋応星〔1587－？〕の『天工開物』も、内外に名声をはせる科学書である。農業生産に関する一般の経験を紹介するほかに、紡織、染色、製塩、製紙、製磁、精銅、製鉄、製鋼、採炭、製糖、醸酒、武器火薬の製造などの製造技術をも重点的に紹介し、123点の挿図を配し、農工業生産の過程を活き活きと示している。〔1637年に〕刊行されてまもなく、日本に伝えられて刊行され、その後、フランス語、ドイツ語、英語などの抄訳が刊行されている。

外来文化

　明代の末年、ヨーロッパのジェスイット会（イエズス会*。カトリックの修道会の一つ）の宣教師が中国にやって来た。有名なのは、マテオ・リッチ〔1552－1610〕、ヤック・ド・パントヤ〔1571－1618〕、サバスチン・ド・ウルシス〔1575－1620〕、ニコラス・ロンゴバルディ〔1559－1654〕らである。マテオ・リッチは明の神宗〔在位1572－1620〕に優遇され、北京に教会堂を建立し、その後はずっと北京で過ごした。これらの宣教師はキリスト教を布教するだけでなく、西洋の科学知識ももたらし、そのもたらした天文、水利、数学に関する著作は、徐光啓、李之藻〔1569－1630〕らによって中国語に翻訳され、西洋の科学技術の中国における伝播に非常に大きな役割を果たした。

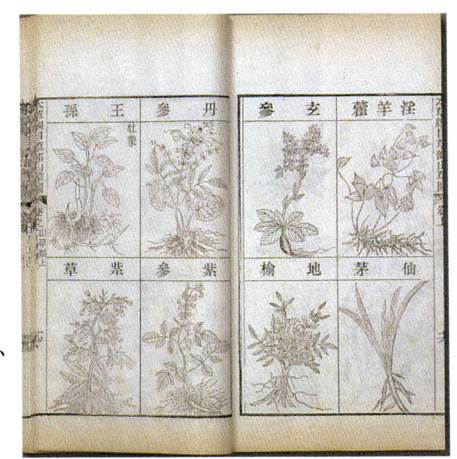

⇑「榜葛剌進麒麟図」　明代の沈度の作、清代の陳璋の模写。麒麟は実は長頸鹿

医薬学

　李時珍〔1518－93〕の大著『本草綱目』は、中国医薬学の重要な遺産である。1892種の薬物を収録し、先人の著作よりも374種も多い。収録している1万1096種の処方は、先人の著作の5倍である。1160点

⇑李時珍『本草綱目』

第3編　多民族国家の発展　85

の挿図を配し、識別しやすいように各種の薬物の複雑な形態を形象的に表現している。中国の2000年余りの薬物の知識と経験を総括し、多数の先人の誤りと明確でないところを正し、明らかにし、中国の薬物学研究を新たな段階に引き上げた。『本草綱目』は多数の国に伝えられるとともに、日本語、英語、ドイツ語、フランス語、ラテン語、ロシア語などに全訳ないし抄訳されている。

文献学

明代には図書の大規模な整理と編纂が行われ、最大な成果は類書〔多数の書物の事項や語句を分類、編纂した書物〕の『永楽大典』の編纂である。『永楽大典』は成祖の永楽年間（1403-24年）に完成し、あわせて2万2937巻、1万1095冊からなり、7000-8000種の図書を収録しており、中国最大の類書で、明代以前のきわめて貴重な文献資料を保存している。巨大であるので、刊行されたことがなく、原本を除くと、わずかに正・副両部しかない。1900年、八か国連合軍が北京に侵入したとき、ほとんど燃やされ、焼け残ったものもほとんど侵略者に持ち去られ、中国に現存しているのは800巻にすぎない。

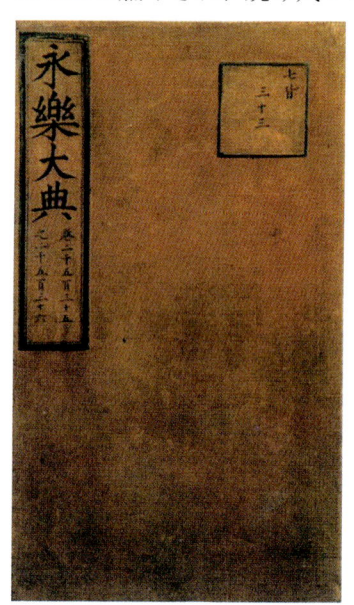

↑『永楽大典』

5 清朝が統一した多民族国家の発展

清朝〔1644－1911年〕は中国史上最後の封建王朝で、満洲族の支配者が樹立した。前期の康熙年間〔1662－1722年〕から乾隆年間〔1736－95年〕にかけては、経済が繁栄し、全盛期であった。支配者は辺境の経営に大いに努め、多民族国家を強化、発展させた。この時期は、歴史家に「康乾の盛世」と称えられている。

1. 清朝、中原に進出

◯満洲族の勃興と建国

満洲族は略称を満族といい、祖先は女真といい、中国の東北地区で生活していた。明代には、女真は建州、海西、東海の3部に分かれていた。そのうち、建州女真は黒龍江流域から徐々に南方へ移住し、長白山〔遼寧・吉林・黒龍江3省の東部、朝鮮民主主義人民共和国との国境に位置し、朝鮮半島では白頭山という〕の南方に定住した。15世紀末から16世紀初めにかけて、女真の傑出した首領であるヌルハチ〔清の太祖。1559－1626、在位1616－26〕が長年にわたる征戦のすえ、各部を統一した。八旗制度*を創設し、軍隊と民衆を統率し、また、文字を制定し、法律を頒布した。1616年、ホトアラ（現在の遼寧省新賓満族自治県）で帝位に即き、国号を大金（歴史的には「後金」という）、年号を「天命」とした。ついで、明朝を攻撃してたえず勝利を収め、盛京（現在の遼寧省瀋陽市）に遷都した。ヌルハチの死後、息子のホンタイジ〔太宗。1592－1643、在位1626－43〕が帝位を継承し、生産の発展、内政の改革を重視し、モンゴルの各部と連合し、勢力を急速に拡大した。また、女真を満洲と改称し、1636年、盛京で皇帝を称し、国号を「大清」と改め、清朝と略称した。

◯北京に遷都

明朝〔1368－1644年〕の末年は、政治が腐敗し、天災人禍が絶えず、大規模な

⬆清の太祖ヌルハチ

⬆「福陵図」 福陵はヌルハチの陵墓で、遼寧省瀋陽市の東郊にある

第3編 多民族国家の発展　87

農民蜂起が勃発した。1644年、李自成〔1606-45〕の率いる農民軍が北京を攻略し、明朝の末代の皇帝である朱由検〔崇禎帝、毅宗。1610-44、在位1627-44〕が首を吊って自死し、明朝は滅亡した。長城の山海関〔河北省秦皇島市の北東部に位置する〕に駐留し防衛にあたっていた明朝の将領の呉三桂〔1612-78〕が清朝に投降し、清軍は順調に山海関から中原〔黄河の中・下流域〕に進出し、李自成の農民軍を打破し、北京に遷都した。清朝は人民の土地を占拠し、漢人に剃髪と易服〔漢族の服装から満洲族の服装への変更〕を強要し、漢人の強烈な抵抗を引き起こした。清軍は中国南部を征服する過程で、明朝の残存勢力の抵抗に出会った。そのうち、最後まで抵抗を堅持したのが名将の鄭成功*〔1624-62〕にほかならない。

清朝の制度整備

清朝が中原を支配したのち、満洲族の支配者は制度整備をきわめて重視した。清朝の政権組織は基本的に明朝の制度を踏襲し、皇帝が全国に君臨し、すべてを主宰し、皇帝の意志が国家の法律にほかならなかった。清朝の権力の中枢は軍機処で、軍隊や国家の大計を処理した。その他の中央機関は明代と同じで、内閣と六部があった。新設の理藩院は漢族以外の民族と一部の対外事務を管理し、満洲族とモンゴル族の官吏しか任用しなかった。

康乾の盛世

清朝前期の康熙〔在位1662-1722〕、雍正〔在位1723-35〕、乾隆〔在位1736-95〕の3代の皇帝はいずれも雄略大才の君主で、その治政はあわせて133年（1662-1795年）にわたった。三人とも精神を奮い起こして国政に努め、その100年余り、経済が発展し、人口が増加し、社会が安定し、国力が強大になり、「康乾の盛世」とよばれた。乾隆年間には、国庫の銀が7000万両に達し、耕地が141万頃(けい)に増え、全国の人口も3億0700万人余りに増えた。

農業、手工業、商業の発展を基礎に、繁栄する大都市が少なくなかった。北京は全国の首都、政治と文化の中心地であり、商人が雲集し、各地の優れた商品が集まった。北京城は、明朝が建設したものを基礎に、しばしば改造し、西郊の園林区が形成され、三山五園（暢春園、円明園、万寿山清漪園(せいい)、玉泉山静明園、香山静宜園）が

⬆「多鐸入南京図」多鐸〔1614-49〕はヌルハチの第十五子で、この図は多鐸による南京の攻略の情景を描いている

整備された。宮殿や寺壇廟、街道や河川も大々的に改築、浚渫され、近代的な北京城が形成された。

　長江の北岸に位置する揚州〔現在の江蘇省揚州市〕は、大運河に臨み、経済が発達し、財貨が豊富であった。南京〔現在の同省南京市〕、蘇州〔現在の同省蘇州市〕、杭州〔現在の浙江省杭州市〕はいずれも絹織物、反物、手工業品の産地で、製品は遠隔地にも売りさばかれた。蘇州は庭園の趣があり、杭州は自然の景勝が少なくなかった。広州〔現在の広東省広州市〕は対外貿易の主要な海港で、毎年、非常に多くの商船が出入りした。そのほか、景徳鎮〔現在の江西省景徳鎮市〕の磁器、仏山鎮〔現在の広東省仏山市〕の鉄、盛沢鎮〔現在の江蘇省呉江市盛沢鎮〕の絹糸は、品質がきわめて優良で、遠近に名をはせた。漢口〔現在の湖北省武漢市〕は長江の中流に位置し、交通が四方八方に通じ、各種の商品の集散地であった。

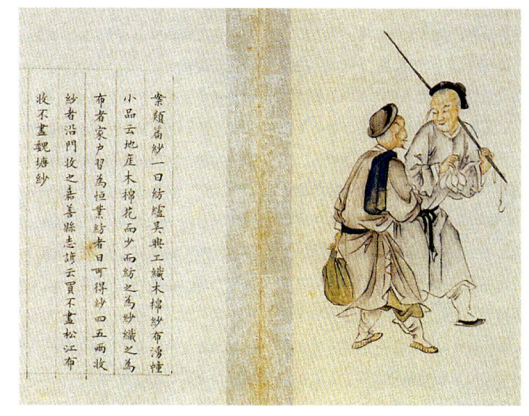

⬆「太平歓楽図」の「収購棉紗」

⬆清朝疆域図

2. 辺境経営

台湾の奪回

鄭成功〔1624-62〕の死後、息子の鄭経〔1643-81〕がひきつづき台湾を支配したが、内部矛盾が発展し、紛争がやまなかった。鄭経の死後、その息子たちが争い、鄭氏の勢力はさらに弱まった。康熙帝〔在位1662-1722〕は台湾に進攻することを決定し、姚啓聖〔1624-84〕と施琅〔1621-96〕を登用して福建の沿海で練兵や造船を行い、積極的に戦闘に備えた。1683年、施琅が水軍を率いて海を渡り、まず澎湖を攻撃し、鄭氏の軍隊の抵抗を撃破した。施琅の水軍が台湾に到達すると、鄭氏集団はまたたくまに瓦解し、降伏を強いられ、台湾は清朝の版図に帰属した。翌年、清朝は台湾府を設置し、福建省の管轄とした。

↑黄梓「鄭成功像」。清代

東北の地固め

16世紀末から17世紀初めにかけて、ツァーリロシアは東方へ勢力を拡張し、ウラル山脈を越え、シベリアの多数の先住民族を征服し、南方へ向かい中国の黒龍江の流域に侵入し、尼布楚（現在のロシアのネルチンスク）、雅克薩（現在のロシアのアルバジン）などを占領し、築城して根拠地にして守った。康熙帝が何回も交渉したが効果がなく、軍隊を派遣して雅克薩城を包囲攻撃し、ロシア軍は死傷者が相次ぎ、投降を強いられ、雅克薩を2度と侵犯しないことを保証した。しかし、清軍が引き揚げると、ロシア人は信義を守らず、またも雅克薩城を占領した。康熙帝がふたたび軍隊を派遣して雅克薩城を包囲攻撃すると、ロシア軍は苦境に陥り、ふたたび投降せざるをえなかった。両国の境界の問題を解決するために、ピョートル1世〔在位1682-1725〕は使者を派遣して中国と交渉させた。1689年、中国とロシアは「ネルチンスク条約」を締結し、外興安嶺以南、黒龍江流域とウスリー江流域の広大な地域の領有権を明確にした。その後、長期にわたって中国の東北辺境はずっと平和で安定した局面を維持した。

新疆の統一

康熙年間、オイラート・モンゴルのジュンガル部の首領であるガルタン〔1644-97〕が急速に勢力を拡大し、天山の南北に拠り、青海を征服し、さらに東方へ向かい漠北〔ゴビ砂漠の北方〕のモンゴルに侵入した。同地のモンゴルの各部は戦いに敗れ、あいついで南方へ逃れ、清朝に帰順した。ガルタンは清朝の警告を無視し、軍を率いて深く進入し、北京からわずか350キロしか離れていないウ

ランブートン（現在の内モンゴル自治区チャウダ盟クシクトン旗内）まで迫ったが、清軍に撃破された。康熙帝は３回にわたって漠北深く親征を行い、ガルタンは勢いも力ともに尽き、自死した。乾隆年間〔1736－95年〕、ジュンガル部に内紛が発生すると、乾隆帝はその機に乗じて出兵してジュンガル部を平定するとともに、イリ（現在の新疆ウイグル自治区伊寧市）に将軍を配し、天山北路に対する支配を強化した。天山南路の主要な民族は

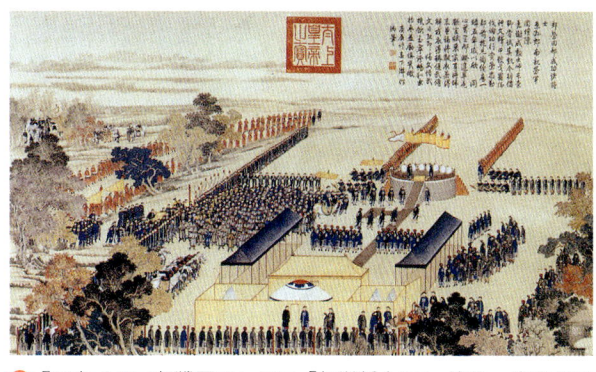

⬆『平定イリ回部戦図冊』の二「郊労将士図」 清代。清軍が回部を平定して凱旋し、北京郊外で乾隆帝の祝福を受ける盛況を描く

ウイグル〔回鶻〕族で、イスラーム〔回教〕を信仰しているので、同地区は「回部」ともいわれた。乾隆年間に、回部の宗教界の上層階級が挙兵して清朝に反抗したので、清朝は軍隊を新疆南部に派遣して反乱を鎮圧した。ここにいたって、天山北路と天山南路は一つにまとまり、「新疆」と総称され、伊犂(イリ)将軍府が統括することになった。

チベットの支配

1637年、ダライラマ〔ギェルワ〕５世〔ガワンロブサンギャンムツォ。1617－82〕は満洲にいた清の太宗〔在位1626－43年〕のもとに使者を送り、「ダライラマ」という封号を手に入れた。それ以来、後世のダライラマは清朝から冊封を受けなければならない制度が確立した。ダライ５世が世を去ると、チベットで内紛が生じ、オイラート・モンゴルのジュンガル部の首領がその機に乗じて軍をチベットに派遣し、首府のラサを占拠した。康熙帝は兵を発してジュンガル部を駆逐し、チベットを統制し、ただちにチベットに弁事大臣を置いた。乾隆年間、清朝はチベットに駐在する大臣の職権を高め、ダライラマやパンチェンラマと地位が同等であり、チベットの事務を共同で管理することを明確に規定した。また、「金瓶掣籤(きんぺいせいせん)」＊の制度を制定し、ダライラマとパンチェンラマの継承方法を定め、貴族が操縦して権力をほしいままにするのを防止した。

　清朝は康熙、雍正、乾隆の３代の皇帝の経営を経て、統一された空前絶後の強大な国家を樹立し、基本的に今日の中国の領域の規模を定めたのである。

⬆「五世ダライ・ラマ晋見順治帝図」（壁画）

第３編　多民族国家の発展　91

3. 清代前期の文化

漢学の勃興

清朝は、思想の支配を強化し、知識界を籠絡するために、大いに尊孔崇儒に努め、孔子〔前551－前479〕に'大成至聖先師'という尊号を加えた。儒家思想は政治に努め、学を治め、世に処し、人をもてなす基準であり、宋代の理学は孔子の真伝、儒学の正統と見なされた。それゆえ、宋代の大儒の朱熹〔朱子。1130－1200〕が崇敬され、儒家の経典である'四書'と'五経'*は朱熹の注釈を基準とした。

清朝の厳格な統制によって、文人は朝廷公認の哲学である理学に不満を抱き、あえて政務を論評したり、実際を研究したりしようとせず、知恵と精力をもっぱら古書の整理や注釈にそそぐしかなかった。清代の中葉、漢学が勃興した。この学派は儒家の経典を主要な研究対象とし、真偽を検討し、過誤を正し、音読や字義を弁じ、異同を校勘するなど、基本的な手堅い作業を数多く行い、古典が長期にわたって伝えられてきたなかで生じた錯誤や遺漏、誤解、故意の改竄を正した。

文献の編纂

清朝は、全盛期に大規模な文献や書籍の整理と編纂を行ったが、そのうちもっとも有名なものは『四庫全書』である。中国歴代の3500種余りの書籍を収集し、経、史、子、集にもとづいて分類し、7万9000巻余りに編成し、3万6000冊余りに仕立てており、中国最大の叢書である。その編纂の過程で、全国の書籍に対して大検査を行い、大量の書籍が清朝の支配に不利、反逆の書と見なされ、忌避の列に組み入れられ、焼却や改竄の憂き目にあい、古代文化の遺産にかなりの損失がもたらされた。

文学

清代の文学の最大の成果は小説である。蒲松齢〔1640－1715〕の『聊斎志異』は妖狐鬼魅のたぐいを題材に、世態人情を描き、ストーリーが曲折に富み、イメージが活き活きとし、文章が優美で、寓意が計り知れず、人びとに歓迎されている。呉敬梓〔1701－54〕の『儒林外史』は筆法が犀利、諷刺が深刻で、科挙制度の弊害と文人の卑劣醜悪な心理状態を暴露している。曹雪芹〔1715－63か64〕の『紅楼夢』は中国でもっとも優れている古典小説で、貴族の家庭における愛情の悲劇というテーマをめぐって、広大で、豊富多彩な社会の歴史絵巻を展開し、

↑『四庫全書』を収蔵する文淵閣

⬆「大観園図」 大観園は『紅楼夢』の舞台である貴族の庭園

活き活きとした種々の人物形象を造形し、個性の解放と節操の固い愛情を称え、人間性を束縛した封建的な倫理道徳を批判している。

絵画

清代は絵画も非常に高い成果を収め、流派が林立し、名家が輩出し、色彩が華やかで、独自性に富んでいる。清代初期の4人の僧侶、つまり弘仁〔1610-64〕、髠残、石濤〔原済。1642?-1718?〕、八大山人〔朱耷。1626-1705?〕は、筆意が高遠、画風が蒼勁で、革新的な精神がみなぎっている。画壇の正統としては、まず王時敏〔1592-1680〕、王鑑〔1598-1677〕、王原祁〔1642-1715〕、惲寿平〔1633-90〕を推すべきである。いずれも伝統的な文人画を発展させ、その画風は均整がとれ明るく鮮やかであったり、高尚でのびのびしていたり、堅実勇壮であったりであるが、それぞれその頂点を極めている。清代中葉、俗に'揚州八怪'といわれる八人の画家が現れたが、そのうちもっとも有名なのは鄭燮〔鄭板橋。1693-1765〕で、その墨竹〔墨で描いた竹の絵〕の描き方はきわめて自然で、味わい豊かで、思いのままに筆を使い、既成概念に囚われず、きわめて情趣に富んでいる。さらに、西洋から中国にやって来たジュゼッペ・カスティリオーネ〔郎世寧、ジェスイット会の宣教師。1688-1766〕も、朝廷に仕え、西洋の画法をふまえ中国画の特色を吸収し、戦争、朝見、人物などを描いた経典的な絵画を描いた。

⬆鄭燮「蘭竹図」 清代

第3編　多民族国家の発展　93

4. 清代前期の科学技術

天文と地理　明代〔1368−1644年〕末期から清代〔1644−1911年〕初期にかけて、ジェスイット会〔イエズス会〕の宣教師が多数中国にやって来たが、有名なのはマテオ・リッチ〔1552−1610〕、アダム・シャール〔1591−1666〕、フェルディナン・フェルビースト〔1623−88〕らである。北京や各地に教会堂を建立して布教に努め、それと同時に西洋の科学文化をもたらし、書籍を著した。アダム・シャール、フェルディナン・フェルビーストは順治帝〔在位1644−61〕や康熙帝〔在位1662−1722〕と親交があり、康熙帝自身は西洋の科学を吸収するのにきわめて熱心であった。

暦法の面では、清代初期に、非常に長く使われてきて、誤差が徐々に大きくなった伝統的な'大統暦'を廃し、マテオ・リッチ、フェルディナン・フェルビーストらが編纂した'時憲暦'を採用し、西洋の天文理論と計算方法を吸収した。暦法は中国が最初に近代科学に踏み込んだ領域である。

❶フェルディナン・フェルビースト「坤輿全図」　清代。木版。フェルビーストはフランドル出身のジェスイット会宣教師で、1659年に澳門に到着し、翌年、清朝に出仕し、1674年に「坤輿全図」を完成

第1部　中国の歴史と文化

もう一つ、西洋の影響をかなり大きく受けたのは地図測量学である。清朝が強大なときには、国家が統一され、版図が強固で、全国と各地の地図の作成を始め、人をいたるところに派遣して実地に測量した。外国の宣教師の参与のもとで、西洋の経緯度による定位とメルカトル図法を採用し、作成された地図は当時の世界水準の最前列に位置していた。康熙帝は全国地図の「皇輿全覧図」の作成を主宰し、のちに乾隆帝〔在位1735－95〕が人を派遣して補充、改訂し、「乾隆内府輿図」を完成させた。後者は前者よりもかかわる地域の範囲が2倍以上に増え、実際にはアジア大陸全図である。そのため、イギリスのジョセフ・ニーダム〔1900－95〕は、'中国は地図製作の面でふたたび世界各国の先陣を切った'と指摘している。

器械と建築

　器械の面でも、西洋の製造技術を導入した。宣教師は清朝のために少なからぬ大砲を製造したことがある。康熙年間に、戴梓〔1648－1725〕はすこぶる威力のある連発銃と高射砲を製造した。しかし、清代中葉以後、天下太平であったために、刀矛や騎射だけを重視し、火器の改良を重視しなかった。中国は聡明才知の士が乏しくなく、眼鏡、望遠鏡、温度計、時計、水車など、精巧な各種の器具、機械を製造することができたのに、そのような研究や製造は、邪悪非道なトリックと見なされ、提唱、普及することができなかった。

　建築学の面では、非常に高い成果をかち取り、宮殿、庭園、寺廟、邸宅、城壁の建築が一時期隆盛を極めた。雄大荘厳であったり、富麗典雅であったりするが、色彩を施して飾り立て、まばゆいばかりに鮮やかで、庭園は草木が入り交じって趣がある。宣教師が西洋の建築技術をもたらし、円明園〔北京市海淀区の北部、頤和園の東方にある〕の西洋楼、大水法などの建築群を設計した。

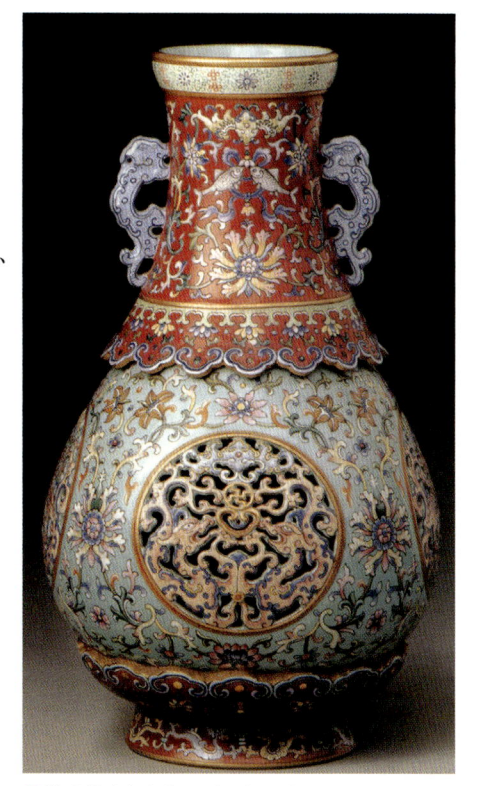

❶粉彩鏤空転心瓶　清の乾隆年間

第4編

清代後期——沈淪と覚醒

概観　イギリスの商人が中国にアヘンを密輸して銀を詐取したので、清朝政府がアヘンの禁止を実行すると、イギリスはアヘン戦争を引き起こし〔1840年〕、大艦巨砲で中国の閉ざされていた国門を破壊し、清朝は国土の割譲、賠償金の支払い、開港と通商を強いられた〔1842年〕。それ以来、西洋の勢力が中国に侵入し始めた。

　太平天国〔1851-64年〕が'平等'という大旗を掲げ、中国の南東部を席巻する嵐のような農民の抵抗運動を巻き起こしたが、清軍との10年余りにわたる激烈な戦闘のすえ、最終的に鎮圧された。外国の宣教活動は、民衆の利益を損なったため衝突を誘発し、殺人事件を引き起こした。支配集団のなかの洋務派官僚は、洋務自強運動を開始し、西洋の技術や文化を導入し、工場を建設し、船や銃砲を製造し、学校を新設し、新式海軍を建設するなど、富国強兵を図った。商業と貿易の発展によって商業都市が勃興し、輸入品によってライフスタイルの変化が引き起こされ、西洋文化の伝播によって人びとの文化生活に変化が生じ始めた。

　甲午中日戦争〔日清戦争。1894-95年〕で、中国は明治維新〔1868年〕後に勃興した日本に敗北し、全国が震撼し、維新思潮が勃興した。康有為

❶清代末期から中華民国初期にかけての北京駅

〔1858-1927〕をはじめとする維新の志士は積極的に維新変法運動を展開するとともに、1898年、光緒帝〔在位1874-1908〕を支持して'百日維新'を行ったが、慈禧太后〔西太后。1835-1908〕集団に弾圧され、維新変法運動は失敗に終わった。

列強の侵略と外国の布教活動によって下層民衆の反抗が誘発され、まず山東で反キリスト教の義和団運動が勃興するとともに、またたくまに河北、天津、北京一帯にまで蔓延した。清朝は先剿後撫〔さきに討伐しあとで慰撫する〕政策を実行したが、義和団運動は急速に発展し、列強が八か国連合軍を結成して侵入し、あいついで天津と北京に攻め入り、義和団を鎮圧した〔1900年〕。西安に逃れた慈禧太后〔西太后。1835-1908〕は人を派遣して列強と「辛丑条約」〔北京公使団および清国全権、「義和団事件に関する最終議定書」〕を締結した〔1901年〕ので、中国は政治、経済、軍事の面で列強にいっそう厳しく支配されることになった。

1901年以後、清朝ははじめて'新政'を実行した。すなわち、官制を改革し、新軍を編成、教練し、科挙を廃し、学校を創立し、留学生を派遣し、商工業の発展を奨励し、地方自治を実行し、憲政を実行する準備を始めた。民間には実業を興すブームが出現し、民族商工業がかなり大きく発展した。学校の創立と留学ブーム、および新聞・雑誌の創刊によって、西洋文化の導入が促され、新しい文化や思想がかなり急速に伝播した。

孫中山〔孫文。1866-1925〕らが中国革命同盟会*を結成し〔1905年〕、反清革命運動を指導し、留日学生のなかには積極的に革命思想を宣伝する者もおり、立憲派と革命派が論争を展開した。清朝の腐敗と立憲に対する抵抗によって、人民の普遍的な不満が引き起こされた。1911年、武昌蜂起によって、辛亥革命が誘発され、清朝の支配は覆された。

1 開港通商と自強運動

18世紀中葉以後、イギリスをはじめとする欧米諸国は工業が急速に発展したため、アジアにおける市場開拓を焦った。しかし、中国は、自国の経済的利益と社会の安定を維持するために鎖国政策を実施していたので、西洋列強と鋭く対立するにいたった。西洋列強は砲艦政策によって中国の大門をこじ開け、それと同時に中国も世界を目にし、西洋との格差を認識した。それゆえ、自強運動が始まった。

1. アヘン戦争と開港通商

アヘン戦争　イギリス商人は中国でアヘンの密輸を行って大量の銀を詐取したが、アヘン吸引の悪習に染まった官吏、将兵、商人が非常に多かったので、社会に対する危害はますます深刻になった。清朝の朝廷は1838年に欽差大臣の林則徐〔1785－1850〕を広東に派遣してアヘンを取り締まらせることにした。林則徐は広州に到着するや、アヘンの押収やアヘン商人の逮捕を始め、アヘン禁止の厳しい措置を講じた。1839年6月3日、広州付近の虎門〔広東省東莞市の南西部〕で押収したアヘンを公衆の面前で焼却した。

中国がアヘンを厳しく取り締まったため、イギリス商人は金儲けの道を断たれたので、中国に戦争をしかけて、アヘン貿易を維持し、中国市場を切り拓くよう政府に働きかけた。1840年6月、イギリスは艦隊を中国の沿岸に派遣し、まず福建と浙江の沿海の一部の地方を攻撃し、守備軍の将兵のなかには頑強に抵抗した者もいたけれども、中国の沿海は軍備が乏しく、朝廷も態度が動揺してふらつき、それに加えて、イギリス軍の砲艦が武器の面でも優位を占めていた。戦闘が2年余り継続したすえ、イギリス軍は浙江、広東の一部の地方をあいついで攻略し、1842年の夏、上海、鎮江〔現在の江蘇省鎮江市〕を攻略し、長江沿いに南京に到達し、朝廷は講和を強いられ、第一次アヘン戦争は終息した。

⬆イギリスの東インド会社のアヘン貯蔵庫

「南京条約」　1842年8月、清朝の官員は南京でイギリス軍の代表と最初の不平等条約である中英「南京条約」に調印した。その主要な内容は、中国はイギリスにアヘン代金、軍費などあわせて2100万元の賠償金を支払い、香港を割譲する。

🔼 1842年8月29日、中英双方の代表が南京の長江上に停泊中のイギリスの軍艦で「南京条約」に調印

それ以来、150年余り、香港はイギリスの植民地とされた。

また、広州、廈門〔アモイ〕、福州、寧波〔現在の浙江省寧波市〕、上海の5か所を通商港として開港させ、輸出入の基地にした。そのうち、上海はまたたくまに全国の対外貿易の中心になり、イギリス、フランス、アメリカなどがあいついで租界を画定し、'国のなかの国'になった〔中米「望厦条約」と中仏「黄埔条約」*〕。

輸入関税は中英双方で協議決定するため、中国は関税自主権を失った。その後の補充条約〔1843年10月の「虎門条約」〕で、イギリスは中国で領事裁判権*を獲得した。

○世界を目にして改革を提唱

西洋列強の侵略に刺激され、思想的に鋭敏で世界に関心を寄せる人びとは、改革自強して西洋の侵略を防ぐことを模索し始めた。林則徐は、広東でアヘンを取り締まっていたとき、西洋事情に関する『四洲志』、『華事夷言』、『各国律例』などを翻訳、編纂し、'目を開いて世界を見る'第一人者になった。魏源〔1794-1857〕は林則徐の事業を引き継ぎ、発憤して『海国図志』を著した。同書は西洋の歴史地理、科学技術の知識を系統的に紹介した'百科全書'で、1842年に刊行された。魏源は同書で'夷の長技を師として夷を制する'〔外国の優れた技術を採り入れて外国を制する〕ことを提起し、工場を設立して西洋の船、砲、および'民用に有益な'製品を模造し、新式の軍隊を編成、教練し、西洋に学んで侵略を防ぐ改革思想を創出するよう主張している。人びとはそれまでずっと、中国が天下の中心であり、もっとも先進的な文明は中国にしかなく、その他の国家はみな立ち遅れている'蛮夷'〔異民族に対する蔑称〕と思い込んでいたので、同書に接することによって、はじめて世界各国の情況を理解し、西洋国家にも文明的な制度と先進的な技術があることを知ったのである。同書は、刊行されてまもなく日本に伝えられ、日本の知識界に非常に大きな影響をもたらした。

2. 太平天国、一般住民とキリスト教徒との衝突

太平天国運動

アヘン戦争〔1840-42年〕の敗北によって清朝の腐敗無能ぶりが暴露され、戦費と巨額な賠償金のために、朝廷は人民に対して苛斂誅求を加重し、それに加えて、各クラスの官吏の汚職と強請りによって、下層民衆と支配集団とのあいだの矛盾が激化した。

1843年、広東の農村の塾教師の洪秀全〔1814-64〕がキリスト教のパンフレットに啓発され、'拝上帝会'*を結成し、上帝の息子と自称し、天下の人びとは一律に平等であると主張するとともに、広東・広西一帯で布教し、広大な民衆の共感をかち取ったので、拝上帝会に身を投ずる人がまたたくまに増えた。1851年、洪秀全は広西の金田〔現在の広西チワン族自治区桂平市の北部〕で蜂起を宣布し、'太平天国'を国号とし、清朝の支配を覆し、農民政権を樹立する農民革命運動を開始した。

洪秀全は太平天国軍を率い、清朝が鎮圧のために派遣した清軍と勇敢に戦い、広西から湖南に進入し、その途上で革命を宣伝し、清朝の腐敗を暴露し、人民に起ち上がって反抗するよう呼びかけたので、民衆はあいついで太平天国軍に参加し、たちまち10万人に達した。太平天国軍はひきつづき破竹の勢いで北上を続け、湖北、江西、安徽、江蘇諸省を席捲し、1853年に武漢〔現在の湖北省武漢市〕を攻略し、さらに数都市を攻略し、最終的に南京〔現在の江蘇省南京市〕を占拠して都城と定め、天京と改称した。そのとき、太平天国軍とその家族は20万人余りにのぼっていた。

太平天国の政策

太平天国は、南京を都城と定めたのち、ひきつづき太平天国軍を派遣して北伐と西征を行う一方、政権の建設に着手した。「天朝田畝制度」を頒布し、'凡そ天下の田は、天下の人が同に耕す'ことを原則とし、人口にもとづいて土地を均等に分配した。それは、平等を要求する農民の理想を反映しており、貧しい農民に歓迎された。また、男女平等政策を実行し、男女が一様に土地を平等に分け、女性も軍事や政治に参加することができるとし、下層の女性の平等願望をかなえた。しかし、農民は余剰農作物をすべて国家に上納しなければならないと規定するとともに、家庭を消滅させる制度などを採用したので、農民大衆の生産への積極性をそいだ。

香港に出かけたことのある洪仁玕〔1822-64〕が

↑太平天国の礼拝堂

朝政を取り仕切り、『資政新篇』を頒布し、西洋にならって近代的な商工業を興し、外国と自由に通商し、学校や病院などを創立するよう主張したが、それら資本主義的色彩を具えた改革は実行するにいたらなかった。

　1864年、清軍の残酷な鎮圧、太平天国内部の分裂などによって、太平天国の勢力は衰退し、清軍が天京に攻め入り、太平天国は滅亡した。

一般住民とキリスト教徒との衝突

　アヘン戦争後、清朝は強いられてキリスト教の禁令を撤回したので、外国の宣教師は通商港に教会堂を建立し、自由に布教することができるようになった。宣教師がその特権に依拠して、しばしば住民の土地や財産を占拠、強奪したり、不埒なキリスト教徒が一般住民を抑圧するのを庇護したりする事件が発生し、地方の民衆とやたらに衝突した。外国の宣教師は、中国の内地における自由布教の特権を手に入れたのち、全国の広大な地区で積極的に布教活動を展開した。しかし、教会堂を建立し、教徒を募る問題などで往々にして民衆との衝突を引き起こした。民衆が教会堂を焼き払い、宣教師と衝突し、キリスト教徒とたがいに殴り合い、ひいては殺人事件さえ引き起こす'教案'が発生した地方が少なくなかった。

天津教案

　1870年、天津の望海楼天主堂付設の育嬰堂内で少なからぬ嬰児が伝染病で死んだが、その死亡の情況が不明であったので、民衆が怒り、教会堂に押しかけて抗議した。フランスの天津領事が発砲して衝突をいっそう激化させたので、民衆は望海楼天主堂、フランス領事館、およびその他のいくつかの教会堂に放火して焼き払い、西洋人と西洋の宣教師を20人余り殴り殺した。

　'天津教案'の発生後、フランスはその他の列強とともに清朝に圧力を加え、軍事的威嚇のもとで、中国の官吏と民衆に懲罰を科すよう強要した。清朝は曾国藩〔1811－72〕を派遣して調査、処罰させることにしたが、列強の圧力のもとで、最終的に民衆20人を死刑に処し、地方官20人余りに懲罰を科し、賠償金を支払い、官員をフランスに派遣して'謝罪'した。

⬆19世紀末、中国服を身に着け、中国で布教に努める外国人宣教師

第4編　清代後期——沈淪と覚醒

3. 自強運動と'西洋に学ぶ'

第二次アヘン戦争

1856年、イギリスとフランスは口実〔アロー号事件〕をもうけて中国に対して第二次アヘン戦争をしかけた。イギリス・フランス連合軍はまず広州に侵攻して占領し、1858年に北上して大沽口〔現在の天津市の南東部、海河の河口に位置し、北京を守るための砲台があった〕と天津を攻略し、清朝は列強との講和を強いられ、それぞれイギリス、フランス、アメリカ、ロシアと「天津条約」を締結した。1860年、批准書の交換の機に乗じて、2万5000人のイギリス・フランス連合軍がふたたび大沽口に侵攻するとともに、天津を攻略し、北京に侵入した。咸豊帝〔在位1850－61〕は熱河〔現在の河北省承徳市で、離宮の避暑山荘などがある〕に逃れ、イギリス・フランス連合軍は、古今の無数の珍宝を収集し中国と西洋の建築芸術の粋を集めた皇帝の庭園——円明園〔北京市海淀区の北部、頤和円の東部に位置する〕——で強奪を行うとともに、放火して焼き払ったので、一片の瓦礫と化した。

清朝はイギリス、フランスと「北京条約」を締結するとともに、「天津条約」を批准するよう強いられた。この二つの条約によって、列強は、各国が公使を派遣して北京に駐在させる、天津、漢口〔現在の湖北省武漢市〕、南京など11か所の海港と河港を通商港として開放させる、外国人が内地を遊歴し、布教や取引ができるなど、一連の特権と利益を掠め取った。

⇧1860年10月、円明園西洋楼の噴水が英仏連合軍に破壊されて廃墟と化した

洋務自強運動

太平天国運動〔1851－64年〕と第二次アヘン戦争〔1856－60年〕の打撃によって、清朝支配集団の官員のなかには、改革自強をしなければひきつづき清朝の支配を維持できないと感ずる者が生まれた。こうして、1860年代以後、朝廷内と地方に洋務官僚が出現し、西洋の技術を導入して富国強兵を求める洋務自強運動が勃興し始めた。

まず、軍隊を組織し太平天国を鎮圧して身を起こした地方の大官である曾国藩〔1811－72〕、左宗棠〔1812－85〕、李鴻章〔1823－1901〕らは、地方で西洋風の艦船や銃砲弾を製造する軍需企業を設立し始めた。〔安徽省の〕安慶軍械所、上海江南製造局、福州船政局、天津機器製造局などで、そこで造られる軍用器材によって、清軍の武器や装備

のレベルが向上し、さらに西洋から艦船を購入し、新式海軍を創設した。その後、輪船招商局、開平礦務局、機器織布局、および電報、鉄道など、民需企業がつぎつぎに設立され、富強を図る措置とされた。これら西洋技術を導入した自強措置は、中央で朝政を取り仕切る恭親王奕訢〔1832 - 98〕に支持され、朝廷と地方の洋務官僚によって洋務派が形成された。

'中体西用'

洋務派は、西洋に学ぶ施策がつねに保守派に攻撃されるので、中国固有の倫理道徳と政治制度を保持することを前提にして西洋の技術を学ぶことを提起した。それこそ'中学を体と為し、西学を用と為す'にほかならない。この'中体西用'思想は、洋務派や、この時期に西洋に学ぶことに賛成した人びとに普遍的に支持され、洋務自強運動を興す思想的な綱領になった。

1895年、洋務官僚で湖広総督の張之洞〔1837 - 1909〕が『勧学篇』を執筆、出版し、明確に'旧学を体と為し、新学を用と為す'ことを提起し、'中体西用'思想について系統的に論述した。同書は、光緒帝〔在位1874 - 1908〕が広く頒布するよう命じたので、またたくまに広く読まれるようになり、社会に非常に大きな影響を与え、朝野、上下を問わず高く評価されたが、政治改革を主張する維新人士からは批判された。

西洋文化を学び、海外留学する

自強運動のなかで、洋務官僚は、北京同文館、上海広方言館、広州同文館など、西洋式の学問を教える新式学校を設立し、外国語の通訳や外交の人材を養成した。上海江南製造局翻訳館と北京同文館は西学の書籍を刊行し、西学の新知識の伝播に重要な役割を果たした。福州船政学堂、天津水師学堂、天津武備学堂、電報学堂などは、海軍や陸軍の人材や専門技術の人材を養成した。

1872年、中国はアメリカに最初の官費留学生を送り出し、西洋への官費留学を始め、その後の4年間にあわせて120人の児童をアメリカに留学させた。そのうち、詹天佑〔1861 - 1919〕はのちに鉄道建設を推進する中国の最初の技師になった。1877年以後、福州船政学堂も3回にわたってあわせて80人余りの学生をヨーロッパに留学させ、そのうちの厳復〔1854 - 1921〕はのちに有名な維新思想家になった。

⬆1872年8月、清朝政府がはじめて30名の幼童をアメリカに留学させた。そのなかに、詹天佑もいた

4. 西風東漸のもとにおける社会と文化

商業都市の勃興　開港〔1842年〕以後、沿海や河川沿いの都市があいついで商業港として開港され、対外貿易の拠点、輸出入商品の集散地になり、発展した。たとえば、上海は1850年代以後、対外貿易の中心地になり、商業・貿易活動の発展に伴って日ましに繁栄し、1880年には人口が100万に達し、中国第一の超大型商業都市になった。1880年代以後、天津、漢口〔現在の湖北省武漢市〕、広州なども人口数十万の大型商業都市に発展した。それらの商業都市は、各国の商船が訪れ、内外のビジネスマンが雲集し、外国の商社と中国の商店が大通り沿いに林立し、さまざまな商業活動で多忙を極めた。中国の近代的商工業は、まずこれらの商業都市から発展し始めたのである。

社会階層の変動　開港以後、商業経済の発展に伴い、買弁*や商人がまたたくまに金を蓄えて金持ちになり、商業に従事する人も日ましに増え、商人階層も徐々に拡大し、社会に対する影響も日ましに強くなった。商人は往々にして金を納めて官職名を得、官吏の身分を手に入れたし〔捐納*〕、役所が地方の事業を興すにも商人の財力の助けを借りることが多く、それに伴って商人の社会的地位が上昇し、人びとが羨望、憧憬する対象になった。

士人階層〔知識人〕はおもに科挙によって仕官することを活路にしていたが、清代末期には士人の人数が多いのに、科挙で仕官するルートが狭く、官界の実職が少なかったので、仕官するのが非常に困難になった。裕福な少数の士人が商業に転じたのを除いて、一般の貧しい士人は普遍的に貧困化し、都市のなかを流浪し、頭脳労働者として雇われ、

⬆1865年4月にイギリス人が上海に開設した匯豊銀行〔香港上海銀行〕の支店

⬆満洲貴族の夫人と中国駐在大使の夫人

第1部　中国の歴史と文化

その社会的地位もいささか低下した。

◯ ライフスタイルの変化

輸入品が日ましに増え、徐々に地場産のものにとって代わって人びとの生活のなかに入ってきた。たとえば、輸入品の綿布が地場産の綿布に、タオルが地場産の布巾に、マッチが伝統的な火打石に、輸入品の針と釘が地場産の針と釘に、紙巻煙草が刻みにとって代わり、人びとは日用品を日ましに工業製品と市場に依存するようになった。

動力付きの汽船が伝統的な木造船や陸路の車馬に変わって長距離交通の手段になり、遠出がいっそう便利かつ迅速になった。商業都市には造りが精巧で、スピードの速い西洋馬車が登場し、歩行に代わる高級な移動手段になった。1870年代以後、日本から人力車が導入され、東洋車ともいい、都市でたちまち流行し、歩行に代わる大衆的な移動手段になった。

ガス燈や電燈があいついで出現した都市もあり、上海は1870年代から大通りや盛り場にあまねくガス燈が使われたので、'不夜城'とよばれた。

◯ 洋学と新文化

西洋人が商業都市で暮らすようになると、西洋風の新聞・雑誌が創刊され始め、中国人を対象に中国語の新聞・雑誌を創刊した宣教師もいた。当初は宗教の宣伝に重きを置いていたが、読者を惹きつけることができないので、ついにニュースの報道と洋学の紹介を重視するようになり、徐々に受け容れられるようになった。1872年、イギリスの商人が上海で創刊した商業紙の『申報』は、中国人の文人を主筆に招聘し、宗教的内容がなく、中国人読者の心理と要求に合わせることに意をそそいだので、日をおって購読者が増え、各地で発行されるようになった。1894年以前に全国各地で内外人が創刊した新聞・雑誌は数十種にのぼり、新式の新聞・雑誌は大衆的な宣伝手段になり、新知識を伝播し、新思想をはぐくむメディアになった新聞・雑誌もある。

西洋人はさらに、上海の墨海書館、美華書院など、西洋の書籍を翻訳、出版する組織をも創立し、西洋の書籍を翻訳、出版した。宗教の宣伝書もあれば、西洋の科学技術や文化の紹介書もあり、中国人が西洋の学問を理解する窓口を提供した。

西洋人はさらにミッションスクールをも創立し、中国の少年児童を募集して西洋の文化と学問を学ばせた。商業都市では、内外人が外国語学校を設立し、商人やその子弟を募集して外国語を学ばせ、ビジネスや貿易のニーズに応えた。

2 民族危機と維新啓蒙

　日本は、明治維新〔1868年〕以後、国力が日ましに強大になり、アジア各国の変法図強〔体制や法制を大幅に変革して国家の強大化を図る〕の模範になった。しかし、強大になった日本は西洋列強の後塵を拝し、周辺の地域や中国への侵略拡張を追求した。特に、甲午中日戦争〔日清戦争。1894－95年〕後、日本は中国に国土の割譲、軍費の賠償を迫り、西洋列強は中国の利権を分割し始め、中国に深刻な民族危機をもたらした。敗戦に刺激され、さらに多くの中国人が目ざめ、変法維新運動が巻き起こった。

1. 甲午中日戦争の衝撃

甲午中日戦争　　1894年、朝鮮で東学党〔キリスト教に対抗して、人間尊重をとなえ、男女、貧富、貴賤の差別のない太平の世の建設を主張する〕の農民軍が蜂起すると、朝鮮政府は清朝に出兵して鎮圧に協力するよう要請した。清朝政府は日本側に通知したのち出兵したが、早くから謀議をしていた日本もその機に乗じて朝鮮に出兵するとともに、大量に増派し、のちに朝鮮王宮に攻め入り、国王を脅迫し、傀儡政権を発足させ、朝鮮と中国との関係を断たせるとともに、戦争の準備をととのえた。7月、日本軍は清軍の輸送艦を奇襲し、同時に朝鮮に駐屯する清軍を攻撃し、甲午中日戦争が勃発した。

　日本軍は、一方で朝鮮に駐屯する清軍を攻撃するとともに、またたくまに戦火を中国の遼東半島にまで拡大し、他方で黄海で清の北洋艦隊との海戦を引き起こした。清朝政府と清軍の準備不足のために、日本軍は迅速に行動し、あいついで旅順、大連〔ともに現在の遼寧省大連市〕を占領するとともに、1895年の初めに山東の威海衛〔現在の山東省威海市〕沖で北洋海軍を殲滅した。清朝の朝廷は日本と講和の交渉をせざるをえなくなった。

⇧甲午中日戦争における致遠艦の将兵

「馬関条約」　　1895年3月、清朝は李鴻章〔1823－1901〕を馬関（山口県の下関の別称）に派遣して日本の伊藤博文首相〔1841－1905〕らと折衝させる

とともに、4月に「馬関条約」を締結した。その主要な内容は、中国は朝鮮に対する日本の支配を承認する、中国は遼東半島、台湾、澎湖諸島を日本に割譲する、日本人が中国に投資して工場を設立することを許可する、日本の軍費白銀2億両を賠償する、重慶、沙市〔現在の湖北省荊州市沙市区〕、蘇州、杭州を通商港として追加開港するというものであった。中日の「馬関条約」は中英の「南京条約」〔1842年〕についで中国の主権と利益をひどく損なう不平等条約であった。その後、列強は争って中国で'勢力範囲'を分割し合い、中国は分割の危機に直面した。

台湾人民の割譲反対闘争

「馬関条約」で台湾とその付属島嶼を日本に割譲すると取り決められたというニュースが伝えられると、全国の人民、とりわけ台湾の人民の強烈な反対を引き起こした。条約締結の3日後、台北の商人は鳴り物入りでストライキを行い、清朝が台湾を日本に売り渡したことに抗議し、台湾の税収を全額抗戦に流用することを宣布した。台湾の人民はさらに檄文を発布し、「馬関条約」を締結した李鴻章を懲罰にかけるよう要求し、台湾と存亡を共にすることを誓った。

　1895年5月、日本軍は台湾に上陸を開始し、迅速に台北を占領するとともに、各地に前進を始めた。台湾人民と台湾に駐屯する清軍の一部は反撃を開始した。清軍の元将領の劉永福〔1837－1917〕や台湾の愛国志士の徐驤〔1858－95〕らは将兵と民団〔地主などが治安維持のために組織した自衛団〕や義勇兵を率い、新竹、彰化、嘉義などで日本軍を攻撃し、重大な損害を与えたが、徐驤は砲弾があたって戦死した。各地の義勇軍は侵犯してきた日本軍を勇敢に攻撃し、のべ100回余りにわたって日本軍と鋒を交え、3万人余りを死傷させたものの、義勇軍も膨大な代価を払い、最終的に敗北した。

　1895年11月、日本軍は台湾の'平定'を宣言した。その後、台湾は50年間の長きにわたって日本に支配され、1945年にやっと祖国の懐に戻った。

中日関係の転換点

甲午中日戦争で中国が日本に敗北したため、中国は朝野、上下ともに衝撃を受け、日本が西洋にならって維新改革〔政治的改革〕を進め、国家を急速に富強にしたのに、中国は因襲に囚われ、奮闘しようとせず、亡国の危機に直面していることをはじめて認識するにいたった。一部の有識の士は日本に学び、変法維新を行い、西洋にならい、富国強兵を図り、民族を滅亡から救うよう提起した。

第4編　清代後期──沈淪と覚醒

2. 維新運動の啓蒙

維新思潮の勃興

「馬関条約」の協議中、そのニュースが国内に伝えられると、全国の人民は悲しみや怒りが頂点に達し、会試〔官吏登用試験である科挙のうち、各省都で行われる郷試の合格者たる挙人*が受ける試験で、3年に1度づつ北京で行われた〕を受けるために北京に集まった各地の挙人が積極的に行動に起ち上がり、つぎつぎに都察院〔政務監察機関〕に上書して請願し、締結に反対した。広東の挙人の康有為ら1000人余りの挙人が連名で上書し、「講和拒否、遷都、変法」を主張した。歴史にいう'公車上書'である（公車とは官車のことで、漢代に科挙の受験者を公家〔国家〕の車馬で遞送したので、のちに「公車」は挙人が北京に赴いて科挙を受験することを意味するようになった）。条約の締結は阻止できなかったけれども、'公車上書'は人びとによってつぎつぎと筆写、印刷され、広く伝えられ、社会に非常に大きな影響を与えた。それ以来、変法維新思想は広範囲に伝えられ始め、維新運動に参与する人が増えた。

維新を志向する人びとは北京、上海、湖南、広東、天津などで新聞・雑誌を創刊し、さまざまな団体を結成し、学校を創立し、大いに維新思想の宣伝に努め、君主立憲政体に移行し、民族商工業を発展させ、科挙制度を改革するなど、一連の変法の主張を提起したので、維新運動が急速に高まった。維新派の思想、主張も守旧勢力に攻撃され、維新派と守旧派との論戦が展開された。

維新の志士

維新運動のなかで、傑出した維新の志士が輩出した。

康有為（1858-1927）は、広東の出身である。香港、上海などを遊歴し、西洋の新聞・雑誌や書籍を愛読し、変法維新思想を抱き、1888年、光緒帝〔在位1874-1908〕に上書し、変法による救国を要求するとともに、維新思想を解説する多数の著作を執筆した。'公車上書'の提出を指導したのち、維新運動の領袖になり、積極的に維新活動に従事した。

梁啓超（1873-1929）は、広東の出身で、康有為に師事し、'公車上書'の提出など、康有為の維新活動に協力し、1896年に『時務報』〔社主は汪康年（1860-1911）で、1896年7月から1898年月まで発行された旬刊紙〕の主筆を担当し、維新を宣伝し、執筆する文章は通俗的かつ流暢で、文章が犀利で、一世を風靡した。

↑戊戌維新時期に維新派が1896年8月に創刊した『時務報』

厳復（1854-1921）は、福建の出身で、福州船政学堂に学び、イギリスに留学し、帰国後、天津水師学堂の総教習に任じられた。西洋の学者の書籍を数多く翻訳、刊行し、系統的に西洋近代の政治・社会学説を紹介するとともに、一連の政論や論文を発表し、「物は天択を競い、適者が生存する」という進化論を宣伝したが、その進化論は一代の人びとに影響を与えた近代思想啓蒙理論になった。

　譚嗣同（1866-98）は、湖南の出身で、1896年、北京で梁啓超と知り合い、積極的に維新運動に参加し、のちに『仁学』を著し、封建専制の制度と伝統的な礼教を非難し、矛先を専制君主に向け、政治改革を要求する過激な態度を表明した。

◯百日維新　　1898年6月11日、維新思想を受け容れた光緒帝は詔書を発布して、変法を宣布した。その主要な内容は、農工商局を設立し、農工商業を保護、奨励する、民間による新聞の発行と上書して進言することを許可する、冗員を整理し、官吏の気風を刷新する、科挙制度を改革し、八股＊を廃し、科挙の'対策'と'議論文'の試験を改める、広く学校を設立し、京師大学堂を創設する、西洋の学問を提唱し、訳書局を設立する、人を海外に留学、遊歴させる、西洋の体操や小銃で陸海軍を訓練するというものである。

　光緒帝の頒布したこれらの新政は維新派の改革の主張を反映しており、維新運動が思想の宣伝から政治改革の段階に向かって歩み始めたことを表していた。戊戌の年であったので、歴史上、'戊戌変法'という。

◯戊戌変法の失敗　　光緒帝と維新派が変法の新政を進めていたとき、守旧派と慈禧太后〔西太后。1835-1908〕は反撃の準備を進めていた。新軍の兵権を握っていた袁世凱〔1860-1916〕が慈禧太后に密告したので、慈禧太后はついに9月21日の早朝に光緒帝の寝宮に進入し、光緒帝を中南海の瀛台に拘禁するとともに、慈禧太后が'訓政'を行い、朝政を取り仕切ることを宣布し、康有為ら、維新派を捕らえるよう命じた。

　康有為はイギリス公使館の援助のもと香港に、梁啓超は日本公使館の援助のもと日本に逃れた。譚嗣同は外国への亡命を拒否し、変法に殉ずることを決意した。9月28日、譚嗣同、楊鋭〔1857-98〕、林旭〔1875-98〕、劉光第〔1859-98〕、康広仁〔康有為の弟。1867-98〕、楊深秀〔1849-98〕の6人は、慈禧太后の命令で処刑された。歴史上、'戊戌六君子'という。守旧派はさらに変法を支持したその他の官員をも処罰し、新政は廃棄され、変法運動は敗北に終わり、京師大学堂だけが存続し、のちに北京大学と改称した。

3. 義和団運動と八か国連合軍の中国侵略

義和団の勃興　甲午中日戦争〔1894-95年〕以後、外国の教会堂の勢力が全国各地で非常に大きく発展した。教会堂は関係者が多く勢力が大きいので、教徒はその勢力を恃んで人びとをだまし、さまざまな悪事をはたらいたため、頻繁に人びととのもめごとを引き起こしたが、地方官は外国人を恐れてあえて取り締まろうとしなかった。

　1898年10月、山東の冠県では、教会との衝突が長期にわたって続いていたため、人びとが蜂起し、「清を助けて洋を滅ぼす」という旗じるしを掲げ、'義和団'と称した。'義和団'は教会堂を焼き払い、宣教師を追い払い、教徒に懲罰を加え、殺された宣教師もおり、反キリスト教運動は急速に拡大した。慈禧太后〔西太后。1835-1908〕と数人の側近の大臣は、列強が光緒帝〔在位1874-1908〕を支持するのに不満であり、また義和団の力量を恐れていたので、'先ず鎮圧し、のちに慰撫する'という政策を採用した。義和団を利用して列強に打撃を与えるために、義和団に対して放任、利用の態度をとり、さらに義和団の活動に参与、指揮した側近の大臣もいた。

八か国連合軍の中国侵略　1900年、列強は公使館の保護を名目に北京に派兵を始めた。イギリス、アメリカ、フランス、ロシア、日本、ドイツ、イタリア、オーストリアの8か国からなる連合軍は、大沽砲台〔現在の天津市の南東部、海河の河口に位置する〕と天津を攻略するとともに、北京へ向かって前進を始め、その途上で義和団の団員と清軍から打撃を加えられた。慈禧太后は、一部の官員の反対を顧みず、諭令を発布して各国へ'宣戦'した。

　列強の侵略と清朝の態度に促されて、義和団運動は北京で急速に発展し、6月中旬以後、大量の義和団員が北京に入り、その人数は10万人に達した。義和団員は北京のいたるところに練拳祭神壇を設け、教会堂を焼き払い、外国人を殺し、輸入品をすべて焼却し、キリスト教徒を捕らえて懲罰を加え、ひいては殺しさえし、さらに慈禧太后側近の数人の大臣に煽動されて、一部の清軍とともに外国の公使館を攻撃した。

庚子の変　1900年〔庚子の年〕8月、八か国連合軍が北京に攻め入ると、慈禧太后は光緒帝らを擁し、平服に着換えてあわてて逃げ出し、西安に向かった。義和団と一部の清軍は北京城内で連合軍と市街戦を展開したが、最終的に北京は陥落した。

八か国連合軍は、北京を占領したのち、ほしいままに掠奪を行い、皇宮、頤和園などが蔵していた大量の貴重な歴史的文物と金銀財宝を根こそぎかっさらい、一物も残さずに掠奪された役所や邸宅も少なくなかった。列強はさらにたえず兵を増派し、10月には八か国連合軍は10万人に達するとともに、周辺のその他の地区に進攻し、各地の義和団を鎮圧した。ツァーリロシアはその機に乗じて出兵し、東北を占領した。

　八か国連合軍の侵入によって、慈禧太后は実権を失う脅威を感じ、北京を脱出したのち、李鴻章〔1823－1901〕に権限を授けて連合軍と講和を協議させるとともに、義和団を徹底的に討伐することを要求する'上諭'を発布した。

「辛丑条約」

　1901年〔辛丑の年〕9月、イギリス、アメリカ、フランス、ロシア、ドイツ、日本、イタリア、オーストラリアに、さらにベルギー、スペイン、オランダが加わった11か国が清朝政府を脅迫して「辛丑条約」を締結した。

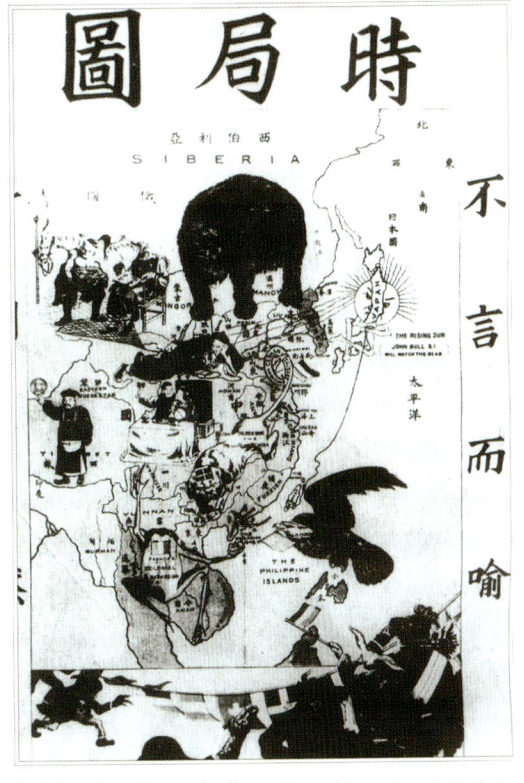

↑清代末期に描かれた『時局図』　中国の分割を狙う列強を動物になぞらえる。熊はロシア、虎はイギリス、大蛙はフランス、鷹はアメリカ

その主要な内容は、①中国は各国に銀4億5000万両を賠償する、②北京に'公使館地区'を設置し、各国は駐兵することができ、中国人の居住を厳禁する、③義和団を支持した官員に懲罰を加え、処刑や放逐、免職もありうる、中国人が外国に反対する組織を結成するのを厳禁し、各省の官吏は外国人の安全を保護しなければならず、違反した者は厳罰に処す、④各国が北京から山海関〔現在の河北省秦皇島市の北東部〕に至る一帯の戦略上の要地に派兵して駐屯、守備することを許可するというものであった。

　「辛丑条約」は中国人民の身に架せられた非常に痛ましい首枷であり、それ以来、中国の経済、政治、軍事は列強のいっそう苛酷な支配にさらされ、亡国の危機に直面した。中国における列強の侵略や争奪は依然として続けられ、1904－05年、日本とロシアは中国の東北地区で争奪のための戦争〔日露戦争〕を繰り広げ、最終的に日本がロシアを打ち負かし、中国の東北地区の南部の権益を奪い、それ以来、中国に対する日本の掠奪と支配はいっそう強化された。

3 清代末期の新政と辛亥革命

義和団運動〔1899－1900年〕と八か国連合軍の侵入〔1900－01年〕による打撃のために、清朝は自己の支配が危機的情況にあることを痛感し、朝野、上下とも改革して亡国の危機を脱するよう要求する呼び声が日ましに高まる情況のもとで、変法の措置を講じざるをえなかったが、もはや革命の到来を阻止することができなかった。孫中山〔孫文。1866－1925〕の指導する辛亥革命がついに封建的支配を覆し、中華民国を樹立した。

1. 新政と社会の変革

清代末期の新政

慈禧太后〔西太后。1835－1908〕はついに1901年1月に'変法上諭'を発布し、'新政'の実行を宣布した。その後の数年間、清朝は一連の新政の措置を講じた。

政治面では、官制を改革し、新政の準備を進める機関として督弁政務処を設立した。留学生など、新しい教育を受けた人材を登用して政府の機構に投入した。それ以来、官吏の隊伍のなかに新学派が出現し、旧派勢力が徐々に衰退し、政府の人材の新旧交代が始まった。

軍事面では、旧式の軍隊を淘汰し、新式の軍隊を編成、訓練し、新式の銃砲で訓練し、各省に武備学堂〔士官学校〕を設立し、将校を育成した。巡警部〔警察省〕を設立し、警察を編成して治安を維持した。それ以来、新しい教育を受けた青年が新軍に入隊するようになった。

経済面では、商部〔商業省〕を設立し、実業を奨励した。鉄道、鉱山、農業、技術などの企業を設立し、銀行を新設し、鉄道を建設した。

文化教育面では、新しい学制を頒布し、新式学校を創立し、西洋の学問を奨励するとともに、1905年に科挙制度を完全に廃し、学部〔文部省〕を設立して全国の教育に責任を負わせた。

❶清代末期における上海の外灘

実業救国

新政の実施後、商工業を発展させることが主要な国策になり、清朝は商工業の発展を奨励する政策を陸続と打ち出し、新式

商工業への投資額と貢献度にもとづいて、さまざまな等級の称号や官位を授与することを定めた。全国で実業救国のブームが巻き起こり、各地の官員、有力者、商人などが積極的に投資して商工業を興し、第2次の投資・工場新設ブームが巻き起こった。統計によれば、1904－08年の4年間に、全国で264社の企業が新設され、投資額が6700万元にのぼり、1年間の平均工場新設数は甲午中日戦争〔日清戦争。1894－95年〕前の20年間余りの20倍余りに達した。1913年には、全国各地であわせて744社の工鉱業企業が操業しており、資本金の総計は約1億6000万元で、主要な業種は鉱業、金属加工、水力発電、運輸、紡織、マッチ、巻煙草、食品であった。そのほか、それに伴って金融、サービス、小売など、大小さまざまな商店も大幅に増加し、商工業が大々的に勃興し、未曾有の繁栄がもたらされた。

地方自治運動

1909年に頒布された「城鎮郷地方自治章程」にもとづいて、地方自治運動が全国的に展開された。各地に、同章程にもとづく選挙によって生まれた立法機構——議事会——が設置されるとともに、執行機関として董事会〔理事会〕が設けられた。その主要な職責は、インフラ整備、衛生、治安、教育、商工業管理などの公共事業である。地方自治運動によって、各地の都市管理と都市建設事業はかなり発展し、各大都市はつぎつぎに新式の大通りを建設し、街燈を設置し、飲料水や衛生状態を改善し、警察を設立して治安を維持するなど、都市の様相が徐々に改められた。

通商港のある都市の租界は西洋式の管理方式を導入し、公共事業を興し、大通りを整備し、街燈を設置し、水道を敷設し、街頭の衛生状態を改善し、商業活動を規範化し、警察を設立して治安と交通を維持するなどしたので、中国の伝統的な都市管理に対してかなり大きな影響を及ぼした。地方自治運動のなかで、上海、天津などでも西洋にならって改革を実行し始めた。

⬆1897年に江蘇省呉県〔現在の同省蘇州市呉中区〕に設立された紡糸工場

第4編　清代後期——沈淪と覚醒

2. 学校の設立、科挙の廃止、留学ブーム

学校の設立と科挙の廃止

1904年、清朝は新しい「学堂章程」〔学校規則〕を頒布し、西洋や日本にならった新しい学制を制定した。同章程は、蒙養院〔幼稚園〕、小学、中学〔日本の中学校と高等学校にあたる〕、高等学堂〔大学〕、および師範学堂、実業学堂などからなる新式の教育体制とともに、新しい教育課程、科目別教育をも定めていた。新しい学制にもとづいて、小学は国文、算術、歴史、地理、科学などの新しい科目を設けたうえ、体操、運動など、子どもの喜ぶ科目もあった。中学は外国語、物理化学、図画などの科目もあった。学生の知識はいっそう豊富になり、学習にもいっそう興味を抱いた。

その後、全国各地で学校創立ブームが興り、官員が勧告、指導し、有力者が意気込み、官立や私立の各種の学校をあいついで設立した。1908年には、全国にすでに4万8000校の各種の学校があり、あわせて130万人の生徒と学生がいた。各地の学校には学生服を身に着け、新しい知識を吸収し、健康かつ活発で、頭脳と顔つきが一新された新世代の青少年の生徒と学生が登場した。

1905年、清朝は科挙を廃する詔を発し、隋・唐代以来、1000年余り踏襲してきた科挙制度が正式に廃止された。人びとは勉学ののち、いっそう広く職業を選択できるようになり、さまざまな業種の専門家が日ましに増えた。

留学ブームと留日学生

1903年、清朝政府は「遊学卒業生奨励規則」を制定し、留学を終えた学生に試験を経て挙人、進士の資格や各種の官職を授与できることを定めた。留学生が帰国すれば重用される奨励政策に促されて、海外留学する人がいっそう増えた。

日本は教育によって小国から強国に転じた模範と見なされ、しかも距離がかなり近く、費用があまりかからず、同時に文字が似ていて勉学もしやすかったので、この時期の海外留学は、官費であれ私費であれ、大半は日本への留学を選択し、留日ブームが形成された。留日ブームが巻き起こるのと同時に、アメリカも'庚子賠償金'*のうち実費をこえた部分を中国に返還し、アメリカに留学する学生を援助する費用に充てた。1909年、はじめて学生をアメリカに留学させ、1911年までにあわせて650名を送り出すと

↑日本留学中の陳天華（1875－1905）
『猛回頭』、『警世鐘』などを著して革命思想を宣伝し、1905年12月、日本の大森海岸で入水自殺し、国民の覚醒を促した

ともに、アメリカ留学の予備校として清華学堂〔現在の清華大学〕を設立した。朝廷はさらに地方政府が欧米に留学生を派遣するのを奨励し、それと同時に自費で欧米に赴く留学生もいた。欧米への留学生は理学、工学、農学、医学を学ぶ者が多く、のちにそのなかから科学技術の優秀な人材が少なからず輩出した。

新聞・雑誌と翻訳書

新政を実行したのち、清朝政府ははじめて民間が新聞を創刊するのを許可し、各地の有力者があいついで新聞・雑誌を創刊したので、ついに新聞・雑誌創刊ブームが巻き起こった。1901年から1911年まで、毎年、全国で新たに創刊された新聞・雑誌は数十種から100種余りにのぼり、1907年だけでも150種余りが創刊され、1911年には200種余りが創刊された。新聞・雑誌の増加と広範囲にわたる流布によって、大衆文化を伝えるマスメディアが形成され、新聞・雑誌の購読が一般の識字階層のあいだに余暇を楽しむ文化活動として日をおって普及していった。

各地には西洋の書籍を翻訳、出版する機構も続々と出現し、西洋の書籍を翻訳、出版するブームが巻き起こった。留日学生が多いことと、中日の文字が似ていて便利なために、日本語の書籍を翻訳することと、日本語訳から西洋の書籍を重訳することが、この時期の一大潮流になった。1900年、留日学生は東京で訳書彙編社を設立し、日本語の書籍を翻訳して中国で発行した。1901年、上海で広智書局が設立され、日本に亡命中の梁啓超〔1873-1929〕が参与、主宰し、おもに日本語から重訳した西洋の書籍を出版した。同年、上海に誕生した教育世界出版社は、日本の教科書を翻訳、出版した中国で最初の出版社で、翻訳、出版された教科書には、当時、学校で採用されるものが少なくなかった。1902年、作新社が上海に誕生し、江蘇出身の留日学生の翻訳した西洋の書籍を大量に出版し、そのうち進化論、民約論〔社会契約説〕、世界の近現代史に関する書籍は非常に大きな影響を及ぼした。同年、商務印書館が編訳所を設置し、また文明書局が設立されたが、両社とも各種の教科書を翻訳、編纂することを主な業務とした。

⬆中華民国初年の上海の新聞社街

第4編　清代後期──沈淪と覚醒　115

3. 社会生活と風俗の変遷

輸入品と国産品

　清代〔1644－1911年〕末期になると、貿易のために対外開放された都市は全国で100ちかくにのぼった。それらの通商都市の増加によって、外国製品の輸入量はたえまなく増加し、輸入品が流布する地域も日ましに拡大し、とりわけ、綿布、マッチ、燈油、針、釘など、良質で安価な日用品は、もともと通商都市とその周辺の地区に流布していたが、清代末期以後は、広大な内陸の都市や農村にも流布し始めた。中・上層の人びとはいっそう高級で新式の輸入品を競って使用したがるようになった。

　清代末期以後、中国人が創業した企業もマッチ、綿布、巻煙草、小麦粉など、軽工業製品を製造できるようになり、それらを'国貨'〔国産品〕といった。国貨はコストが低く、価格が安いので、中・下層の人民に歓迎された。国貨を使用して輸入品にとって代え、民族工業を支援するよう提唱する愛国者もいた。

　1905－08年、上海、浙江、山東、広東などの商人と人民は、列強の侵奪、侮辱、抑圧などに抗議するために、前後してアメリカ、イギリス、ドイツ、日本などの製品をボイコットする運動を始め、経済的手段で列強に抵抗した。

⬆ 清代末期から中華民国初期にかけて、輸入品ブームが巻き起こった。自動車の模型に坐って記念撮影する新しがり屋の若者

戯曲、映画、新小説

　都市では、広大な文化・娯楽市場が形成された。もともと村や町だけでどさまわりをしていた地方劇団が、都市の茶館〔中国式の喫茶店〕や芝居小屋にあいついで進出して公演をするようになった。地方劇が北京に入ったのち変化して生まれた京劇が、全国的に流行する代表的な演劇になり、清代末期に非常に流行した。

　19世紀末には、映画も西洋から伝来した。1905年、中国人がみずから撮影した最初の映画は、京劇の『定軍山』の一部であった。その後、映画は全国の大都市でまたたくまに流行し始めた。

　清代末期には、新小説も大量に出現するとともに、広く流行した。もっとも流行したのは現実を批判する社会小説であった。たとえば、李伯元〔1867－1906〕の『官場現形記』と『文明小史』、呉趼人〔1866－1910〕の『二十年目睹之怪現状』、劉鶚〔1857－

1909〕の『老残遊記』、曾樸〔1872－1935〕の『孽海花』などは、現実の社会や官界の暗黒面に対する不満や社会改革を要求する願望を反映している。さらに、西洋の小説の翻訳もあり、林紓〔1852－1924〕の翻訳したものがもっとも有名で、『パリ茶花女遺事』〔小デュマの『椿姫』〕、『黒奴吁天録』〔ストー夫人の『アンクルトムの小屋』〕などは一世を風靡し、人びとは翻訳された小説を通じて西洋の社会や文化を理解したのである。

C 纏足の廃止と女子教育の勃興

清代末期以後、民衆意識が向上し、男女平等思想が広まるのに伴い、社会では纏足*を廃する運動が興った。新聞・雑誌がつぎつぎに纏足を攻撃し、民衆のあいだで戒纏足会、放足会などが結成され、たがいに纏足をした女を娶らぬよう戒め合い、学校は纏足をした女子学生を受け容れないなど、啓蒙、宣伝、提唱が盛んに行われたので、社会では上下ともに纏足を恥とし、放足を誇りとする気風が形成された。ついに、数百年にわたって踏襲され女性を痛めつけてきたこの悪習は抑制されるとともに、徐々に廃除され、中国の女性解放はその第一歩を踏み出した。

⬆京劇の旦角〔女形〕の梅蘭芳（1894－1961）
代表作に「貴妃酔酒」、「覇王別姫」などがある

伝統的に、女性は教育を受ける権利がなく、科挙を受験することも許されず、少数の裕福な家の娘がいささか教育を受けたのを除いて、大半の女性は文字さえ読めなかった。清代末期に男女平等を提唱する思潮が勃興し、社会の輿論がつぎつぎに女子教育を興すよう提起したので、女性は知識を学習し、社会で有用な人になる道を歩み始めた。各地の進歩的な有力者や一部の女性が女子教育に取り組み始め、女子を募集して文化知識や専門的な技能を学ばせた。なかには、海外へ留学した者もおり、第一群の新しい知識女性が輩出し、中国の女性解放の先駆けになった。

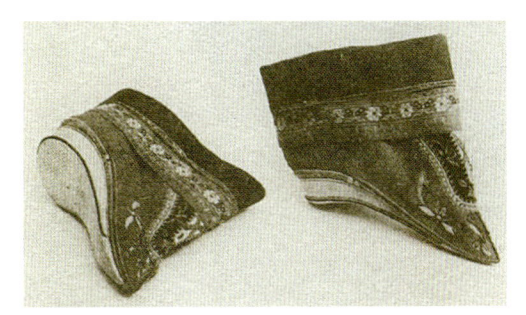

⬆纏足をした女性が履く弓鞋

第4編　清代後期——沈淪と覚醒

4. 辛亥革命と清朝の滅亡

立憲と革命

1894年、孫中山〔孫文。1866－1925〕はハワイで興中会を結成し、清朝を打倒し、共和国を樹立する革命活動を展開し、1905年、黄興〔1874－1916〕、宋教仁〔1882－1913〕ら、革命団体の責任者とともに日本で中国革命同盟会を結成した。孫中山の指導する革命派の活動は、康有為〔1858－1927〕、梁啓超〔1873－1929〕をはじめとする改良派に反対され、両派はともに日本で新聞を創刊し、論戦を展開した。革命派の『民報』は清朝を打倒して共和制を樹立することを主張し、改良派の『新民叢報』は清朝の打倒に反対し、立憲君主制を主張した。

革命風潮の衝撃と立憲運動の前進のもとで、清朝は1906年に'予備立憲'を宣布せざるをえなくなった。1908年に光緒帝〔在位1874－1908〕と慈禧太后〔1835－1908〕があいついで亡くなると、3歳の溥儀〔1906－67、在位1908－12〕が皇位を継承し、宣統と改元し、父親の醇親王載灃〔1883－1951〕が摂政王になったが、施政はいっそう混乱に陥った。1909年、各省に諮議局が成立したのち、立憲派は何回も請願活動を行い、すみやかに国会を開設し、責任内閣制を発足させるよう要求した。1911年5月、清朝は内閣を組織したが、13人の閣僚のうち、皇族の近親と側近が7人を占めていたので、'皇族内閣'と諷刺され、人民は大いに失望した。

武昌蜂起と辛亥革命

孫中山は何回も武装蜂起を指導し、そのたびに鎮圧され、敗北したけれども、民衆の動員には重要な役割を果たした。孫中山の真摯さに感化され、湖北新軍の将兵と知識青年は革命団体の文学社と共進会を

孫中山（1866－1925）、名は文

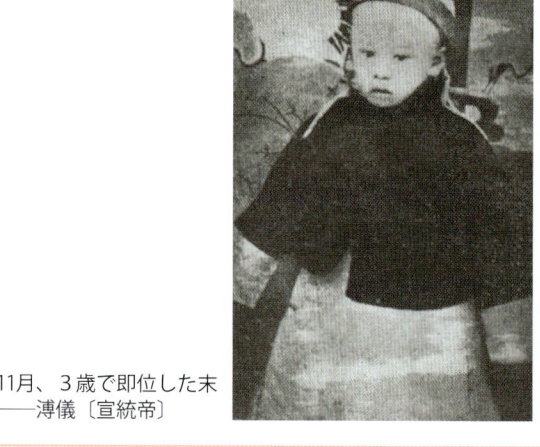

1908年11月、3歳で即位した末代の皇帝——溥儀〔宣統帝〕

結成し、革命活動に拍車をかけ、武装蜂起を画策した。1911年10月、ひそかに爆弾を作っているときに不注意から爆発し、蜂起計画が露見してしまった。武昌〔現在の湖北省武漢市〕の革命党員は、捜査、逮捕される情況のもとで、蜂起を繰り上げることを決定し、10日に総督衙門に攻め入り、武昌城を占領した。ただちに湖北軍政府を結成し、蜂起に参加していなかった将校の黎元洪〔1866-1928〕を都督＊に推挙し、清朝政府からの離脱を宣布し、国号を中華民国とした。

↑1911年11月、上海で蜂起が成功し、南京路は中華民国の五色旗で埋まった

　武昌蜂起が成功したというニュースが広まると、各地の同盟会員、革命組織などがつぎつぎに蜂起して呼応し、立憲派や旧官僚さえ蜂起した地方もあった。1か月のあいだに、湖北、湖南、陝西、江西、山西、雲南、浙江、江蘇など13省と上海市が独立を宣布し、都督府を設置した。12月、各省の代表が南京で孫中山を臨時大総統、黎元洪を副総統に選出し、南京臨時政府が発足した。1912年の元旦、孫中山は南京で宣誓して臨時大総統に就任し、中華民国の成立を宣布した。

　1911年は辛亥の年であるので、歴史上、'辛亥革命'という。

清朝の滅亡

　武昌蜂起が成功し、各省があいついで独立したので、清朝は末日が到来したことを痛感し、皇族内閣を解散し、袁世凱〔1860-1916〕を内閣総理大臣に任命するとともに、軍権を託して革命軍を鎮圧させようとした。袁世凱に担ぎ上げられる情況のもとで、孫中山は清朝の皇帝が退位し、袁世凱が共和制に賛成するという条件で、みずから辞職することに同意した。参議院〔正確には南京臨時参議院といい、辛亥革命直後、正式の国会が成立するまでの臨時の国会として、各省代表の議員によって構成された〕は袁世凱を大総統に選出するとともに、共和制を防衛する「臨時約法」を制定した。袁世凱はついに清朝の皇室に溥儀の退位を迫った。1912年2月12日、隆裕皇太后〔光緒帝の皇后。1868-1913〕は6歳の小皇帝溥儀を伴いつつ皇宮で清朝の最後の朝見の儀式を行い、「清帝退位詔書」を発布し、清朝の皇帝の正式の退位を宣告した。中国を268年間支配してきた清朝がついに滅亡し、2000年余りも永らえてきた中国の君主専制制度が覆されたのである。

第4編　清代後期——沈淪と覚醒

第5編

中華民国——戦乱と建設

概観　清朝〔1644－1911年〕が滅亡し、中華民国〔1912－49年〕が成立したのち、袁世凱〔1860－1916〕が政権を奪取し、独裁的支配を推進し、帝制を復活させたが、武装反抗と全国的な唾棄にあって敗北し、民主共和の観念が深く人心をつかんでいることがわかった。北洋軍閥*の支配は内紛がやまず、日本の支持を得るために国家の利益を売り渡し、各地に軍閥が割拠し、たがいに入り乱れて戦い、政治の混乱と社会の災難をもたらした。

　中華民国の樹立によって、商工業を発展させ国家を建設する熱情が沸き起こり、第一次大戦中〔1914－18年〕、西洋の各国が戦争に追われ、中国に対する経済侵略が弱まったので、民族商工業がかなり大きく発展し、都市も発展した。

　清朝にとって代わった中華民国は人びとの生活をも一新させ、人びとは清朝による奴隷化を象徴する辮髪*を切り落とし、便利な西洋式の短髪に改め、清朝の長袍〔中国風の丈の長い上着〕や馬褂〔袖の長い上半身の上着で、長袍の上に羽織る〕を脱ぎ棄て、制服、背広、中山服〔日本でいう人民服のこと〕に改め、女性は旗袍〔ワンピース式のいわゆるチャイナドレス〕と短衣短裙〔丈の短い上着とスカート〕が流行した。

　五四新文化運動〔1915－23年〕によって、思想的啓蒙が高まり、古い礼教や道徳を批判し、民主と科学の観念が広まることができた。青年学生が巻き起こした五四愛国運動〔1919年〕によって、民衆レベルで帝国主義に反対する愛国の自覚が喚び起こされた。白話文〔北方語を基礎とする口語体の書き言葉〕が文言文〔いわゆる漢文〕にとって代わって書

❶辛亥革命後、革命軍は庶民の辮髪を切り落とした

面語になり、読みやすく、理解しやすいので、識字率が向上した。女子学生も起ち上がって五四愛国運動に参加するとともに、北京大学などの高等教育機関に進学し始めた。社会に踏み出し、社会的職業に従事する女性が増え、女性教師が知識女性のもっとも一般的な職業になり、女性の弁護士、新聞記者、事務系職員などもよくみられるようになった。

　ロシアの十月革命〔1917年〕がマルクス・レーニン主義を中国に送り届け、中国共産党が成立する〔1921年7月〕とともに、労働運動を指導し始めた。孫中山〔孫文。1866-1925〕が国民革命を指導し、国民党を改組し〔1924年1月〕、国民党と共産党が合作し、共同で北洋軍閥の支配に反対した。北伐戦争〔1925年7月-28年6月〕には勝利したものの、国民党が共産党を弾圧したため、国民党と共産党の合作が決裂した〔1927年7月〕。中国共産党は武装闘争を繰り広げ、蔣介石〔1887-1975〕に何回も包囲攻撃され〔1928-34年〕、長征〔1934-35年〕を経て陝西北部に到達し、根拠地を樹立した。

　国民政府は三民主義教育の趣旨を定め、義務教育と男女の教育の機会均等という教育方針を実施し、教育を普及させた。共産党は根拠地で識字運動を展開し、農村教育の実験を行う教育者も現れた。学術研究機構や学術団体があいついで結成され、新聞・雑誌、ラジオ、映画などがかなり急速に発展した。さまざまな政治思潮や文化思潮が並存し、西洋化派と文化保守主義者が論争を展開した。現実を批判する魯迅〔1881-1936〕ら文学者の文学作品は社会に非常に大きな影響を及ぼした。

　日本は侵略戦争を引き起こし、いたるところで放火、殺戮、掠奪を行い、占領地区で植民地化の支配を行い、中国人民に巨大な災難をもたらした。西安事変〔1936年12月〕ののち、国民党と共産党は共同で日本と闘争することになり、国民党は正面の戦場で、共産党は敵後方の戦場で、抗戦を8年間堅持してついに最後の勝利をかち取った。

　戦後〔1945年8月以後〕、国民党は内戦を引き起こし、国民党支配地区で苛斂誅求を行ったので、人民は反抗闘争に起ち上がり、国民党の支配は危機に陥った。中国共産党は、解放区で土地改革を行い、農民に擁護された。中国人民解放軍は国民党の軍隊に打撃を与え、つぎつぎに勝利し、ついに1949年に全中国を解放し、大陸における国民党政権の支配に終止符が打たれ、蔣介石は残存部隊を率い台湾に逃亡した。

1　共和制の草創と五四新文化運動

清朝の皇帝が退位すると〔1912年2月〕、南京臨時政府の側では孫中山〔孫文。1866−1925〕がただちに辞職するとともに、袁世凱〔1860−1916〕を臨時大総統、黎元洪〔1866−1928〕を副総統に選出した。1912年3月10日、袁世凱は北京で臨時大総統に就任し、ただちに中華民国臨時政府は北京に移転した。

袁世凱は革命党員の排除に躍起になり、政権の独占を図ったが、革命党員の宋教仁〔1882−1913〕は積極的に活動し続けた。1912年8月25日、中国革命同盟会は共和制を主張するその他の政党と合併し、国民党を結成し、孫中山を理事長、宋教仁を理事長代理に推挙し、参議院〔正確には南京臨時参議院といい、正式の国会が成立するまでの臨時国会として置かれ、おもに各省代表の議員によって構成された〕で首位を占める大政党になった。共和制の成果を守るために、革命勢力は袁世凱に代表される反動勢力と闘争を進めた。二次革命*〔1913年7−9月〕と五四運動〔1915−23年〕は、ともにその闘争の象徴である。

1. 共和制の樹立と軍閥政権

袁世凱の独裁と'二十一か条'

袁世凱は軍隊を南下させて'二次革命'を鎮圧するとともに、国会議員に自分を正式の大総統に選出するよう迫り、また、「中華民国約法」と「総統選挙法」を公布し〔1914年5月〕、孫中山が主宰して制定した「臨時約法」〔1912年3月〕にとって代え、総統の権限を拡大し、事実上の総統終身制と世襲制を実施し、民主共和制度は根本的に破壊された。

第一次世界大戦〔1914年7月−1918年12月〕が勃発すると、日本はヨーロッパ列強が東方を顧みる余裕がないのにつけこんで、中国に対する侵略、拡張活動を強め、口実をもうけてドイツに宣戦し、山東に出兵するとともに、袁世凱に'二十一か条'を突きつけ、もともとドイツが山東に有していた一切の権益を引き継ぐとともに、南満洲と東モンゴルで特殊権益を手に入れ、長期にわたって旅順と大連〔ともに現在の遼寧省大連市〕を租借し、沿海の港湾と島嶼を他国に貸与、割譲せず、日本人を中国の政治、財政、軍事の顧問に招聘し、日本が一部の軍需工場、鉄道建設権を支配することを承認するよう要求した。

袁世凱は、自分が皇帝になることを日本に支持してもらうために、中国を植民地化するこの要求を受け容れたが、全国の人民の強烈な反対にあった。各地の民衆はあいついでデモを行い、日本製品をボイコットし、'二十一か条'は実行することができなかった。

袁世凱、帝制を復活

袁世凱は皇帝になるために、1915年12月13日に'民意に従う'ことにかこつけて帝位に即くことを受け容れ、古のものを模

した特製の皇帝服を身に着け、前後に徒党を従えて喜びに満ちあふれて百官の朝賀を受け、大いに封賞を加え、翌る年を'中華帝国洪憲元年'に改め、元旦に正式に皇帝の玉座に登るつもりでいた。

しかし、袁世凱の独裁専制支配と帝制を復活させる活動は、全国人民の心底からの憎悪を引き起こした。孫中山は日本で一部の国民党員を集めて'中華革命党'を結成し、反袁世凱闘争を進めた。雲南都督の蔡鍔〔1882−1916〕は、袁世凱を討伐するために、雲南軍政府と'護国軍'を結成し〔1915年12月〕、兵を分けて四川、貴州、広西に進攻し〔1916年1月〕、各地の民衆もあいついで反袁世凱闘争に起ち上がり、護国戦争〔三次革命〕が勃発した。

各省がつぎつぎに独立を宣布し、反袁世凱闘争が高揚したので、袁世凱は皇帝になる夢を83日間実現しただけで帝制の取り消しを宣布せざるをえなくなり、まもなく全国の人民に唾棄されるなかで病死した〔6月6日〕。

北洋軍閥の支配

袁世凱の死後、黎元洪が総統の職務を代行し、北洋軍閥の段祺瑞〔1865−1936〕が国務総理に、北洋軍閥の別の一派の頭目である馮国璋〔1857−1919〕が副総統に就任した。各地に軍閥が割拠し、中央政府の命令に従わず、各派の軍閥は激烈な権利の争奪を繰り広げた。

1917年6月7日、安徽督軍の張勲*〔1854−1923〕が溥儀〔前宣統帝。1906−67〕を擁して帝制を復活させ、全国の人民の憤怒と反対を引き起こした。段祺瑞〔5月23日に国務総理を罷免〕がふたたび国務総理に就任し〔7月2日〕、あらためて北京政府の大権を掌握した。第一次世界大戦中、段祺瑞政府はドイツとオートリアに宣戦する〔1917年8月〕とともに、それを口実に日本から借款を得て兵器を購入し、兵力を拡充して武力で全国を統一しようとした。日本は1年間に段祺瑞政府に10種余りの借款を供与するとともに、それによって中国から大量の権益を掠め取った。たとえば、山東においてドイツの有していた特権を取得し、東北地区の鉄道、鉱山、森林の権益などで、中国に対する日本の掠奪と支配はいっそう深まった。

⬆袁世凱は臨時大総統に就任したのち、北洋軍閥の将領と記念撮影

第5編　中華民国──戦乱と建設

2. 社会、経済、文化の発展

商工業経済の発展

中華民国の樹立〔1912年〕によって、商工業を発展させようとする情熱が大いにかき立てられ、中国に対する列強の経済的侵略がいささか弱まり、各地の商人と人民がつぎつぎに実業を興すブームに身を投じ、企業を創設し、工場を設立し、商業に投資したので、民族商工業がかなり急速に発展した。

1911－13年に新規に登録した工場は72社で、年平均24社であった。1914－18年の5年間に新規登録した工場は183社で、年平均37社であった。この間に設立された工場は紡織と製粉が多かった。紡織工業は、1913年以前は全国であわせて231社で、資本金は3254万元であったが、1920年には475社、8275万元に増加した。製粉業では、1913－21年に全国で123社の製粉工場が設立され、平均して1年に14社づつ増えた。その他、マッチ、石鹸、巻煙草などの軽工業、および採鉱、交通運輸、発電、金融なども発展した。それらの工業企業は各地の大・中都市に分布するとともに、商業の発展を促した。

商工業の発展によって、都市の発展がもたらされ、都市人口が激増し、1919年には人口10万人以上の都市がすでに69あった。商工業者の人数が増え、商工階層がより成長し、社会でますます大きな役割を果たしていた。産業労働者も増え、1913年に産業労働者はわずか65万人であったが、1919年には200万人余りにのぼった。

教育と文化

中華民国政府の成立後、蔡元培〔1868－1940〕が教育総長に任じられ、教育改革に着手し、新学制を公布した。男女を問わず、教育では同等の機会を享受できると定めたので、入学して勉学する女子が日ましに増え、社会の激励をも受けた。各地の学校数も著しく増えた。1912年の全国の学校数は8万7000校で、在校生は290万人であったが、1912年には13万校、430万人に増え、海外への留学生もたえず増えた。入学者数の増加によって、識字階層も増え、人民全体の文化的素質がさらに向上した。

新聞・出版事業もかなり大きく発展した。辛亥革命〔1911年10月〕後、全国的に新聞・雑誌の創刊ブームが到来し、わずか半年のあいだに各地で約400種余りの新聞・雑誌が創刊され、発行部数は4200万部に達した。新聞・雑誌を購読することが大衆的な文化生活の方式になり、社会の輿論に対する新聞・雑誌の影響力も日ましに大きくなった。

⬆蔡元培　1912年に教育総長に就任し、1917年に北京大学校長に転じ、関連する学派を網羅する教育方針を提起

映画にも発展がみられた。亜細亜影戯〔アジア映画〕公司が1913年に中国で最初の劇映画である『難夫難妻』〔『洞房花燭』〕を制作した。その後、いくつかの映画会社があいついで設立され、劇映画、ユーモア映画、風物映画、ニュース映画が制作され、映画を観ることが都市住民の娯楽として流行し、とりわけ青年に歓迎された。

C 社会風俗の変化

中華民国になってから、官員は背広を着用するようになったが、孫中山〔孫文。1866-1925〕が中国服と背広を折衷して考案した中山服〔日本でいう人民服〕も徐々に流行し始め、しかももはや職階を示すことはなくなり、平等意識をはぐくんだ。民間には旧式の長袍(チャンパオ)〔丈の長い上着〕と馬掛(マーコア)〔丈の短い上着で、長袍の上に羽織る〕を身に着ける人もいたけれども、公務員と青年学生のあいだでは背広、制服、中山服など丈の短い服装が流行し、いっそう活動に便利になった。女子はそれまで長衣(チャンイー)を着ることが多かったが、いまや旗袍(チーパオ)〔日本でいうチャイナドレス〕を着るのが流行し、しかもボディラインをあらわにし、女性の脚線美をきわだたせた。女学生は短衣(トアンイー)〔短い上着〕と短裙(トアンチュン)〔短いスカート〕を着るのが流行し、もはや旧式の女性のように化粧を重んぜず、健康、活発、自然という新しい姿を体現した。それまでの服装にはポケットがなく、物はふつう懐中に入れ、下部は帯をきつく結んでいたが、いまやポケットが多くなり、物を携帯するのに便利であった。人びとの衣服はいっそう随意、多様、平等、便利になった。

そのほか、社交の礼儀もひざまずかず、握手してお辞儀をすることに改め、'大人(ターレン)'、'老爺(ラオイエ)'というよび方をやめ、'先生(シエンション)'、'君(チュン)'などに改めた。また、簡単な現代的結婚式が流行した。

↑1920年代、旗袍を着る女性と洋服を着る子どもたち

第5編　中華民国──戦乱と建設

3. 五四新文化運動

新文化運動

袁世凱〔1860-1916〕は権力を握ると、民主共和思想の影響を帳消しにするために、帝制の復活を追求し、全国の学校に孔子〔前552-前479〕を尊んで儒教の経典を読むことを復活するよう何回も命じた。社会の保守勢力もたがいに呼応し合い、思想文化界には孔子を尊ぶ復古的な雰囲気が瀰漫し、伝統的な倫理綱常と礼教が依然として人びとの思想と行為を束縛していた。

陳独秀*〔1879-1942〕らは『新青年』〔1915年9月の創刊時は『青年雑誌』といい、翌年9月から『新青年』に改称〕に古い道徳と礼教を攻撃し、新しい思想を宣伝する一連の論文を発表し、新文化運動を巻き起こした。その主要な内容は、民主を提唱し、封建専制に反対する、科学を提唱し、迷信や無批判な服従に反対する、新しい道徳を提唱し、古い礼教と道徳に反対する、白話文〔北方語を基礎とする口語体の書き言葉〕を提唱し、文言文〔いわゆる漢文〕に反対するなどである。『新青年』も1918年から白話文に改め、新式の句読点と符号を採用した。

魯迅〔1881-1936〕は『新青年』に「狂人日記」、「孔乙己」、「薬」など、人口に膾炙している白話小説を発表した。その後、白話文が流行し始め、文言文にとって代わって書き言葉の主流になった。白話文は口語にちかく、学びやすく、わかりやすい。白話文が流行したので、人びとは字を覚え、ものを読むのがいっそう容易になり、教育の普及と国民の文化的素質の向上が促された。

⬆『青年雑誌』（のちに『新青年』に改称）創刊号

パリ講和会議における外交的敗北

第一次世界大戦〔1914年7月-1918年12月〕が終結したのち、中国も戦勝国としてフランスのパリで開催された講和会議〔1919年1-6月〕に代表を派遣して参加した。日本の代表はその席上で'二十一か条'を援用して、山東におけるドイツの一切の権益を獲得することを表明し、中国の代表は、中国は山東に主権を有しており、'二十一か条'は日本の圧力のもとで受け容れたものであり、有効と見なすことはできず、山東の権益は中国に返還すべきであると指摘した。しかし、日本の強い要求のもとで、最終的に日本の要求に基づく決定がなされた。中国は山東問題に関する交渉で完全に敗北したのである。

中国外交の敗北のニュースが伝えられたのち、'公理が強権に勝つ'ことを期待していた国内各界はきわめて失望し、列強が自国の利益しか顧みず、日本が中国を侵奪するのを坐視する態度に国を挙げて憤慨した。

○五四愛国運動

北京の学生がまず反帝、反売国の闘争に起ち上がった。1919年5月4日、北京大学など13校の3000人余りの学生が天安門の前で集会とデモを行い、宣言を発表し、'外に主権を争い、内に国賊を除く'というスローガンを提起し、ただちに国民大会を開催するよう主張した。学生のデモ隊は袁世凱政府で外交次長をつとめた（'二十一か条'に調印した代表の一人でもある）曹汝霖〔1875-1966〕の邸宅に突入して放火し、多数の学生が逮捕された。

北京の各大学の学生は集団ストライキを決議するとともに、学生連合会を結成し、逮捕された学生の釈放を要求し、各界の民衆もあいついで支持を表明した。天津、上海、済南、広州、南京、武漢、成都などの学生と大衆も、つぎつぎに集会、デモ、ストライキに起ち上がり、大衆の愛国運動はまたたくまに18省の100ちかくの都市に波及した。

世論と大衆運動の圧力のもと、北京政府は譲歩せざるをえず、逮捕した学生を釈放し、曹汝霖らを免職にした。パリ講和会議の代表も条約への調印を拒否した。愛国運動は重大な勝利を獲得した。歴史にいう'五四運動'である。

⬆1919年5月9日、清華大学の学生が国恥記念大会を開催するとともに、運動場で日本商品を焼却

➡1919年5月7日、逮捕され、釈放された学生を歓迎する北京の学生

第5編　中華民国——戦乱と建設

4. 家庭革命と新しい女性

家庭革命　五四新文化運動〔1915-23年〕の時期、新しい文化人は伝統的な家庭制度*を猛烈に攻撃し、伝統的な家庭制度が人の個性を抑圧し、人の奴隷根性をはぐくみ、父権の専制と子どもの依存性が軟弱無能な国民を産み出していることを暴露し、青年に家庭革命を進め、個性を解放するよう呼びかけた。都市の青年のあいだに、個性の解放、独立平等を追求し、大家庭を離脱して小家庭の生活を尊重する新しい気風が生まれた。

婚姻革命　新文化運動の時期、新文化人は、個人の幸福を顧みない請負結婚*の制度を厳しく批判し、自由恋愛と結婚の自主性を主張した。納得のいかない請負結婚に抵抗するために、結婚式に赴く途上で刀で喉を切り裂いて自殺したり、家出したりする事件を起こす女性さえ現れた。新聞報道ののち、社会の輿論はあいついで請負結婚の残酷さを非難し、それらの女性の反抗精神を称えた。都市の知識青年のなかには、自由恋愛と自主結婚の新しい気風が出現し、農村における請負結婚は依然として広く存在していたけれども、進歩的な家庭では子どもの結婚について当人の意向を求めるようになった。

五四時期の新しい女性　辛亥革命〔1911年〕後、小学校や中学校〔日本の中学と高校にあたる〕の女子生徒が増え始めたばかりか、高等学校〔大学、高等専門学校〕にも女子学生が登場した。1919年の夏、北京大学がはじめて9人の女子学生の入学を許可し、いっとき世間を騒がせるニュースになった。1922年になると、全国各地の高等学校にはあわせて660人余りの女子学生が在学していた。知識女性の増加によって、解放や男女の平等を追求する意識もいっそう高まり、女性解放の高潮が到来した。新聞や雑誌を創刊し、新文化運動の討論に積極的に参加し、新しい思想を提唱し、とりわけ女性解放を宣伝する知識女性も現れた。

積極的に社会活動に参加する女性もいた。たとえば、'五四'当日、北京女子高等師範学校の学生は、抗議活動に参加した男子学生が逮捕されたと聞くと、学校当局の禁止を顧みず、一斉

↑中華民国時代の新式結婚式

に学校から飛び出し、拘置所の周囲をデモ行進した。数日後、協和女子医学専門学校など、10校余りの女子校の代表は、新聞紙上に意見を発表し、女性の同胞に行動に起ち上がり、この愛国運動に参加するよう呼びかけた。軍隊と警察が演説をした数百人の学生を逮捕すると、女子高等師範学校の学生は15校の女子校のあわせて600人余りの学生とともに天安門に集合し、隊列を整えて総統府に請願に赴き、逮捕された学生の釈放を要求した。天津の女子校の学生も「天津女界愛国同志会」を結成し、女子学生、女性教師、社会各界の女性が600人余り参加し、演説などの活動を行った。そのほか、湖南、上海などの女性のあいだでも、愛国運動が行われた。女性が組織的に五四運動に参加したこれらの活動は、前代未曾有のことであり、覚醒した女性の力を社会に誇示した。

新しい女性と新しい職業

女性の社会への進出もいっそう広範囲にわたった。都市の下層の女性が外に出て働くのがいっそう普遍的になり、女子工員の人数が大幅に増え、ウエイトレスや女店員も女性に歓迎される職業になった。

以前、女性教師は女子校で教えるだけであったが、'五四'以後は男子校にも女性教師が登場し、まもなく教師は知識女性のもっとも一般的な職業になり、ほとんどの学校に女性教師がいるようになった。

女性弁護士、女性記者、政府機関や商業機構の女性の職員も日ましに増え、かつて男性が独占していた領域にも女性の姿が現れ始めた。

社会の各領域における女性の活動はいっそう自由になり、男性と公然と往来してももはや興論に非難されなくなった。

↑北伐軍の従軍看護婦

↑北伐軍の女性兵士

第5編　中華民国——戦乱と建設

2 国民革命と経済・文化建設

　袁世凱〔1860－1916〕の死後、孫中山〔1866－1925〕は北洋軍閥に反対する活動をひきつづき指導し、中華革命党〔1914年7月に結成〕を中国国民党に改め〔1919年10月〕、総理に就任し、国会非常会議を召集し、正式に中華民国政府を結成し、非常大総統に就任し〔1921年4月〕、北京の北洋政府と対峙した。西南の一部の軍閥勢力と共同で北伐を開始し〔1922年2月〕、北京の北洋軍閥の支配を覆そうとしたが、北伐軍の各勢力のあいだで内戦が勃発したため失敗に終わった〔1922年6月〕。そして、ロシアの十月革命の影響を受け、中国共産党が結成され〔1921年7月〕、労働運動と農民運動を展開するとともに、国民党と合作し〔1924年1月〕、民主革命の実現を追求することにした。

1. 軍閥混戦と中国共産党の創立

軍閥混戦　北京政府を支配していた北洋軍閥の各派がたえず権力の争奪を繰り返していたため、北方で各派の軍閥が戦闘を繰り返す混乱のなかで、北京の政権は何回も担い手が変わった。その間、西南の各地に割拠する軍閥のあいだでも混戦が展開された。

　全国のいたるところに軍閥が割拠し、連年、混戦を繰り返し、軍費を捻出するために地元の人民に対して苛斂誅求を行い、強奪や恐喝を行い、土匪〔武装した匪賊〕が猖獗を極め、放火、殺戮、掠奪を行う地方も少なくなかった。軍閥と匪賊が交互に災禍をもたらすので、人民は安心して生産に励むことができず、生命や財産が保障されず、広大な人民の生活に非常に大きな苦しみと災難がもたらされた。戦乱のために家を破壊され、家族を殺され、やむをえず故郷を離れ、異郷に難を逃れる農村の民衆が少なくなく、農村は経済が衰退し、民は生きる拠りどころを失った。

　都市人口における貧民の比率が上昇し、それらの貧民は毎日十数時間働いても、ほんのわずかな金しか手にすることができず、家族を養うのが難しかった。その子どもたちも、学校に通う金がなく、非常に小さいときから少年工として働くか、街頭

⏶軍閥混戦で大量の難民が生まれたため、女性界の有力者が貧民病院を開設して救済にあたった

で新聞、煙草、菓子などを売って生活費を補わなければならなかった。仕事を見つけられなければ街頭で物乞いをするしかなく、都市の街頭のいたるところで、ぼろをまとい、髪の毛が伸び放題で、顔に垢のこびりついている物乞いが、凍死したり餓死したりしているのが目についた。一年中、貧困のなかで暮らす都市の貧民が少なくなかった。

中国共産党の創立

ロシアの十月革命の成功〔1917年11月〕後、李大釗〔1889-1927〕が『新青年』にマルクス主義を紹介する論文を発表したので、マルクス主義が中国で広まり始め、『共産党宣言』などマルクス主義の著作も翻訳、出版された。貧しい労農大衆を無数に擁する中国についていえば、資本主義の搾取制度の罪悪を批判し、プロレタリア革命を主張するマルクス主義の理論には、かなり多数の擁護者がおり、中国は十月革命の道を歩むべきだと見なす知識人がますます多くなった。

1920年、李大釗と陳独秀〔1879-1942〕はそれぞれ北京と上海で共産党結成の活動に着手した。1921年7月、各地の共産党グループの代表が上海に集まり、中国共産党第1回全国代表大会が開催され、中央の指導機構を選出し、陳独秀を最高指導者に推挙し、中国共産党が正式に結成された。

❶李大釗 五四運動の主要指導者の一人、中国共産党の創立者の一人で、北京地区の責任者になり、1927年4月28日に軍閥に殺害された

中国共産党の初期の活動

中国共産党は、階級闘争の手段で、労農独裁を樹立し、私有財産制度を根絶し、共産主義社会に到達する綱領を制定し、さらに軍閥の打倒、帝国主義の圧迫の排除、労働者と農民の利益の保護など、現段階における具体的な奮闘目標をも提起した。

中国共産党はおもに労働運動を展開し、各地に労働者組織を樹立し、資本家の搾取に反対し、労働者の権益をかち取る労働者の抵抗運動を指導した。中国共産党の指導のもとで、労働運動が急速に高揚し、各地の労働者はつぎつぎにストライキ、デモ行進などを行った。1921年の下半期から1923年2月までに、全国各地のストライキは100回以上にのぼり、参加者はあわせて30万人余りに達し、中国の労働運動の最初の高まりをもたらした。

2. 国民革命と共産党の武装闘争

国民党の改組と国共合作

1923年、孫中山〔孫文。1866-1925〕は広州で陸海軍大元帥府大本営を結成し、ただちに国民党を改組するとともに、連ソ、連共、労農援助の三大政策を確定した。国民党が三民主義について新しい解釈を行ったので、民主革命段階の共産党の政治綱領と基本的に同じになり、両党の合作〔国民党内の協力〕の政治的基礎になった。陳独秀〔1879-1942〕、李大釗〔1889-1927〕、毛沢東〔1893-1976〕ら、20人余りの共産党員が国民党第1回全国代表大会〔1924年1月〕に参加し、国共合作の正式の発足の象徴になり、第一次国共合作の新しい局面が始まった。

革命的な軍人を養成するために、国民党は1924年6月に広東の黄埔〔広東省広州市の東部、珠江の北岸〕に'黄埔軍官学校'を設立し、蔣介石〔1887-1975〕が校長に就任し、共産党員の周恩来〔1898-1976〕が政治部主任を担当し、教官に任じられた共産党員もいた。黄埔軍校は優秀な将校などを多勢養成し、それらの人材はつぎつぎと国民革命軍に幹部として送り込まれた。

1925年3月、孫中山が北京で病死したのち、蔣介石は国民党と中華民国国民政府における地位が上昇し始め、徐々に汪精衛〔汪兆銘。1883-1944〕にとって代わって国民党で指導的地位を占めるようになった。

北伐戦争と国共合作の崩壊

1926年7月、蔣介石は国民革命軍総司令に就任し、軍閥に対する戦争を始め、北伐を進めた。北伐軍は湖南、湖北、江西、江蘇などでつぎつぎに勝利し、前後して湖北の武漢〔10月〕と江蘇の南京〔1927年3月〕を占領した。

↑1927年元旦、武漢における大衆集会。北伐の勝利と国民革命政府の武漢への移転を祝う

しかし、国民党は共産党との合作を決裂させることを決定し、蔣介石と汪精衛が前後して上海〔1927年4月〕と武漢〔同年7月〕で国民党内の共産党員を逮捕、粛清し、国共合作は完全に崩壊した。

1927年9月、南京国民政府が発足し、激烈な内部闘争のすえ、軍事と政治の大権はふたたび蔣介石

の手に集中した。1928年4月、南京政府は第二次北伐を始め、6月に北京を攻略し、北洋軍閥の支配を覆すと、中国の統一の'完成'を宣布し、南京国民政府は全国的な政権になった。北伐戦争は成功したのである。

　南京国民政府が全国の政権を手に入れたのち、蔣介石集団が大権を独占し、意見を異にする者を排斥したので、各派の軍事、政治勢力の紛争はやまず、政治はずっと不穏な状態に置かれた。

共産党の武装闘争

　国共合作の崩壊ののち、中国共産党は武装闘争の道を歩むことになった。1927年8月1日、周恩来らは国民革命軍の一部の部隊を率いて江西の南昌で蜂起し、中国共産党の創建した最初の軍隊になった。9月、毛沢東らが湖南で秋収蜂起〔秋の収穫期における蜂起〕を組織、指導し、独自の武力を擁することになった。その後、各地の共産党組織があいついで武装蜂起を指導し、中国工農紅軍〔労農赤軍〕を樹立し、省境近くの農村に10か所の根拠地を建設した。

　共産党はそれらの根拠地に労農政権を樹立し、土地革命〔地主、地方の悪質な有力者の土地と、富農の自作地以外の土地を没収し、貧農などに均分すること〕を展開した。1931年11月、江西の瑞金〔現在の瑞金市〕の中央根拠地で中華ソビエト第1回全国労農兵代表大会を開催し、中華ソビエト共和国臨時中央政府を樹立し、毛沢東を主席に選出した。

　中国共産党の発展は、蔣介石に獅子身中の虫と見なされた。蔣介石は軍隊を大々的に動員して中央根拠地に5回にわたって大規模な'包囲討伐'を行った。中央紅軍は頑強に抵抗したすえ、1934年10月、移動を強いられ、長征を開始した。2万5000華里〔1万2500キロ〕にわたる苦しい行軍を続け、雪山を登り、草地を越え、1936年に陝西の北部に到達し、陝西・甘粛革命根拠地を建設し、戦略的転進を勝利のうちになし遂げた。

🔺1930年8月、中共の紅軍が湖南省の長沙を占領し、十万人民衆大会を開催

🔺長征を経て1935年10月に陝西省北部に到着した紅軍主力

第5編　中華民国——戦乱と建設

3. 社会と経済の発展

発展の困難な商工業

社会が不安定なもとでも、民族商工業は依然として発展に努めた。棉紡織がもっとも主要な工業であり、かなり高い水準に位置し、製粉、紡績、巻煙草、マッチ、食品、セメント、ゴム、機器製造、採鉱、冶金、発電、鉄鋼などの重・軽工業、および銀行、金融、商業が、程度に差こそあれ発展した。しかし、外国資本の支配と圧迫、国内の党派間の武装衝突がやまないので、基盤が脆弱な近代工業の発展が緩慢であった。そのため、低級な生活用品は国産品がかなり多く使われたものの、かなり高級な日用品はやはり輸入品に依然として依存しなければならなかった。

交通運輸業にも発展がみられた。しかし、民族航運業は大半が小型船であり、やはりイギリスや日本の航運企業と競争するのは難しかった。鉄道の90パーセント以上は外国資本に支配されていたものの、道路建設と鉄道輸送はいささか発展し、大都市間の長距離旅行は基本的に汽船か列車に乗ることができ、中都市間では長距離列車に乗ることができたが、広大な農村では依然として騾馬車や驢馬車などに乗らなければならなかった。裕福な家庭の若者のあいだでは自転車に乗るのが流行した。

都市商業の繁栄

商工業の発展によって、都市の繁栄がもたらされた。もっとも集中的に発展したのは、もともと優位性を具えていた通商都市であった。たとえば、上海、天津、広州、武漢、福州、南京など、沿海や長江沿いの通商都市は、地域的な商工業の中心地になった。1930年代初め、上海の人口は340万、天津

↑1930年代の浙江省嘉興の製紙工場

↑上海の繁華街

の人口は150万に増え、天津には中国人が経営する商店が2万軒余りもあった。

インフラ建設がかなり大きく発展した大都市もあり、水道、電気、電話、都市ガス、公共交通など、公共事業に発展がみられ、電燈や電話は大都市の上流社会に日ましに普及していった。たとえば、上海では1930年にすでに電話の加入者が3万に達していた。電車、バス、人力車が、都市の大衆的な公共交通機関になった。

都市のサービス・娯楽産業にもかなり大きな発展がみられ、大都市のデパート、総合市場、洋品店、芝居小屋、映画館、レストラン、居酒屋、茶館、および郵便局、病院、公園、博物館などが日をおって普遍的な存在になり、人びとの生活はますます豊富多彩になった。

農村の経済と社会

農業が依然として国民経済のなかで優位を占め、全国の労働力の80パーセントが農業に従事し、農業の総生産は国民総生産の三分の二を占めていた。農村では、封建的な土地所有制が依然として主導的な地位を占め、大半の地区では土地集中の現象が深刻で、少数の地主が大量の土地を占有し、農民に小作させていた。大半の農民は各種各様の搾取と圧迫を受け、生産が非常に困難であり、生活がとても苦しかった。

広大な農村では、人びとは依然として一族が集まって住むという伝統的な習俗を踏襲し、血族関係によって形成される宗族の勢力が依然として強大であったが、南方では相対的に強く、北方では相対的に弱かった。しかし、南北を問わず、大半の地区では、宗族関係が依然として農村の人びとの主要な社会的な紐帯であった。宗族は協議と活動の場として宗族の祠堂を有し、祝祭日の祭祀、紛争の調停、勉学者や貧困者への援助、無法者の懲罰など、宗族内のさまざまなことがらを族長が処理することが多かった。族長らが拠りどころにしたものも伝統的な儀礼を踏襲したものが多く、時代の変化にもとづいて改良したところもあった。広大な農村の人民は、宗族の支配と束縛を受けるとともに、宗族の互助救済をも受けていた。

↑天災による不作のために故郷を棄てる難民

4. 教育、文化、生活

教育の改革と変遷

北京政府は1922年に'新学制'を頒布し、初等教育、中等教育、高等教育からなる学制を定め、義務教育は4年を標準とするとともに、普通学校のカリキュラムを制定した。国民政府は、首都を南京に定めた〔1928年6月〕のち、義務教育、および男女の教育の機会均等を実施する教育方針を制定した。1936年には、全国の小学校数は23万校、小学生は1285万人にのぼった。しかし、農村の教育は依然として非常に立ち遅れており、大半の農民は文字がわからず、農村には学校が不足し、児童の入学率も高くなかった。

農村教育の改革を実験した教育者もいた。たとえば、欧米に留学した晏陽初〔1893-1990〕は'中華平民教育促進会'を結成し、河北の定県〔現在の定州市〕で農村教育活動を展開したし、北京大学の教官の梁漱溟〔1893-1988〕は山東で'農村建設'活動を展開し、農村に学校を設立し、冬季の農閑期に農民に識字教育を行ったり、農業技術訓練をしたりした。

中国共産党も根拠地で労働者・農民と将兵に識字運動を行い、小学校、識字グループ、幹部学校などを開設した。

文化事業の発展

国民政府は学術研究と技術発明を奨励、保護する方針を制定し、国立中央研究院〔1928年〕や国立北平〔北京〕研究院などの研究機関を設立し、有名な学者や科学技術の専門家が輩出し、人びとから尊敬された。

1928年、国民党の中央放送局が南京で正式に放送を開始した。抗戦の勝利の前夜には、中央、国際など、あわせて15局の放送局を有し、内外にそれぞれ中国語と12種の外国語で放送をしていた。ラジオを有し、放送によって外界のさまざまなニュースを聴くことのできる裕福な人もいた。1947年には、日刊紙が1781紙、雑誌が1763誌に増え、新聞に目を通し、雑誌を読むことが一般の識字階層の日常の習慣になった。

1920年代の末に、トーキーが導入され、その後、映画は勢いよく発展した。大小の都市には映画館が誕生し、内外のさまざまな映画を上映し、都市の街頭では映画スターを印刷したポスターが人び

↑1928年6月、科学と学術の最高研究機関である中央研究院が発足し、蔡元培が院長に就任。写真は古書を整理する歴史研究所のスタッフ

との注目を浴び、映画を観ることが都市の市民のあいだで娯楽になり、映画スターも若い男女が追随、模倣する対象になった。

活発な思想文化

この時期の政治思想の領域には、さまざまな党派が存在していた。中国共産党と左翼文化人の提唱するマルクス主義、新民主主義、社会主義があり、国民党の提唱する三民主義があった。そのほかに、国共両党のあいだで中国民主同盟などの民主党派もあり、各自の政治理念を提起していた。知識界にはさらに自由主義、無政府主義、国家主義などもあった。

文化思想の領域では、胡適〔1891－1962〕に代表される'西洋化派'は、西洋文化のほうが優越しており、西洋文化で中国を改造しなければならないと見なした。梁漱溟、梁啓超〔1873－1929〕、張君勱〔張嘉森。1887－1969〕らに代表される文化保守主義は、中国文化を主体として西洋の学問との融合を主張した。双方は何回も論争を展開した。

文学の領域では、現実を深く批判する作家と作品が出現した。魯迅〔1881－1936〕、茅盾〔沈雁冰。1896－1981〕、老舎〔1899－1966〕、沈従文〔1902－88〕の小説、曹禺〔1910－96〕の新劇が、社会に非常に大きな影響を及ぼした。

社会生活の変遷

都市では、文化的なレジャーが日ましに豊富になった。茶館、寄席、遊技場、劇場、映画館、ダンスホールなど、公共の娯楽場が増え、懇親会、社交会、茶話会、会食会、祝賀会など、社会団体の活動も増えた。しかし、都市の娯楽の消費はおもに中・上階層の人が享受したが、広大な労働者と下層の市民は一般的に労働時間が長く、労働がきつく、生活が苦しく、娯楽を享受する余裕も乏しかった。

農村の生活は依然としておもに伝統的な方式を踏襲していて、変化に乏しかった。農村人口の10パーセントにも満たない少数の地主と富農が、土地の70－80パーセントを占有し、豊かな生活を送っていた。しかし、人口の絶対多数を占める貧農と中農は、土地が少ないか、あるいはまったくなく、地主に搾取され、天災や人災に見舞われつつ、一日中力仕事をしても、衣食が足りることはなく、生活が苦しく、文化や娯楽も乏しかった。

↑1936年8月、第11回オリンピック大会、ドイツで開催。上海から出発する中国選手団

第5編　中華民国——戦乱と建設

3　抗戦と解放

> 1931年9月から、日本は戦争を起こしてまず中国の東北を占領し、また1937年7月に中国に全面的侵略戦争を開始し、1941年12月にアジア太平洋戦争に拡大し、東アジアの近代史上最大の侵略戦争を進めた。中国の民衆はこの戦争で未曾有の災難をこうむったが、自分を鍛えることもできた。全国の各界の力が動員されて全民族共同で抗戦を展開し、最終的に日本軍国主義に勝利し、同時に中国近代史上の巨大な転換をもなし遂げた。

1. 日本の侵略戦争による災難

○'九・一八事変'　1931年9月18日の夜、日本の関東軍は瀋陽の柳条湖付近で'南満洲鉄道'を爆破する事件を引き起こし、責任を中国の東北軍になすりつけ、まず瀋陽に駐屯する中国軍を奇襲し、ついで戦火を拡大し、つぎつぎに鉄道沿線の都市を攻略した。地元の軍隊は抵抗したけれども、国民政府は'先安内、後攘外'〔まず内部を安定させてから、外患を防ぐ〕の方針に固執し、軍隊を東北から撤収させた。そのため、日本の進攻を阻止することができず、5か月たらずで、日本の軍隊は東北全体を占領し、東北に日本、満洲、漢、朝鮮、モンゴルの5民族'共和'の'満洲国'を樹立すると公然と宣布した〔1932年3月〕が、実際には完全に日本の関東軍に支配された傀儡政権であった。国際社会の関心をそらすために、日本の海軍はさらに陸軍の3個師団の支援のもとで上海に駐屯する中国軍を侵犯した〔第一次上海事変、1932年2月〕。

　日本は、東北を占領したのち、長城を越えて河北を侵犯し〔1933年1月〕、華北の駐屯軍と共同で'華北五省自治運動'を画策するとともに、漢奸〔売国奴〕を援助して傀儡政権〔'冀東防共自治委員会'〕を樹立し〔1935年11月〕、中国の国民政府の勢力を華北から排除することを企図し、中国を全面的に侵略する準備をととのえた。

○日中全面戦争　1937年7月7日夜、日本軍は中国軍の'不法な発砲'を口実に、北京郊外で盧溝橋事件を引き起こし、一挙に華北を占領した。8月13日、日本の海軍は上海で戦争（第二次上海事変、淞滬抗戦）を発動し、14日、海軍航空隊が上海と杭州を爆撃し、15日、中国の首都の南京を爆撃した。日本の近衛内閣は大軍を派遣し、3か月にわたる激戦のすえ上海を占領した〔11月12日〕。日本の軍部と政府は、南京を占領すれば中国を屈服させ、日本の支配を承認させることができると見なし、南京を占領するために20万の軍隊を動員し、12月13日に占領した。

国民政府は軍隊と政府の機関を武漢に移転して抗戦を続け、日本軍はひきつづき進攻し、1938年１月16日に'国民政府を対手(あいて)とせず'という近衛声明を発表し、蔣介石政府を消滅するまで戦争を継続することを宣布した。同年10月、日本軍は広州と武漢を占領したが、蔣介石は首都を重慶に移転して抗戦を継続した。

侵略戦争のもたらした災難

　九・一八事変の発生後、百万にものぼる東北の農民と都市の住民が戦火を避けるために、あるいは日本軍占領当局の'順民'〔侵略者や新王朝の支配に服従し、反抗しない人民〕になりたくないために、華北や南方に逃れた。しかし、日本の中国侵略戦争の拡大に伴い、避難、流浪、移住する人の流れが中国各地に波及し、大量の人口が難民になった。

　日本軍は、上海から南京への進軍の途上で中国軍の強力な抵抗にあったので、中国の軍人や人民に対して普遍的に殺戮、放火、掠奪を行った。とりわけ、南京を占領したときには、城内と城外で大規模な'掃蕩'を行い、城内に潜伏している中国の軍人を探し出すときも、大通りや横丁、住宅、社寺、農村に身を潜めていた住民をも数多く殺害し、組織的に、あるいは分散的に、なにはばかることなく女性を強姦し、'南京大虐殺'を引き起こした。

　戦争中、日本軍は、中国人民の抗戦の決意を動揺させるために、中国の抗戦の政治的、軍事的な中心になった重慶に対して数年間にわたって'戦略的爆撃'を行い、八路軍〔国民革命軍第八路軍の略称で、第十八集団軍ともいい、抗日戦争中に中国共産党が率いた武装勢力であり、中国労農紅軍が1937年９月に改編されたもの〕の抗日根拠地に'焼き光(つ)くす、殺し光くす、奪い光くす'という'三光作戦'*を進めた。日本軍は国際条約に違反して細菌兵器と化学兵器を開発、製造、使用し、中国人民に非常に大きな傷害をもたらした。

⬆八路軍の抗敵劇団の俳優の食事風景

2. 抗日戦争 ── 抵抗と勝利

国共合作による持久的抗戦

抗日戦争が始まったとき、日本は軍事と経済の面で圧倒的な優位を占め、日本軍は先進的な軍事装備に依拠し、北平〔北京〕、上海、南京などをあいついで占領し、主要な交通点と交通線を支配し、速戦即決の作戦方針を採用し、3か月以内に中国を滅ぼすことをもくろんだ。日本軍の強大な攻勢に直面し、国民党と共産党は中国が滅亡の危急に直面したとき抗日統一戦線を樹立し、第二次国共合作が成立した〔1937年9月〕。中国の全国抗日の軍事方針とは、全民族抗戦の政治、軍事体制を確立し、広大な国土の空間を利用し、日本軍を徐々に消耗させ、さらには消滅させる防御作戦方針を採用し、日本軍の速戦即決の計画を挫折させるというものであった。

1939年までに、日本軍は中国の戦場に85万の兵力を投入し、重要な都市と鉄道の大半を占領したが、依然として中国の抵抗を抑制することができなかった。日本は、国民党副総裁の汪精衛〔汪兆銘。1883 – 1944〕が1938年12月に重慶を脱出し、1940年3月に南京に樹立した国民政府（汪精衛政権）を守り立てたが、中国の国民の支持はほとんど得られなかった。

正面と敵後方の二つの戦場

中国軍は、日本軍の進攻に対して正面と敵後方から頑強に抵抗した。淞滬抗戦〔1937年8 – 11月〕、武漢防衛戦〔1938年8 – 10月〕、長沙防衛戦〔1939年9 – 10月〕などの大規模な戦役は日本軍に対する正面作戦であり、中国人民の決意を誇示した。そして、敵後方の軍人と人民は '地雷戦'、'地下道戦'、'雀戦'（散兵作戦）など、広範なゲリラ戦を展開し、日本軍を牽制し、消耗させるとともに、1940年8月から12月にかけて華北で '百団〔百個連隊〕大戦' を行った。二つの戦場がたがいに協力し合った抗日持久戦によって、日本軍の戦線を引き伸ばした。日本軍は中国の広大な国土を占領したけれども、全面的進攻を実行する力はなく、中国を征服する目的は実現できなかった。かくして、日本軍は正面の戦場で局部的な打撃を与えて国民政府に降伏を迫る策略を採用し、進攻の重点を後方に転向し、敵後方の抗日根拠地に大規模な '掃蕩' 作戦を発動した。

中国軍の反攻作戦

中国の抗戦はソ連、アメリカなどの同盟国にも支持され、とりわけ1941年12月に太平洋戦争が勃発したのち、中国、アメリカ、イギリスなど、同盟国は中国戦区を設け、空軍基地を設置し、中国はビルマ〔現在

のミャンマー〕に出兵して同盟軍と共同で対日作戦を展開した。正面戦場の中国軍は1944年のビルマ北部と雲南西部の反攻作戦で勝利を収めるとともに、翌年６月に柳州〔現在の広西チワン族自治区柳州市〕を奪還したのち、反攻計画を制定した。日本軍は戦線を縮小し始めた。1944年の春、中国軍は華北、華中、華南の敵後方の戦場で攻勢に出て、1945年の夏までに、日本軍と偽軍〔南京国民政府軍〕あわせて47万人余りを殲滅し、都市70余りを攻略し、広大な国土を取り戻した。1945年８月９日、敵後方の各根拠地の軍人と人民は大規模な反攻作戦を開始し、重大な戦績を収めた。

抗日戦争の最終的勝利

1945年８月８日、ソ連がヤルタ秘密協定〔1945年２月〕にもとづいて日本に宣戦を布告し、ただちに中国の東北に出兵し、朝鮮の北部をあいついで占領した。６日と９日、アメリカが広島、長崎に原子爆弾を投下した。中国の軍人、人民やソ連、アメリカなどの同盟国の打撃のもとで、日本にはもはや戦争を継続する力がなくなり、８月15日に無条件降伏を宣布した。９月９日、中国戦区の日本軍の降伏調印式が南京で行われ、中国人民はついに抗日戦争の最終的勝利をかち取った。中国の抗日戦争は世界の反ファシズム戦争に卓越した貢献をなし、そのために中国の国際的地位も高まった。

↑1937年、野外で大衆のために公演する抗日新劇団

3. 内戦と解放

和平と内戦

抗戦の勝利ののち、全国の人民は平和と統一を期待した。毛沢東〔1893－1976〕は蔣介石〔1887－1975〕の招請を受け容れ、中国共産党の代表団を率いて重慶に赴き、国民党と和平会談を行い、双方で協定〔双十協定〕に調印し、'和平建国'の基本方針を確定し、双方が長期にわたって協力し、内戦を回避し、独立、自由、富強の新中国を建設することに同意した〔1945年8月28日－10月11日〕。

しかし、その後、日本の降伏を受け容れる過程で、国民党が中国共産党の軍隊が支配している地区で降伏を受け容れるのを排斥したため、国共双方は華北の少なからぬ地域で武力衝突を引き起こした。1945年末、アメリカは大統領特使としてG・マーシャル〔1880－1959〕を派遣し、国共両党の関係を仲裁し、1946年1月10日、国共両党は停戦を命ずる声明に署名した。ただちに、重慶で政治協商会議を開催し〔1月10－31日〕、国共両党をはじめ、その他の民主党派の代表が参加し、蔣介石が会議を主宰した。全国の輿論は政治協商会議の開催を和平建国の起点として称賛し、中国の前途には楽観が満ちあふれた。

しかし、蔣介石が軍隊をソ連軍と共産党軍が支配していた東北に派遣したので、国共両党のあいだでふたたび衝突が起こった。1946年6月26日、国民党軍のあわせて22万人が中原解放区〔山西、河北、山東、河南4省を中心とする〕に大規模な進攻を行い、それ以来、全面的な内戦が勃発した。

国民党支配地区と解放区

1946年、上海の労働者が反米デモを敢行

内戦が勃発したのち、蔣介石は、共産党と戦争を行うために動員令を頒布し、徴兵を開始し、武器を配備するとともに、アメリカの軍事援助を獲得した。また、特務機関は民主化運動を弾圧し、愛国者を逮捕、殺害した。

戦争のために、国民政府は財政困難に陥り、一方では増税を行い、他方では紙幣を大量に印刷、発行し、紙幣の暴落と物価の騰貴をもたらした。1937年には法幣100元で牛が2頭買えたのに、1946年には鶏卵が1個しか買えず、1947年にはマッチ棒が数本しか買えなくなった。国民党の高級官僚は経済の領域に介入し、特権を恃んで暴利を貪った。国民党支配地区の人民は生活難に陥り、だれもが不満を抱くにいたった。

中国共産党の支配する解放区では、農民に減租減息〔小作料の引き下げと利息の引き下げ〕政策を実行し、のちにまた地主や豪紳〔地方の有力者〕の土地を買い上げて農民に分配する土地改革を実行した。1947年10月に「土地法大綱」を頒布し、地主的土地所有を廃止し、農村のあらゆる人口に男女、老幼を問わず土地を均等に分配した。ただちに土地改革の高まりがもたらされ、農民は土地を手に入れ、解放された主人として振る舞い、生産の積極性と共産党を擁護する熱情は空前の高まりをみせた。

↑土地改革ののち、茶碗に豆を入れる方式で新政府委員の選挙を行う解放区の農民

国民党支配の崩壊

　国民党支配地区では、重い税負担、戦乱や天災のために、農民の生活は悲惨を極め、つぎつぎに起ち上がって食糧の徴発に抵抗する地方が少なくなく、武装蜂起が各地で相次いだ。食糧の欠乏によって、各地で億を上まわる飢民が生まれ、1947年には、各地で米を奪い取る騒動があいついで起こった。飢民たちは食糧倉庫や食糧店など、食糧のあるところに押しかけ、食糧を掠奪し、ひいては経済的に豊かな上海、南京、杭州など、江浙地区〔江蘇省と浙江省〕でさえ、いたるところで米を奪い取る騒動が起こった。それと同時に、各地の学生が反飢餓、反内戦のデモや抗議活動に起ち上がり、国民党は支配の危機に直面した。

　戦場においても、国民党軍は人民解放軍の強力な反撃にあい、つぎつぎに敗退した。1948年以後、人民解放軍は徐々に戦略的劣勢から優勢に転じ、兵力が拡大するとともに、国民党軍の先進的武器を大量に鹵獲して装備のレベルを高めた。1948年以後、遼瀋戦役〔1948年9−11月〕で東北を解放し、淮海戦役〔1948年9月−49年1月〕で国民党軍55万人を消滅し、平津戦役〔1948年11月−49年1月〕で改編国民党軍52万人を消滅し、北京を平和的に解放した。

　1949年4月、人民解放軍は長江を渡河し、南京を占領し、南京国民政府を覆した。大陸における国民党の22年間にわたる支配は終止符を打たれ、蔣介石は残存部隊を率いて台湾に逃亡した。

↑1948年、難民に粥を支給する上海救済会

第5編　中華民国——戦乱と建設

第6編

新中国——模索と発展

概観　1949年10月、中華人民共和国が成立し、100年余りにわたって外国帝国主義に侵略、圧迫されてきた中国人民は民族の独立をかち取り、抑圧から解放されて国家の主人になり、全国の人民はみな喜びに沸き立った。新憲法は、新中国が人民民主国家であり、人民代表大会制度を実行することを定めた。

　チベットの平和解放〔1951年10月〕後、大陸地区は基本的に解放された。全国的範囲で土地改革が行われ、農民は土地を分け与えられ、自己の生活を改善するために心から喜んで農業生産に身を投じた。中国人は自力更生し、工業建設の高まりを巻き起こし、鉄鋼、機械などの重工業を優先的に発展させ、最初の自動車と飛行機を製造した。

　しかし、その後の極端な集団化、つまり大躍進*〔1958-60年〕と人民公社〔1958-82年〕によって、農業生産が損害を受け、経済的困難がもたらされた。1966年、'文化大革命'〔1966-76年〕が勃発し、十年の内乱を経て、大量の幹部、知識人、社会活動家が批判され、経済が停滞し、人民の生活水準は低下した。

　1978年以後、改革・開放を実行した。農村では'農家生産請負制'*〔土地の所有権は生産隊にあり、収穫は規定に従って上納し、残余は請負者が取得する〕を推進し、農業生産が回復した。東南の沿海地区では1970年代末から経済特区〔対外開放を促進するために、外資に対して所得税、土地使用、インフラ利用、原材料輸入、出入国などの面で優遇措置を認められた地区〕を発展させ、外資を導入して企業を設立し、市場メカニズム〔市場の需給情況によって価格を決める原理〕による調整を実行したので、経済と貿易が急速に発展した。1993年以後、社会主義市場経済〔政治体制は社会主義の枠を守りつつ、市場経済化への移行を進める〕を全面的に推進し始め、近代的な企業制度を確立し、国有企業を株式制に改造したので、民

営企業がものすごい勢いで発展し、外資企業が激増した。

　市場経済体制の確立によって、経済の発展が非常に大きく促され、国民経済は急成長を持続し、1人あたりの国民総生産は2005年には1700ドルに達した。対外貿易が急増し、2005年には輸出入総額は1兆4221億ドルにのぼり、世界で第3位の貿易大国になった。

　1985年以後、9年制義務教育を実施し始め、2004年には、9年制義務教育の普及率が90パーセントに達した。高等教育と海外留学も急速に発展した。

　1970年代末の改革・開放以後、人民の生活にも非常に大きな変化がみられた。都市化の速度が著しく加速し、都市化〔県の市制への移行、鎮の町制への移行〕の水準は2005年には43パーセントに達した。各地の都市のインフラ建設はものすごい勢いで発展し、商業とサービス業が繁栄、発展し、小都市や町の建設もたえず発展した。テレビが都市の家庭に普及し、電話も日ましに普及し、インターネットの利用者は2006年末で総人口の10.5パーセントを占め、人びとの文化生活は豊富多彩になった。

　1997年7月と1999年12月、香港と澳門(マカオ)が前後して祖国に復帰した。改革・開放後、海峡両岸の大陸と台湾の交流が日をおって密接になり、人員の往来は持続的に増えている。

　解放後20年余り、中国に対する欧米諸国の封じ込め政策などの原因によって、中国の外交は非常に大きな制約を受けた。1970年代以後、アメリカ、日本、ヨーロッパ諸国とあいついで国交を回復した。改革・開放以後、中国は平和・多元外交の方針を実行し、経済の急速な発展に伴い、世界各国との関係は急速に発展し、すでに160か国余りと外交関係を樹立している。2001年12月に世界貿易機関（ＷＴＯ）に加入したのち、中国経済はいっそう世界経済と一体化し、各国との貿易量は持続的に増えている。中国と日本はすでに相互の重要な貿易パートナーであり、両国の関係はいっそう密接になっている。

発展する上海の街並み

1 曲折に富む模索

中華人民共和国の建国〔1949年10月〕後、経済建設が重要な任務になった。しかし、一方では東西の冷戦を背景に、中国はアメリカをはじめとする帝国主義陣営による封じ込めに直面し、内外の闘争が依然として終息しないために、他方では経済的基盤が脆弱であるうえ、中国共産党に建設に関する経験が不足していたために、前半の30年間は曲折に富む道を歩むことになった。

1. 建国と抗米援朝

中華人民共和国の成立　1949年9月、中国人民政治協商会議*第1回全体会議が北京で開催され、新中国の国名を'中華人民共和国'と定め、毛沢東〔1893–1976〕を国家主席に選出し、首都を北京と定めた。

10月1日、北京の天安門広場で建国式典が開催され、毛沢東主席が天安門の楼上で、'中華人民共和国中央人民政府が、今日、成立した'と宣布した。

新中国は、成立後、ソ連をはじめとする社会主義陣営に加入し、世界の政治勢力の力関係を改め、国際政治の構造に計り知れない影響を及ぼし、まさに帝国主義の圧迫を受けつつある第三世界〔アジア、アフリカ、ラテンアメリカおよび他の地域の発展途上国のこと〕の人民に希望をもたらした。

⬆中央人民政府主席の毛沢東が全世界に中華人民共和国の成立を宣言

チベットの解放と土地改革　新たに成立した中央政府は、平和的解放を方針とし、チベットの代表を北京に招請して協議するとともに、1951年5月、チベット地方政府とチベットの平和的解放に関する合意を達成した。ついで、同年10月、人民解放軍がチベットの首府のラサに進駐し、チベットは平和裡に解放された。ここにいたって、大陸の領土は基本的に解放された。チベットでは、解放後、民主改革を実行し、農奴制度を廃し、広範な農民と牧民が農奴制度の重い首枷から脱し、自由かつ平等な日々を過ごすようになった。

1950年6月、中央人民政府は「土地改革法」を頒布し、全国的規模で土地改革運動が繰り広げられた。中央は土地改革工作組を各地の農村に派遣し、大衆を動員し、土地の

占有情況と搾取関係にもとづいて階級を区分し、地主の土地と財産を没収し、貧しい農民に分配した。1952年末までに土地改革は基本的に完了し、土地がないか、少ししかなかった3億余りの農民が土地を手に入れ、2000年余り長らえてきた土地搾取制度が廃され、農民が土地の主人になった。

1951年10月、人民解放軍がチベットのラサに進駐

抗米援朝

1950年6月、朝鮮の南北双方〔大韓民国と朝鮮民主主義人民共和国〕のあいだで戦争が勃発し、戦火が中国の国土に及んだので、朝鮮民主主義人民共和国政府の要請にもとづいて、同年10月、中国人民志願〔義勇〕軍が彭徳懐〔1898－1974〕に率いられて朝鮮の戦場に赴き、朝鮮の軍人や人民とともに米軍に反撃した。建国直後で、経済もきわめて脆弱であったので、全国人民は'抗美援朝、保家衛国'〔アメリカに反対して朝鮮を支援し、国家を防衛する〕大衆運動を巻き起こし、金品を醵出し、前線を支援した。義勇軍は、武器装備が劣勢で、供給不足という困難な条件のもとで、朝鮮の軍人や人民ととともに血みどろになって奮戦し、戦線を'三八線'〔北緯三十八度線〕付近に安定させた。1953年7月、アメリカと「朝鮮休戦協定」を締結し、新中国のために相対的に安定した平和的環境をかち取った。

新憲法と新外交

1954年9月に開催された第1期全国人民代表大会第1回会議は「中華人民共和国憲法」を採択した。同憲法は、中華人民共和国は、労働者階級が指導する、労農同盟を基礎とする人民民主主義国家であり、人民民主主義独裁を堅持し、社会主義の道を堅持する、国家のあらゆる権力は人民に属し、人民が権力を行使する機関は全国人民代表大会と地方の各級の人民代表大会であり、民主集中制を実行すると規定して、新中国の根本的な政治制度、すなわち西洋諸国の'三権分立'と異なる人民代表大会制を確立した。

同大会は毛沢東を国家主席、周恩来〔1898－1976〕を国務院総理に選出した。

新中国の成立後、アメリカなど資本主義国は新中国に封じ込め政策を実行した。中国政府は積極的に外交活動を展開し、1954年4月、平和共存五原則*を提起した。1955年4月、インドネシアのバンドンで開催された第1回アジア・アフリカ諸国政府首脳会議で、周恩来は'大同につき小異を残す'方針を提起し、参加した各国首脳から称賛された。

第6編 新中国——模索と発展

2. 工業化と大躍進

社会主義工業化

新中国の建国初期、西欧諸国が経済封鎖を実施したので、西欧諸国に対抗していたソ連から技術援助を得るしかなく、中国は鉄鋼、機械など、重工業優先の方針を制定し、おもに自力更生に依拠して工業化を進め、海外にいた優秀な科学者があいついで帰国して建設に身を投じた。1957年には、中国はすでに大型圧延工場、自動車製造工場、航空機製造工場を完成させ、初期工業化はめざましい成果を収めた。

↑1956年9月、国産初のジェット戦闘機が完成

社会主義 '改造'

私有制を消滅し、貧富の分化を避け、社会主義公有化を推進するために、1953年から、農業、手工業、資本主義商工業に対する社会主義改造を加速し始めた。

農民や手工業者に対して集団化の道を歩むよう奨励し、互助組〔農業共同化の初歩段階の形態で、小グループで労働の面でたがいに助け合った〕や協同組合を結成し、分散している土地や生産手段を集中し、管理を統一し、生産を組織し、生産の成果を均等に分配するよう要求した。1956年には、90パーセント以上の農民が農業生産協同組合に参加したが、分配されたばかりの土地に未練を断ち切れない農民もいた。また、労働の成果の分配に対する合理的な方法を定めていなかったので、生産に対する積極性をひきつづき高めることができず、生産に一定の影響を及ぼした。

都市では、私営の工場、企業、商店などにも社会主義改造を実行し、政府は私営商工業に代表を派遣し、経営者と共同で経営し、それを '公私合営'* といった。1956年には、公私合営の波がまたたくまに全国を席捲した。

社会主義改造は、公有制が国民経済のなかで主動的地位を占めることを象徴しており、それ以後、政府が統一的に計画、管理する計画経済が実行され始めた。

大躍進と人民公社

1958年5月、中共中央は '充分にやる気をおこし、高い目標に向かって努力し、多く、速く、立派に、無駄なく社会主義を建設する' 総路線を制定するとともに、大躍進運動を始めた。

全国で全民製鋼の大衆運動が巻き起こり、鉄鋼の生産量を15年以内にイギリスに追いつき、追い越そうとした。全国各地の大衆が動員され、いたるところに小高炉を建設し、

わずか半年のあいだに1億人ちかい大衆が参加し、建設した小高炉は数百万基にのぼった。しかし、出来上がった鉄は非常に質が悪く、ひいては使用することさえできず、大量の人力と物力を浪費した。

↑1958年秋以後、全国の数千万人がいたるところで小高炉を築き、鉄鋼大生産運動を展開した

それと同時に、各地の農村ではもともと成功していなかった協同組合を基礎に急速に拡大して'人民公社'を結成し、あらゆる土地と財産をその統一的な運用に帰し、完全に私有制を廃し、'駆け足で共産主義に入る'べきだと提起した。

大躍進と'人民公社'の運動が無批判に速さを求め、一面的に高速度を追求し、誇大化の風潮が氾濫したため、生産がひどく破壊された。それに加えて、自然災害のために、国民経済が困難に陥り、飢饉が発生し、死亡率が高くなった地方もあった。

調整・発展と対外関係

中共中央が1960年7月に政策を調整し、一部の誤りを正したので、1962年の後半から経済情勢が好転し始めた。建国から1965年にいたるまで、紆余曲折を経たけれども、経済建設はかなりの成果をあげ、経済力は1949年以前の旧中国の時期をはるかに凌駕した。

この時期の中国は複雑な国際関係にも直面していた。アメリカは'二つの中国'の画策に躍起になり、台湾に武力介入し、1958年8月、中国政府は金門、馬祖両島を砲撃することで台湾に対する中国の主権を世界に表明した。

1950－60年代、中国と日本の友好往来は非常に大きく発展し、双方の文化界、芸術界、経済界など、各領域の人びとがたびたび相互訪問を行い、友好交流関係を樹立した。

建国後、1950年代の中期まで、中国とソ連のあいだには友好・相互援助同盟の関係が保持されていた。しかし、1953年にスターリン〔1879－1953〕が世を去り、フルシチョフ〔1894－1971〕が登場すると、ソ連の指導者は大国を自任し、中国を政治的、軍事的に支配しようとたくらんだが、中国の指導者に阻止された。1963年以後、両国の関係は公然と決裂し、中国の建設を支援していたソ連の技術専門家も引き揚げた。

↑河南省のある人民公社の成立大会

第6編　新中国——模索と発展

149

3. '文化大革命'──内乱

'文化大革命' の発動　中国の経済建設が成功をかち取ると、毛沢東〔1893－1976〕は中国の階級関係、および党と国家の政治情況について完全に誤った評価を行った。そして、中国を社会主義の道から逸脱させようとしている者がいると見なし、1963年から1965年にかけて、全国の都市で '階級闘争を要とする' 社会主義教育運動を展開し、劉少奇〔1898－1969〕らが支持した農村の農家生産請負制、自留地〔農民の個人経営に任される小面積の土地で、収穫は個人の所有に帰す〕、自由市場〔農貿市場ともいい、自留地の収穫や上納後の余剰を売りさばく市場〕など、農業経済の発展にかなっている形式を '資本主義の道を歩む' と指摘し、批判を加えるとともに禁止を強行した。とりわけ、指導権がマルクス主義者と人民大衆の手中に握られていない地方が少なくないので、文化大革命を実行し、広範な大衆を動員して簒奪された権力を新たに奪回しなければならないと見なした。

中共中央は、1966年5月16日に「中国共産党中央委員会の通知」〔「五一六通知」〕を発布し、8月1－12日に第8期中央委員会第11回総会を開催し、「プロレタリア文化大革命に関する決定」を採択し、'文化大革命' の開始を表明した。

全面的内乱　'文化大革命' の開始後、毛沢東の左寄りの誤った個人指導が党中央の集団指導にとって代わり、林彪〔1906－71〕、江青〔1914－91〕、康生〔1898－1975〕らの党中央における地位が大幅に上昇し、'中央文革小組' が中央の大半の権力を掌握し、'あらゆるものを打倒し、全面的内戦を展開しよう' と煽動し、毛沢

⬆ 1966年6月以後、「文化大革命」が急速に発展。紅衛兵とともに毛沢東（中央）と林彪（右二）

⬆ 「文化大革命」期のデモの隊列

東に対する個人崇拝が熱狂というにふさわしいほど鼓吹された。

　全国各地の大学と中学〔日本の中学校と高等学校にあたる〕の学生と生徒があいついで'紅衛兵'*を結成し、'造反派'〔毛沢東の「造反有理」（謀反には道理がある）という言葉を恃んで権力の座にあった実権派に反逆した人びと〕のさまざまな大衆組織も全国各地、各業種であいついで結成された。それらの紅衛兵は各級の指導幹部を攻撃、

知識青年の「上山下郷」運動

批判し、全国的に各クラスの党と政府の指導権を奪取する'奪権'というすさまじい大衆運動を巻き起こしたが、急速に造反派組織のあいだの激烈な武装闘争に発展し、全国的範囲の内乱が起こった。各レベルの党・政府のほとんどの指導機関は奪権、改組され、全国の各業種はほとんど生産が停止し、情勢は統制不能に直面し、社会は全面的混乱に陥った。

　1967年1月以後、軍隊が毛沢東の指示にもとづいて介入し、多数の部門に対して'軍事管制'〔緊急事態において軍隊が地区や組織の秩序維持のために行う活動〕を実施し、学校に授業の再開、工場に生産の再開、青年・学生に'上山下郷'*を要求した。

　全国に波及した今回の内乱のさなかに、国家主席の劉少奇を含む国家の多数の指導者が打倒され、多数の幹部、知識人、社会活動家が迫害され、深刻な社会問題がもたらされた。

'文化大革命'の終息

　1971年以後、周恩来〔1898-1976〕は中央の工作を主宰する時機を利用し、極左思潮を批判すべきだという意見を提起し、鄧小平〔1904-97〕の国務院副総理の職務を回復するよう提起するとともに、国民経済の調整を始め、あらためて'四つの近代化'という奮闘目標を実現することを表明した。しかし、毛沢東はひきつづき左寄りの誤りを犯し、鄧小平の活動を停止させて、周恩来を非常な窮地に陥れた〔1976年1月〕。

　1976年、周恩来〔1月〕と毛沢東〔9月〕があいついで世を去ると、江青は毛沢東夫人という身分を利用し、'四人組'*〔江青、張春橋（1917-2005）、姚文元（1931-2005）、王洪文（1935-92）〕を糾合して最高指導権を奪取しようと躍起になった。そのため、

中央の活動を主宰する華国鋒〔1921－　〕、葉剣英〔1897－1986〕らは、'四人組'を隔離審査処分に付した。

◯外交の新たな構造

　1971年10月、第26回国連総会は中華人民共和国の国連における合法的地位を回復するとともに、台湾の国民党集団の代表を追放することを決議した。1972年2月21－27日、アメリカのニクソン大統領〔在任1969年1月－1974年8月〕が中国を訪問し、毛沢東と会見し、両国は「上海コミュニケ」を発表し、アメリカは、中国は一つしかなく、台湾が中国の一部であることを承認し、中米関係は正常化に向かい始めた。1979年1月、両国は正式に外交関係を樹立した。

　中米関係の緩和によって、中日関係が改善された。1972年9月25－29日、日本の田中角栄首相〔1918－93、在任1972－74〕が中国を訪問し、毛沢東と会見し、両国は外交関係を樹立する声明に調印した。同声明は、日本側は過去において戦争によって中国人民に重大な損失をもたらした責任を痛感し、深刻な反省を表明したことを指摘している。日本政府は、中華人民共和国が中国の唯一の合法的政府であることを承認し、台湾が中華人民共和国の領土の不可分の一部であることを承認した。

◯1972年2月、毛沢東が中国を訪問したアメリカのニクソン大統領と会見

◯1972年9月、日本と中国が国交を回復し、毛沢東（左）が北京で田中角栄首相（中央）、大平正芳外相（右）と会見

4. 建国初期の社会と文化

教育の改革と曲折

新中国成立後、政府は、教育は労農に奉仕することに重点を置き、普及を主とする改革の方針を確定し、全国の都市と農村に普遍的に小学校を設立し、初等教育の普及を図った。各地ではさらに短期速成の方法で労農大衆、幹部、軍人に一定の教養を身に付けさせ、ひいては学校に入学させて学習させさえした。

1951年から翌年にかけて、全国の高等学校〔大学、高等専門学校〕は大調整を行い、私立の院校〔単科大学と総合大学〕を国・公立に改め、高等学校の学生は全国で統一的に募集し、卒業生の就職は全国で統一的に按配した。

文化大革命〔1966－76年〕の期間、大学、中学校、小学校はいずれも'授業を停止して革命をやり'、教師と学生がともに授業に出ず、批判会に参加したり、大字報〔壁新聞〕を執筆したりするなど、各種の政治運動を行い、大学は学生の募集を停止し、教育はひどく破壊され、後期〔1970年以後〕にやっと徐々に回復した。

文化事業

建国直後、新聞・雑誌、放送、通信はすべて国有化され、新華書店が国営の全国的な書籍・雑誌の発行機関になり、人民出版社など国営の専門的な出版社が設立された。文化事業は一律に政府が統一的に管理することになった。

建国後、中国科学院が発足し〔1949年11月〕、それぞれの分野の科学者と研究人員を集中して科学および学術研究を展開し、短期間に中国の科学技術の水準を大幅に向上させた。しかし、徐々に社会主義改造の対象にされ、政治闘争がそれぞれの学術領域に拡

⬆上海機床廠〔旋盤工場〕'七二一'労働者大学の学生、社会へ　⬆紅衛兵が大字報〔壁新聞〕を貼り出して教育革命を宣伝

第6編　新中国――模索と発展

⬆1950年代、政府が多数の労農文化補習学校を創設。学習中の北京のある労農速成中学の学生

⬆1959年5月、第1回全国運動会を北京で開催

大し、学術問題が政治問題と同列に見なされたので、文化・芸術界に非常に大きな混乱がもたらされた。文革期間、あらゆる文化領域は、非常に大きな衝撃を受け、学術がひどく政治化し、学術研究に没頭してきた人が批判され、新聞・雑誌には政治闘争の文字が満ちあふれ、厳粛な学術研究は停頓した。その後、自然科学の研究はいささか回復した。

医療衛生の面では、'労農兵に奉仕する'方針が確立され、広大な農村、都市の街区、鉱工業企業に普遍的に末端の衛生組織と防疫機構が設置された。訓練を受けた'裸足の医者*'が各地の農村で活躍し、農民のために病気の予防と治療にあたった。

文化・芸術領域における曲折

建国後、一方では'文学芸術は労農兵に奉仕する'という基本方針を強調し、革命戦争や社会改革の現実を題材とし、人民の政治的自覚を啓発し、人民の労働に対する熱情を激励する文芸作品が創作された。しかし、他方では政治化、単一化という偏向も出現した。とりわけ、文化大革命中には、文学・芸術の領域は長期にわたって江青〔1914-91〕に支配され、自由な創作が抑圧され、文学・芸術の形式は極端にまで政治化、単一化、類型化された。映画、テレビ、演劇を問わず、江青の審査を経た八つの'模範劇'*しか演ずることができなかった。人びとの文化生活は単調になり、文化的な素養は低下した。

'文化大革命'が始まったのち、紅衛兵が'旧世界を打ち砕き、新世界を樹ち立てる'というスローガンを誤解したため、大量の歴史上の遺跡、文化財、古典、書画、書物などが焼却、破壊され、文化的大災禍がもたらされた。

社会生活

解放後、男女平等政策が実行され、女性の社会的地位が空前に向上し、女性が各分野に進出し始め、就業がいっそう広範囲にわたり、普遍的になった。1950－60年代、人びとがもっとも崇敬した女性のイメージは、自動車やトラクターの運転手など、男性と肩を並べて働くイメージであった。男女の若者のあいだでは自主結婚が普及し、家庭内における男女の地位もいっそう平等になった。

解放後、生産能力の低下という問題に直面して、政府は1953年11月から統一購入・統一販売を実行し、都市では穀類、肉類、卵、食用油、石炭、綿布など、生活必需品を定量供給し、配給切符を発給し、都市の住民は配給切符がなければ購入することができず、数量にも制限があった、10年間にわたる文革中は、経済が停滞し、各種の物資がいっそう欠乏し、自転車、腕時計、ミシン、ラジオは高級消費品と見なされ、配給切符にもとづいて購入しなければならなかった。

人びとの衣服は質素に向かい、男女、老若を問わず、色彩は藍色、草緑色、灰色、白色など、地味な色を主とし、デザインが単純かつ画一的で、当初は中山服〔孫中山（孫文。1866－1925）がデザインしたもので、日本でいう人民服〕、のちにはレーニン服が流行し、文革時には軍服と労働服が流行した。西洋風の服装は資本主義的と見なされ、禁止された。女性は化粧を尊ばず、アクセサリーを身に着けなかった。文革期には、男女、老若を問わず、胸に毛沢東バッジを着けるのが流行した。

◯野外で革命模範劇、バレー舞踊劇の『白毛女』を公演

◯建国初期、都市の街頭で交通整理にあたる警察官

第6編　新中国──模索と発展

2 改革・開放と急速な発展

　1977年7月、鄧小平〔1904－97〕は、ふたたび職務に復帰したのち、建国以来の教訓、とりわけ文化大革命〔1966－76年〕の教訓を総括し、'改革を実行しなければ、われわれの近代化の事業と社会主義の事業は葬り去られる'ことを認識し、中国に改革・開放の道を歩ませる決意を固めた。思想を解放し、実事求是〔事実にもとづいて真理を求める〕を指導思想として提起し、まず文化大革命中の大量の冤罪・捏造・誤審事件を正し、人民に支持された。同時に、経済建設を中心とする総方針を確定し、国際社会との交流と協力を強化し、中国の情況をまたたくまに一変させた。

1. 改革・開放

農村改革　まず、全国の農村は人民公社制度を廃し〔1982年〕、'農家生産請負制'を実行し〔1970年代末〕、農民はあらためて自分の支配する土地を手に入れ、市場の需給にもとづいて、生産する穀類や経済作物を自由に選択し、収入を増やしたので、生活が改善された。農民は直接選挙で村民委員会を選出し、農村の末端における民主制度を確立した〔1987年11月〕。

　農業は専門化、商品化、社会化の方向へ発展し始め、大量の農民が徐々に農地を離れて町で加工業を営むか、都市に進出したので、新型の中小都市が勃興した。私営企業と郷鎮企業〔農村に立地し、郷・鎮・町など、末端行政組織や農民が所有、経営する企業〕が徐々に強大になり、製品は全国各地、ひいては海外にさえ売りさばかれ、欧米諸国の日用品市場でも'MADE IN CHINA'の日用雑貨を目にすることができるようになった。農民の生活水準は急速に向上した。

⬆改革・開放後、江南の農村が他地区の農村に先駆けて発展。江南の農民の新居

経済特区　まず、1979年8月に広東省と福建省に経済特区が設けられ、外資を導入して工場を設立した。1984年以後、14の港湾都市、および長江デルタ、珠江デルタ、福建省東部、環渤海地区にもあいついで経済解放区が設置され、1988年4月には海南省が経済特区になった。1990年、上海の浦東新区を開発するとともに対外開放した。その後、対外経済開放はたえず拡大されている。これらの経済特

区は各国の商工人を投資、工場の開設、取引に惹き付け、対外開放の窓口をいっそう拡げている。経済封鎖の局面が打破され始め、中国経済は世界経済との連携を強めている。

　大量の建設労働者が全国各地からあいついで経済特区の開発に参加し、深圳、珠海〔ともに広東省南部〕など、かつては辺鄙で立ち遅れていた漁村の小さな町がわずか数年で、高層ビルがそびえ、工場や商店が満ちあふれる近代的な商工業都市に一変し、外資と先進的技術を導入する最前線になった。これらの地区のいたるところで、新たに建てられた大規模な工場を目にすることができ、工場の従業員は全国各地から、ひいては世界各地からさえやって来ており、各国の有名メーカーの看板や広告が林立し、肌の色や言葉を異にする人びとが往き来し、作られる製品は全国各地、世界各地に売りさばかれている。

🔴改革・開放後、広東省の深圳が「経済特区」に指定され、他に先駆けて発展

　改革・開放によって、経済の急成長が促され、国民総生産の増加率は連続10年間、9パーセントに達し、奇蹟をなし遂げた。1990年には、全国の大半の地区で衣食の問題が解決された。

◯ 文化・教育の繁栄

　1971年に大学は入学試験を復活し、それと同時に大学院生の募集を始め、国際的な視野と新しい知識、新しい思想、新しい風格を身に付けた新世代の人材を養成し、専門学科を充実し始めた。1986年、政府は段階的に9年制義務教育（小学校6年、初級中学〔日本の中学校に相当する〕が3年）を実行することを宣布し、職業技術教育の発展に大いに努め、児童の入学率と義務教育の普及率はともに大幅に向上した。

　科学技術事業が急速に発展し、科学技術の領域がたえず拡大し、新興のエレクトロニクス産業、ＩＴ産業、バイオテクノロジー産業が急速に発展し、科学技術の成果を生産力に転化する能力が大幅に強化された。文化・学術研究が空前の活気を呈し、海外文化との交流が日をおって頻繁になっている。大学では、かつては設置されていなかったか、弱体であった財政学、経営学、法学、社会学、新聞学などが、新興の花形学科になった。

　テレビが徐々に都市の家庭に普及し、人びとはテレビを通じて内外のニュースを迅速かつ直観的に理解することができ、たやすくさまざまな新知識を吸収し、文化や娯楽を

享受することができる。新聞・雑誌、出版、文学作品や映画などの創作もいっそう自由になり、内容が日ましに豊富多彩になっている。新世代の映画監督の張芸謀〔1950－　〕の「紅いコーリャン」〔1987年〕、「紅夢」〔1991年〕、「秋菊の物語」〔1992年〕などは、国際的な映画祭で大賞を受賞し、世界の人びとが中国人と中国映画を理解するのに大きな役割を果たしている。

⊃改革・開放後、「希望プロジェクト」を実行し、社会の援助で貧困地区に希望小学校を設立したので、貧困地区の子どもたちが学校で学べるようになった

⊃コンピューターを操作する小学生

⊃1990年12月、上海証券取引所が開業

2. 中国の特色をもつ社会主義

市場経済 　1993年以後、中国の特色をもつ社会主義の道を歩む方針を確立し、社会主義市場経済を全面的に推進し、過去の計画経済にとって代え始めた。近代的な企業制度を樹立し、株式制に改めた国有企業が非常に多く、民営企業がものすごい勢いで発展し、外資企業が激増した。

市場経済体制の確立によって、経済の発展が非常に大きく促され、各地に大小の商工企業がつぎからつぎへと現れ、市場は空前の活気を呈した。1990年から2001年にかけて、国民総生産は持続的に増加し、世界第6位になった。輸出入額も世界第6位になった。

それと同時に、社会の各分野を規範化する一連の法律や法規をあいついで制定し、法秩序の整備をより強化し、人民の民主的権利を保障し、発展させた。市場メカニズムに基づく就業を実行し、養老、医療、失業などの保険と、社会救済などの社会保障制度をいっそう整備した。人びとの生活水準は空前の向上をみせた。

発展と格差 　2005年、1人あたりの国民総生産が1700ドルになり、世界第1の人口大国である中国は自力で生活問題を解決し、世界をいっそう安定させた。2001年12月に世界貿易機関（WTO）に加入したのち、対外貿易が急激に増加し、すでに世界の経済・貿易において重要な役割を果たしている。

しかし、中国経済の発展には、エネルギー消費が多すぎ、科学技術の比重がかなり低いという問題があり、ニューハイテク産業の面では、アメリカ、ヨーロッパ、日本などの先進国と依然としてかなり大きな開きがある。

経済の急成長によって、東部地区と都市の住民の生活水準は大幅に向上し、急速に豊かになった人もおり、ひいては1億元以上の資産を擁し、アジアや世界の富豪ランキングに名を連ねる金持ちさえいる。しかし、都市と農村の格差、東部と西部の格差、富者と貧者の格差もいっそう拡大した。都市や農村には依然としてかなり貧しいグループがおり、社会保障制度もきわめて不健全である。

科学の発展と調和のとれた社会 　2002年以後、中国は'調和のとれた社会主義社会'の構築という施政方針を提起し、経済と社会の調和のとれた全面的発展を強調し、社会主義新農村の建設を推進し、環境の整備と保護を強化し、社会の公平と正義を保障し、民主的権利の保障制度を完備し、調和のとれた文化の建設を強化することを、調和のとれた社会を構築する重要な内容とした。

2006年、全国の農民の農業税を廃し、全国の9億の農民のために一部の農業負担を免除し、中国に2000年余り存続してきた農民が国家に租税や食糧を納付する歴史に終止符を打った。農民は生活の改善のためにより多くの収入を使えるようになった。

　政府はさらに、2007年に農村の小学生と中学生の学費と雑費を全額免除し、貧困家庭の児童・生徒に対して無償で教科書を提供するとともに、寄宿生の生活費を補助することを宣布した。

　都市では最低生活保障制度を実施し、収入の少なすぎる貧困家庭のために最低生活保障金を公布するとともに、就業援助、職業訓練、医療、社会保険など、社会保障制度を強化して、都市の住民の生活を基本的に保障した。2007年から、農村地区でも最低生活保障制度を実施した。

社会生活の激変

　1978年12月の改革・開放以後、30年ちかくにわたる急激な変革と発展によって、人びとの生活は天地を覆すほど一変した。

　各地の都市のインフラ建設はものすごい勢いで発展し、いたるところに高層ビルが林立し、道路を建設し、橋を架け、人びとの住宅がたえず改善され、自家用乗用車が急増した。商業とサービス業が繁栄、発展し、市場に商品が満ちあふれ、人びとの消費水準がたえず上昇し、公共施設も日ましに改善された。小都市の建設がたえず発展し、都市人口が激増した。

　社会階層に新たな変化が出現し、私営企業主、自由職業者などや、コンピューター、商取引、国際ビジネス、外資・合資企業など、新興の業種に従事する都市のホワイトカラー階層が拡大した。都市に進出して働く農民が増えた。海外へ観光旅行に出かけたり、留学したりする人が急増した。

　テレビが都市と農村の家庭に普及し、電話も日ましに普及し、インターネットの利用者は2006年末で総人口の10.5パーセントを占め、人びとはインターネットを通じて世界各地とつながっている。

　人びとの文化生活が豊富多彩になり、いっそう自由かつ開放的になった。文学・芸術、体育、ファッション、化粧などは世界の流行と一体化している。

⬆上海の新華亭路の市場。背後に高層マンションがそびえる

上海の夜景

3. 両岸四地と国際関係

○'一国両制'* と香港、澳門の返還

鄧小平〔1904-1997〕が香港、澳門（マカオ）、および台湾問題の解決策として'一つの国に、二つの制度'を提起したのち、1997年7月1日、中国とイギリスは香港政権の引渡し式典を香港で開催し、中国政府は香港に対する主権を取り戻し、国務院は董建華（とうけんか）〔1937- 〕を香港特別行政区の初代の行政長官に任命した。1999年12月20日、中国・ポルトガル両国政府は澳門の政権引渡し式を催し、中国政府は澳門に対する主権を取り戻し、国務院は何厚鏵（かこうか）〔1954- 〕を澳門特別行政区の初代の行政長官に任命した。

香港と澳門の祖国復帰後、'香港人が香港を治める'、'澳門人が澳門を治める'を実行し、両地の人民は百余年来はじめて自分の家の主人になり、社会が安定し、経済がひきつづき発展している。

⬆1982年9月24日、鄧小平がイギリスのサッチャー首相と会見し、「一国両制」方式で香港問題を解決する構想を明らかにする

○海峡両岸の交流が増加

改革・開放以後、政府は台湾に対する政策の調整を開始し、両岸〔大陸と台湾〕関係を改善した。1979年1月1日、全国人民代表大会常務委員会は「台湾同胞に告げる書」を発表し、台湾問題を解決し、祖国の平和統一を実現する基本方針と政策を提出し、両岸で通郵〔郵便の直通〕、通航〔航空便の直通〕、通商の「三通」、国共両党の対等の話し合いなどを実行するよう呼びかけた。また、国防部は声明を発表し、1958年以来、20年間継続してきた金門・馬祖両島に対する砲撃を停止することを宣布した。

1988年、台湾の指導者の蔣経国〔1910-88〕が死去し、李登輝が政権の座に就くと、台湾の独立を図る「台独」〔台湾独立〕活動を進めた。2000年3月、民進党の陳水扁が政権の座に就くと、ひきつづき「台独」活動を進め、「憲法」の改定を推進し、法制上で「台独」を進めたので、両岸関係は緊張に向かった。2005年3月、第10期人民代表大会第3回大会は「反国家分裂法」を採択し、法律の形で「台独」の分裂活動に反対し祖国の平和統一を促進することを規定した。

陳水扁は、8年間〔2000年3月-2008年3月〕の在任中に、台湾島内で政治運動をたえまなく展開したが、経済が停滞し、人民の生活が改善されず、威信の低下をもたらし

第6編 新中国——模索と発展

た。2008年3月、国民党が台湾の大選〔総統選〕で勝利を勝ち取ると、両岸関係は急速に改善され、高レベルの指導者の往来が頻繁になった。四川大地震〔2008年5月12日〕が発生すると、国民党中央はまっさきに中共中央に電報を送って被災地の民衆に対して心から慰問の意を表し、台湾同胞は惜しむことなく金的、物的な支援に乗り出した。国民党主席の呉伯雄は5月に大陸を訪問し、両岸の互恵互利、共に未来を創造する願望を表明した。

　大陸の開放と経済発展に伴い、ビジネス、就職、進学、観光、親族訪問のために大陸にやって来る台湾住民がますます増えており、両岸の各界の関係者の相互訪問も日をおって頻繁になり、民間交流と経済的なつながりが日ましに緊密になっている。2005年前後には、毎年、のべ400万人の台湾住民が大陸を訪れ、100万人が大陸でビジネスを行い、就職や進学をし、渡り鳥のように大陸と台湾の間を往来している。両岸の直航〔航空機の直行便の就航〕の実現に伴い、往来がいっそう密接になるであろう。

平和外交と国際関係

　2005年、中国は、全世界の190か国余りのうち、160か国余りと外交関係を樹立しており、国際関係は多元的かつ平和的な外交という新しい枠組みを示している。

　中国と欧米諸国との関係はたえず発展している。中国とアメリカの貿易額は、1979年の25億ドルたらずから2005年の2116億ドルに増え、80倍余りになっている。ＥＵは、東方へ拡大したのち、中国の第一の貿易パートナーになり、アメリカは第二のパートナーになった。

　中国と周辺諸国およびアジア、アフリカ、ラテンアメリカの広範な発展途上国との関係は日ましに発展し、2005年には、中国と発展途上国との貿易額は7055億ドルに達し、中国の貿易総額の49.6パーセントを占め、輸出入は基本的に均衡を保っている。

中日関係の発展

　中国と日本は、1972年9月に国交正常化を実現したのち、1978年8月に「中日平和友好条約」を締結した。同年10月、国務院の鄧小平副総理が同条約の批准書交換式に出席するため、新中国の国家指導者としては最初の日本訪問を行った。その後、双方の高レベルの指導者は頻繁に相互訪問を行い、日本の明仁天皇と美智子皇后、および多数の首相が中国を訪問している。

　中国と日本の経済貿易関係は目覚しい発展を遂げた。双方の貿易総額は1972年には10億3800万ドルであったが、1983年には100億ドル余りに増え、2005年には1893億ドルにのぼり、連続7年、歴史上の最高記録を更新し、日本はいまや中国の第三の貿易パー

トナーである。

　中日両国の国際的地位の変化に伴い、双方にともに不適切な情況が出現している。小泉純一郎は首相在任中〔2001年4月－2006年9月〕に、連年、靖国神社に参拝に出かけ、中日の歴史問題を突出させ、両国首脳の相互訪問を中断させた。2006年10月、新任の安倍晋三首相が中国を訪問して「氷を砕く旅」を実現した。その後、中国の温家宝総理の「氷を融かす旅」〔2007年4月〕、日本の福田康夫首相の「春を迎える旅」〔2007年12月〕を経て、2008年5月、中国の胡錦濤主席と福田康夫首相が両国の戦略的互恵関係の全面的発展を推進する共同声明に調印し、両国間の各種の対話メカニズムが展開し、中日関係は新たな歴史的時期を迎えた。

○1978年8月12日、人民大会堂で行われた中日平和友好条約の調印式。園田直日本外相（右）と黄華中国外相

○上海を走るリニアモーターカー

日本から中国への訪問者数
中国から日本への訪問者数

(人)

年	日本から中国への訪問者数	中国から日本への訪問者数
2001	2,385,700	444,441
2002	2,925,553	527,796
2003	2,254,800	537,700
2004	3,334,255	741,659
2005	3,389,976	780,924
2006	3,745,881	980,424

※法務省入国管理局、中国国家観光局ウェブサイトより作成

変貌を遂げる上海

第2部 中国と日本の文化交流

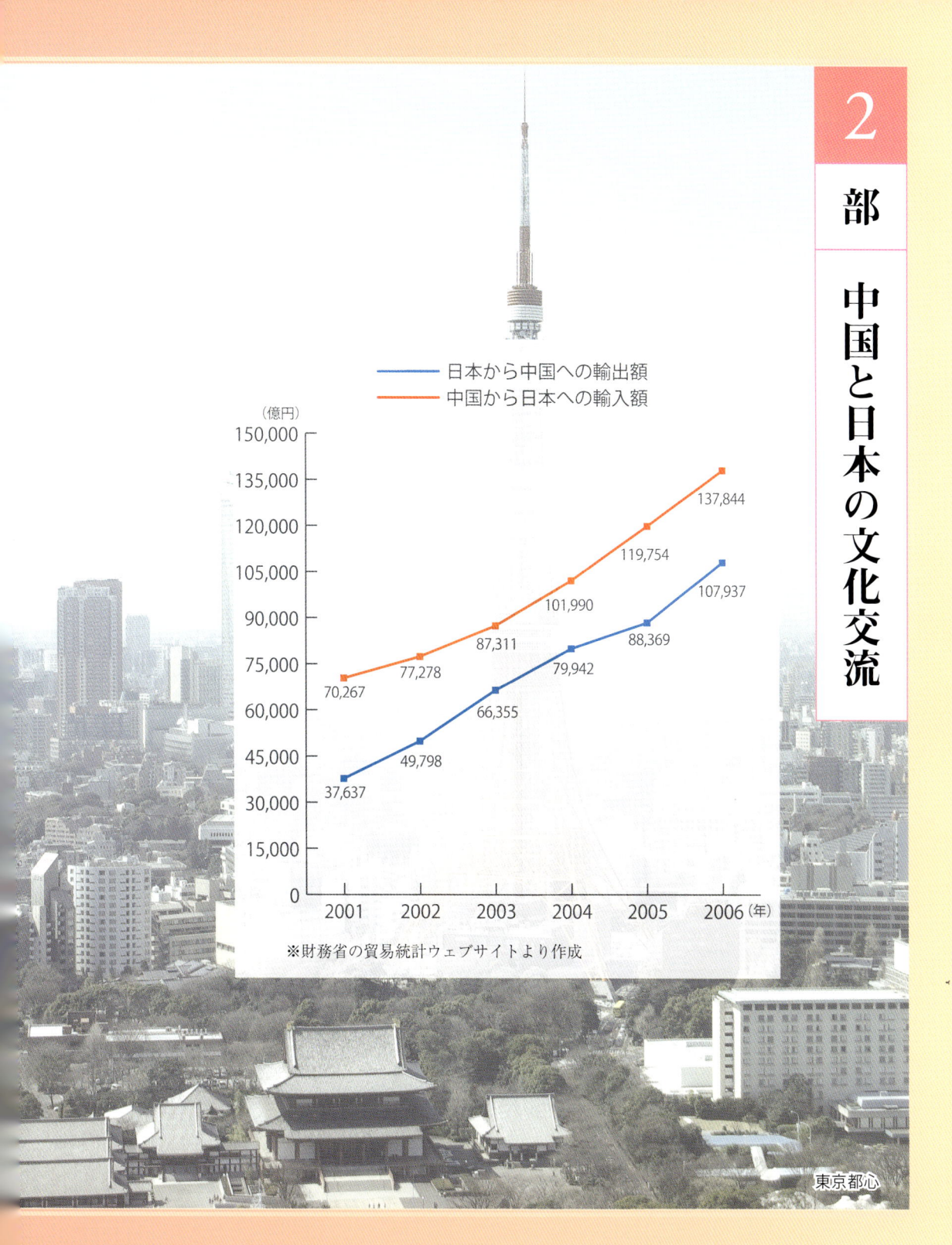

（億円）

― 日本から中国への輸出額
― 中国から日本への輸入額

年	日本から中国への輸出額	中国から日本への輸入額
2001	37,637	70,267
2002	49,798	77,278
2003	66,355	87,311
2004	79,942	101,990
2005	88,369	119,754
2006	107,937	137,844

※財務省の貿易統計ウェブサイトより作成

東京都心

1. 古代の交通

　中国の歴代の史書には、日本に関する記述が豊富である。後漢代の王充〔27-97?〕の『論衡』〔の「異虚」、「儒増」、「恢国」〕に記載されている最初の交流は、前1000年以前の周の成王の時期のことであり、あまり正確でない可能性がある。しかし、前5-前3世紀にほぼ完成した中国最古の地理書である『山海経』〔の「海内北経」〕の日本に関する記述は、かなり事実に符合している。当時の中国人は戦乱を避けるために東北へ移住し、徐々に朝鮮半島に進出した。漢の武帝〔前141-前87〕のとき、中国は経済が発展し、空前の繁栄を迎え、領土も非常に広大であった。西方とは有名な'シルクロード'を通じて往来し、東方の朝鮮半島には楽浪など4郡を設置し、日本との交流も密接になり始めた。朝鮮半島の南部と日本の九州は海で隔てられているが、秦代の航海術はすでにかなり発達していて、大船に乗って朝鮮半島から九州北部に渡り、さらに近畿に移動することができた。これは非常に長い道程であり、西方の'シルクロード'と比肩しうる国際的なルートであったともいえる。九州における日本古代の'縄紋文化'末期と'弥生文化'の遺跡からの出土品には、中国の農耕文化の影響を見て取ることができる。日本の考古学者は、水稲栽培の技術、青銅製や鉄製の道具の精錬と製造の技術はいずれもこのようにして日本に伝えられたと見なしている。

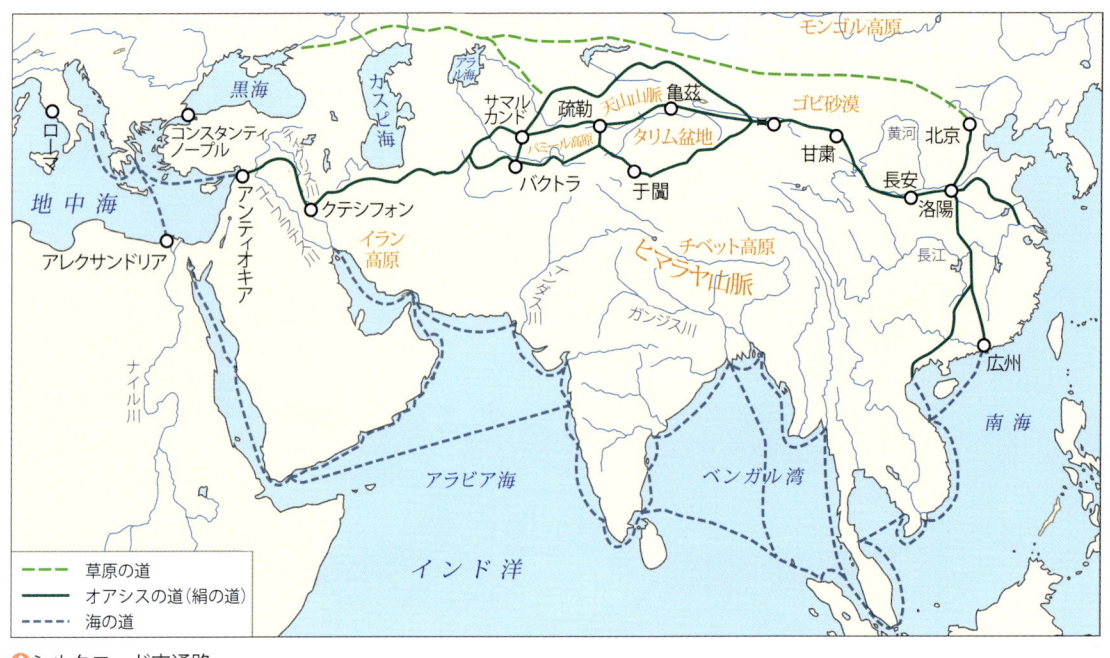

⬆ シルクロード交通路

南北朝時代の范曄〔398－446〕の著した『後漢書』「東夷伝」の'倭'の条に、当時の日本列島には百余りの倭人の国家があり、そのうちの奴国（57年）と伊都国（107年）の使節が後漢朝の首都の洛陽をやって来、中国の皇帝が印綬を下賜したとある。西晋代の陳寿〔233－297〕の『三国志』「魏志」の「東夷伝」の'倭人'の条には、3世紀の30－40年代に、魏朝が邪馬台国が5回にわたって派遣してきた使節をもてなすとともに、日本に2回にわたって使節を派遣し、記念品を贈り、詔書を発し、友好関係を樹立したことが書かれている。

　東京の上野公園には王仁博士の記念碑があるが、これは3世紀に漢文の書籍を日本にもたらした中国〔漢の高祖の末裔と伝えられている百済出身の渡来人〕の学者の王仁を記念するもので、当時はまさに応神天皇の在位中であった。王仁は『論語』10巻、『千字文』1巻を日本にもたらすとともに、皇太子の師傅にも任じられた。

　東晋代から隋代にかけては戦乱がかなり頻繁であった時期で、正史には日本に関することはあまり記されていないが、実際には往来が継続されていた。日本の古書には、中国大陸からやって来た'帰化人'〔渡来人〕についての記述があり、この時期の両国人の交流の証でもある。漢字が日本に伝えられたのは、'帰化人'と直接の関係がある。日本が漢字を使用するようになったことは、両国の政治と文化の交流にきわめて重要な意義を有している。日本の文字が形成されるまえは、漢字がずっと主要な記録文字であり、『古事記』、『日本書紀』など、日本の古籍はいずれも漢字で書かれているのである。

⇧上野公園にある王仁博士の記念碑（東京都台東区）

第2部　中国と日本の文化交流

2. 徐福の伝説

　中国と日本の史書には、徐福に関する記述が少なくない。2200年余りまえ、徐福は秦の始皇帝*〔在位前247－前210〕の命令を奉じ、たびたび数千人の童男童女と有能な工匠（千童百工と称する）を率い、'蓬莱の神仙'の長生不老の薬を求めて海上に繰り出した。そのような仙薬を見つけられなかったので、最後は到達した澶（亶）洲に留まったが、澶洲とは日本にほかならない。

　中国東部の沿海には、徐福伝説に関する遺跡が少なくない。山東省の龍口市には徐福と関係のある村が20余りあり、河北省塩山県の千童城は、言い伝えによれば、徐福が千童を集めて船出したところであり、江蘇省の海洲湾一帯でも製鉄と造船の秦代の遺跡が発見されている。

　日本には、徐福に関する伝説や記述が非常に多い。徐福の上陸地と見なされているところが20か所余りもある。たとえば、九州の佐賀県伊万里港の畑津、波多津町、博多などの地名の発音は、いずれも'秦'と関係があり、鹿児島の平浦、和歌山県新宮市などには徐福の上陸地点を示す標識がある。日本には徐福の伝説と関係のある遺跡が数百か所もある。たとえば、九州北部の佐賀県武雄市、本州中部の和歌山県、本州北部の青森県には蓬莱山があり、高知県佐川町、和歌山県新宮市などには徐福の顕彰碑があり、紀伊半島の三重県熊野市には徐福墓、徐福祠、徐福宮があり、秋田県男鹿市には徐福塚がある。

　徐福を先聖として崇拝し、'司農神'、'司薬神'として尊び、いまなお徐福を記念する祭日が残っている地方が少なくない。たとえば、佐賀県佐賀市の金立神社は4柱の祭神のうち1柱が徐福で、氏子は毎年'初穂'を献上するとともに、50年ごとに大規模な徐福大祭を催している（最近は1980年）。そのほか、和歌山県新宮市の'徐福供養祭'、'神馬渡御式'、三重県熊野市の'徐福万燈祭'、'徐福祭'などにはいずれも特色がある。徐福伝説を稲作文化東渡の象徴と見なす学者もいるし、さらに徐福を日本建国史上有名な神武天皇と見なす学者さえいる。

　徐福が日本に赴いた事情は、歴史資料による充分な裏づけが必要であるけれども、現存する多数の伝説は、中日両国は前200年以前から交流していたことを物語っている。

⬆ 和歌山県新宮市の阿須賀神社近くに建つ、徐福の上陸地記念碑

和歌山県新宮市の徐福公園

第2部　中国と日本の文化交流

3. 金印の証明

　中国は、漢代から朝鮮半島を通じて日本と交流を始め、中国の文献では九州一帯を'倭奴国'とよんでいる。南北朝時代の范曄〔398－446〕の『後漢書』「東夷伝」の'倭'の条に、57年春、'倭の奴国王が遣使して貢物を奉り朝賀した。使者は大夫と自称した。奴国は倭の最南端の国である。光武帝〔在位25－57〕は奴国王に印綬を与えた'とある。

　1784年（日本の天明4年）春、福岡市の志賀島で後漢の光武帝が57年に奴国に与えた蛇鈕金印が出土した。2.4センチ四方の蛇形の印鈕で、'漢委奴国王'という5つの篆字が陰刻されている。日本の歴史学者は、漢朝が夷王に授与する印章の規定にかなっていると見なし、光武帝が奴国の国王に与えた金印にほかならないと断定しているが、疑問を呈する歴史学者もいる。しかし、第二次大戦後、中国の考古学者は、雲南省の寧西漢墓で漢の武帝〔在位前141－87〕が滇国の国王に下賜した金印を発見しているし、1981年には揚州地区で後漢の光武帝が58年に息子の広陵王劉荊に与えた金璽'広陵王空'を発見している。この3個の金印の外形、鈕形、印高、重量、篆刻技法などに対する比較研究を通じて、'漢委奴国王'金印がたしかに後漢の光武帝が与えたものであることが証明され、200年ちかくにわたる'漢委奴国王'金印の真偽をめぐる論争に終止符が打たれた。

　福岡県春日市岡本4丁目で出土した鉄剣も、人びとの注目を集めている。日本の考古学者の鑑定によれば、この古剣は前1－2世紀に中国で作られたものである。ということは、日本列島の倭人は青銅器を使うのと同時に鉄製の道具をも使用していたことを意味する。金属の道具を使う面で青銅器と鉄器が同時に発展したのは、中国との交流と密接なつながりがあることは明らかである。

　南北朝時代の范曄の『後漢書』によれば、奴国と後漢朝が57年に国交を樹立した半世

⬆志賀島（福岡県福岡市）で出土した「漢委奴国王」と刻まれた金印　福岡市博物館蔵

第2部　中国と日本の文化交流

紀後〔107年〕に、北九州の別の倭人国家である伊都国も使者を洛陽に派遣してきて、後漢朝と外交関係を樹立した。

伊都国は、福岡県の糸島半島一帯にあった。その一帯には、弥生時代の伊都国の遺跡が数多く分布しているが、それらの遺跡では多数の鉄器が発見されており、それらのなかに日本の考古学者が1世紀前後の後漢代のものと推定している素環刀がある。これほど多くの中国の鉄器は、それらの遺跡の住人が中国に行ったことのある可能性があるか、中国と貿易関係を有していた可能性があることを物語っている。そのほか、古墓からは非常に珍しい漢代の'内行花紋鏡'も出土している。

『後漢書』が単独で伊都国を表示していることは、倭人国家における伊都国の影響力を物語っている。政治的影響力を具えている北九州の国家が奴国から伊都国へ変化したことは、客観的には日本列島の倭人国家におけるある種の発展を示している。

⬆須玖岡本遺跡（福岡県春日市）から出土した弥生時代後期の中広形銅矛（写真提供：春日市教育委員会）

⬆平原（ひらばる）遺跡（福岡県前原市）出土の日本最大の銅鏡「内行花文鏡」。文化庁保管（写真提供：伊都国歴史博物館）

第2部　中国と日本の文化交流

4. 遣唐使

　隋代に、日本の推古朝〔593－628年〕が中国に使節団を派遣してきた。当時は聖徳太子〔574－622〕が摂政で、600年、607年、608年、614年の4回にわたって隋朝に使節を派遣してきたが、中間の2回の使者は小野妹子であった。隋朝も使臣の裴世清を日本に派遣した。聖徳太子の狙いは仏教の経典を手に入れ、仏教の普及を促し、中国の文化と法令や制度を吸収することにあった。それゆえ、使者のほかに、留学生と留学僧が随伴していた。選ばれて派遣された者の多くは、渡来人の末裔で、学ぶのに有利であり、30年余りも中国に留まることもあった。たとえば、南淵請安、高向玄理〔？－654〕、僧旻〔？－653〕らは、帰国後、645年の大化の改新に重要な役割を果たした。

　唐代には、中国と日本の友好往来と文化交流は空前の繁栄を迎えた。当時、日本社会はまさに奴隷制が崩壊し、封建制が確立、強化される段階にあった。大化の改新後、中国を模範とし、隋・唐朝政権の形式にもとづいて、新たな制度を樹立した。この時期、日本全国で上下ともに中国文化をきわめて積極的に吸収し、たえず大量の人びとを中国に派遣して学ばせ、唐朝の繁栄を心から称賛していたので、唐朝に派遣される使者、留学生、留学僧が非常に多かった。

　当時、怒濤が逆巻く大海を横断するのは、容易なことではなかった。船は、暴風雨のためにつねに転覆したり、台湾、ひいてはベトナムなど非常に遠方まで流されたりした。しかし、大海や暴風雨も中日間の友好往来を阻むことはできなかった。631年、日本は留学生と留学僧からなる第1回'遣唐使'を派遣してきた。その後、あわせて19回にわたって遣唐使を派遣してきた。当初は毎回200人前後であったが、8世紀初めから、人数が大幅に増えた。たとえば、717年、733年、838年に派遣してきた遣唐使の規模は、いずれも550人以上であった。唐朝も遣日使を10回も派遣した。

　遣唐使の船隊は難波津を出ると、瀬戸内海を航行し、九州北部から大海を横断し始めた。初期の航路は北方へ向かって朝鮮半島に至り、

⬆遣唐使船（模型）　兵庫県立歴史博物館蔵

渤海を経て山東の北部に上陸した。その後、直接、東海〔東中国海〕を西方へ横断し、揚州か明州（現在の浙江省寧波市）に上陸した。

　遣唐使は、中国に到達すると、地元の人びとに歓迎され、鄭重な接待を受けた。地元の政府は交通の便宜を図り、首都の長安（現在の陝西省西安市）に送った。唐朝の皇帝はつねにみずから一行を接見し、ときには特別な歓迎の意を示し、絵師に大使の像を描かせて記念にすることもあった。

　使節に従ってやって来た留学生の大半は唐朝の最高学府である国子監で学び、ついで中国政府の機関で働くこともできた。学びにやって来た留学僧も名刹、大寺に赴き、師を拝して教えを乞い、中国文化の熱心な伝播者になった。遣唐使の船隊が日本へ帰るときには、中国政府もつねに中国の使者を任命して随伴させ、答礼訪問を行った。遣唐使の一行は中国の文物、書籍、金属製の日用雑貨を大量に持ち帰ったばかりか、中国の文学、宗教、法令や制度などをも日本に'根づかせ発芽させた'。

⬆吉備真備公園（岡山県小田郡矢掛町）にある吉備真備像

　1970年に西安で発見された日本の銀貨は、遣唐使がもたらした可能性がある。奈良の東大寺の正倉院所蔵の唐代の楽器、屏風、銅鏡、大刀など貴重な文物には、遣唐使が持ち帰ったものもある。中国に派遣された留学生は日本の政治や文化に非常に大きく貢献したが、吉備真備〔693－775〕はその典型である。吉備真備は原名を下道真吉備といい、遣唐使に従って中国にやって来たのち、西安で17年間学び、帰国するときに『唐礼』全130巻、『太衍暦立成』全12巻、『楽書要録』全10巻などを含む、大量の書物を持ち帰った。のちに、聖武天皇〔701－756、在位724－749〕から大学助に任じられ、のちに大納言、ついで右大臣に昇格し、朝政をつかさどり、それらの書物は中日の文化交流に重要な役割を果たした。

岡山県倉敷市のまきび公園にある吉備真備の顕彰碑

172　第2部　中国と日本の文化交流

5. 文化交流の立役者（一）

　鑑真〔688-763〕は、唐代に日本に赴いて戒律〔防非止悪の制禁〕を伝え、日本の律宗〔日本仏教の13宗の一つで、戒律の実践、躬行を成仏の因とする〕を創始した高僧である。

　鑑真は688年に揚州の江陽県〔現在の江蘇省揚州市広陵区〕に生まれ、俗姓を淳于といい、14歳で出家して沙彌となり、名師の薫陶を受け、数年で三蔵〔経蔵（仏陀一代の教説の集成）、律蔵（釈尊の定めた戒律を収めた教典）、論蔵（法と義を論述した聖賢の所説の集成）〕の教法に精通し、ついで律学を研鑽し、46歳のときにすでに修得して名をなし、長安〔現在の陝西省西安市〕から揚州に戻り、前後10年間、江淮地区〔長江以北、淮河以南の地域〕で律を講じ戒を伝えることに努め、名声が遠くまで伝わり、道岸〔654-717〕の亡きあと、江淮で並ぶ者のいない律学の大師になった。北宋代の賛寧〔919-1001〕の『宋高僧伝』によれば、それぞれの地方で布教する有名な弟子が35人いて、ともに師の教えを弘めた。同時に、多数の寺院を建立し、多数の仏像を作り、三部の大蔵経を書写し、孤児、貧者、病人などを救済する社会事業を興すとともに、みずから病人のために薬物を煎じ、調合した。長期にわたってこれらの事業を進めるなかで、文化面におけるさまざまな成果を掌握し、実際の指導経験を少なからず蓄積し、専門の造詣を有する技術者を養成した。その結果、のちに日本に東渡するための有利な条件がととのうことになった。

　742年、日本の留学僧の栄叡〔？～749〕、普照らが鑑真を訪れ、東渡して戒律を伝えるよう懇請した。鑑真は招請を受け容れて東渡を決意したのち、その年の冬に造船やその他の準備にかかったが、翌年の春、期日を定めて出発するまえに、誣告されて挫折した。743年12月、船に乗って東方へ向かい、狼溝浦に至ったが、悪風激浪のために難破し、2度目の挫折をこうむった。鑑真と随行者は冷たい海を渡って上陸し、苦難に満ちた努力のすえ、744年初春、またもや挫折した。その後、越州〔現在の浙江省紹興市〕の弟子が鑑真が出国してしまうのが惜しくてたまらず、州官に日本の留学僧を告発したので、鑑真は厳重な監視のもと揚州の本寺に押送され、東渡の計画は4度目の挫折をこうむった。

　748年春、すでに60歳になっていたが、鑑真は依然として信心に満ちあふれ、またもや東渡の準備にかかり、743年と同じように、情熱的に船を造り、さまざまなものの手配をした。揚州の12人の出家と居士、日本の留学僧の栄叡と普照、水夫18人、および喜んで随行する者を合わせて35人が、6月27日に揚州から出発し、常州の境界の狼山に至

鑑真記念館（鹿児島県南さつま市）にある鑑真上陸記念碑（写真提供：山口君男）

ると風浪にあい、ついで越州の境界の三塔山と暑風山に至ってそれぞれ1か月づつ停泊した。10月、ふたたび出航したが、まもなく暴風雨に襲われ、海上を14日間漂流し、無数の危険を経たすえ、海南島の振州（現在の三亜市）に漂着した。揚州に戻ったのは750年で、栄叡は病死し、普照は暇乞いをし、鑑真は不意に眼病を患い、ついに失明するにいたった。

753年10月、日本の遣唐大使の藤原清河、副使の大伴胡麿〔大伴古麻呂、大伴胡麻呂、大伴古万呂、大伴胡満ともいった〕、吉備真備〔693－775〕、阿倍仲麻呂〔698－770〕らが揚州にやって来て、ふたたび65歳の鑑真に東渡して戒律を伝えてくれるよう要請した。鑑真は毅然として承諾し、遣唐使船に乗って出発した。中国各地の寺院の10人余りの僧侶が同行し、大量の経典、仏像、法物を携行した。11月15日に揚州を出発し、翌年2月1日に難波（現在の大阪）に到着し、伝燈大法師の尊号を授けられ、東大寺に戒壇を設け、日本の仏教に正規の戒律を伝えた。

757年、孝謙天皇〔在位748－758〕が奈良の故新田部親王の旧宅を伽藍を建立するために鑑真に与えた。鑑真は同地に日本の律宗の本山である'唐招提寺'を建立し、それ以後、唐招提寺で律を講じ戒を伝え、日本の朝野から心から尊敬された。鑑真は日本に到着したときにすでに両目とも失明していたが、三蔵に精通し、しかも記憶力が非常によかった。760年、淳仁天皇〔在位758－764〕が東大寺に一切経論を照合訂正するよう命じた。中国から日本に伝えられた経論は、つぎつぎに書写していくうちに、誤字が少なからず生じていたので、鑑真の記憶と理解に頼って照合訂正したのである。鑑真は医学にも通じ、本草に詳しかったので、日本の医薬界は始祖として奉っている。日本の史書によれば、当時の日本人は薬物についてわからないことがあると、鑑真に是非を正すよう要請し、鑑真は鼻で弁別したが、一つも誤らなかった。藤原佐世〔？－898〕の『日本国見在書目録』に記されている『鑑上人秘方』1巻は、鑑真が日本の医学に残した貴重な遺産である。

鑑真は763年5月6日に唐招提寺で76歳で入滅した。遺体は荼毘に付されたのち、同寺の北東隅の松林のなかに葬られた。生前に、弟子たちが作った夾紵坐像〔鑑真和上像〕は、いまなお山内の開山堂に供奉されており、日本の国宝に指定されている。唐招提寺には、さらに淡海三船〔722－785〕の『鑑真過海大師東征伝』に基づいて鎌倉時代に蓮行が描いた『東征絵伝』全5巻も蔵されている。

6. 文化交流の立役者（二）

　'遣唐使'に従って中国にやって来た留学生の大半は唐朝の最高学府である国子監で学び、しかるのちに中国の政府で働くことができた。そして、学びにやって来た留学僧は、名利や大寺に派遣され、師を拝して教えを乞うた。両者は中国文化の熱心な伝播者になった。

　717年、16歳の若い留学生の阿倍仲麻呂〔698－770〕は、500人の遣唐使の一行に従って中国にやって来て、高等学府の'太学'で5－6年間苦学したすえ、'太学'を卒業した東方や西方からの多数の留学生とともに科挙〔高級官吏登用試験〕を受験した。科挙は非常に難しかったが、意外にも優秀な成績で合格して進士になった。それ以来、唐朝で官職を歴任し、のちに皇帝の侍従を担当する左補闕になり、玄宗〔在位712－756〕から晁衡という中国名を与えられた。

　晁衡は李白〔701－762〕、杜甫〔712－770〕、儲光羲〔707－760?〕ら、多くの人と深く厚い友情で結ばれていた。これらの人びととはいつも詩歌を唱和し、感動的な佳作を数多く残している。ほとんど気づかないうちに、晁衡は中国で40年過ごしていた。長年心中に深く蔵していた望郷の念を抑えることができず、何回も帰国させてくれるよう願い出たすえ、最終的に、玄宗は753年に第10回遣唐使〔藤原清河〕の帰国を護送する使者として日本に帰ることを承諾した。

　晁衡の帰国の消息が伝わると、長安〔現在の陝西省長安市〕の詩友が盛大な送別の宴を催した。王維〔699－761〕は即席で、「秘書晁監の日本国に還るを送る」を詠じた。50歳の晁衡は愛用の宝剣を中国の詩友に贈り、賦詩をも揮毫した。

⬆阿倍仲麻呂の歌碑（中国・江蘇省鎮江市郊外の北固山）
（安井史郎〔高野山高校教諭〕撮影）

　　命を銜みて将に国を辞さんとす、非才侍臣を忝くす。
　　天中に明主を留め、海外に慈親を憶う。
　　……
　　西を望みて懐かしく思う日、東に帰りて義を感ずる辰。
　　平生の一宝剣、留め贈りて人と交わりを結ばん。

❶李白

　その年の10月、晁衡らは4艘の帆船に乗り、蘇州の黄泗浦を出航し、日本に向かった。その船隊には揚州の延光寺の鑑真〔688-763〕の一行も同乗していた。65歳のこの高僧は11年前に日本の友人の要請を受け容れ、日本に東渡して学を講ずる決意を固め、すでに5回弟子を率いて渡海を試みたが、風浪に阻まれ、成功しなかった。今回は鑑真にとって6度目の出航であった。不幸にも、船隊は途中で大暴風にぶつかり、ちりぢりになってしまった。鑑真の乗っていた船とその他の2艘の船はそれぞれ日本に到達したが、晁衡の乗っていた船は行方不明になった。翌年3月になっても依然として杳として消息がなかった。晁衡の遭難が唐朝に伝えられると、南方を漫遊していた李白は非常につらくなり、「晁卿衡を哭す」を作り、

　　日本の晁卿　帝都を辞し、征帆一片　蓬壺を繞る。
　　明月帰らず　碧海に沈み、白雲愁色　蒼梧に満つ。

と、詩友の晁衡に対する悲しい思念の情を詠じている。

　しかしながら、幸いなことに、晁衡らの乗っていた船は沈没せず、安南（現在のベトナム）の海岸に漂着した。755年、晁衡をはじめ、幸いにも生き残った10人余りは困難と危険をなめ尽くして長安に戻った。その後、晁衡は唐朝の中央と地方の官職を歴任し、770年1月、73歳で長安で世を去った。

7. 宋代の交流

　宋代には、中国と日本は外交関係を樹立しなかったが、貿易関係は中断しなかった。宋朝は外航の経験が豊富で、巨大かつ堅固な船を有していたので、日本との政府間貿易と民間貿易をともにきわめて重視していた。1073年、北宋の商人は、当時の日本の貴族に、華麗な絹織物、各種の香料、文房用品をもたらして歓迎された。

　北宋代の160年余りのあいだに、北宋の商船は日本におおよそ70回赴き、その多くは博多湾に入港した。大宰府が通事を派遣して検査したのち太政官に報告し、太政官の承認を得たのち取引を行うことができた。北宋の商船が日本にもたらしたものは、ふつう絹織物（錦、綾など）、磁器、薬剤、香料、書籍、文房具などで、日本からは砂金、水銀、硫黄、木材、工芸品などを買い入れた。金銀、水晶、玉で作った工芸品や、扇子、刀などは、宋の人びとに歓迎され、精緻な日本刀は一振りが'百金'もした。

　対日貿易は非常に大きな利益をもたらしたので、日本に赴く宋の商船は日をおって増えた。保元の乱〔1156年〕と平治の乱〔1159年〕を平定すると、平清盛〔1118－81〕はその軍功によって朝廷の権力を掌握し、みずから宋との貿易を取り仕切り、日本の商船が自由に海に出ていくのを許すとともに、日本の商船を北宋に派遣して銅貨と交換させた。平家ののちの鎌倉幕府も宋との貿易を熱望し、日本の商船も年をおって増加し、砂金を満載して中国にやって来て銅貨と交換する日本の商船が少なくなかった。銅貨の流出があまりにも多かったので、宋朝は鎌倉幕府に海に出る商船を減らすよう要求した。鎌倉幕府は宋に赴く船は1年に5艘をこえてはならないと定めたが、実際には管理のしようがなく、中日を往来する双方の商船の往来は依然として絶えることがなかった。

　宋と日本との商船貿易によって、両国の政府間の往来も促された。1013年、北宋朝は商船を通じて三条天皇〔在位1011－16〕に公文書と贈りものを送り、1026年、日本の朝廷〔後一条天皇。在位1016－36〕は商船で使者を送って宋朝に贈りものを献上した。1073年、北宋の神宗〔在位1067－85〕は白河天皇〔在位1072－86〕に書簡を送るとともに、『金泥法華経』などを贈り、1078年、北宋朝から大宰府令の藤原経平〔1014－91〕への贈りもの、1078年と1082年の日本の答礼品などは、ともに商船を通じて行われた。鎌倉幕府のとき、

❶日本にもたらされた宋銭（大観通寳）

貿易のために日本に赴いた南宋の商人は、つねに将軍の接見を受けた。

○日宋貿易の拠点となった大輪田泊にちなんで名づけられた大輪田橋（兵庫県神戸市）

○大輪田橋近くの清盛塚

8. 元朝による日本征討

　13世紀に、チンギスカン〔1162－1227〕はユーラシア大陸にまたがるモンゴル大帝国を築き上げ、多数の国家と国交を樹立したが、日本とは海で隔てられていた。1266年、世祖クビライ〔在位1260－94〕は使者を日本に派遣して国書を送り、日本に朝鮮の高麗朝にならって元朝と友好的な通商をするよう要求した。日本は元朝に疑念を抱き、遅々として返信を送らなかったので、クビライは1270年にふたたび趙良弼〔1217－86〕を使者として日本に派遣した。日本は依然として元朝と友好関係を結ぶ意思がなく、しかも元朝の圧力に極度の不安を抱いた。そのため、趙良弼は博多湾に上陸後、京に入ることができず、大宰府に留められ、1年後に送り返された。1273年、趙良弼が大宰府にやって来て国書を将軍に手渡すことを要求したが、やはり拒絶され、やむをえず帰国したのち、日本に軍隊を差し向けるべきではないと進言したが、クビライは採り入れなかった。

　1274年、クビライは高麗王に900艘（大、中、小をそれぞれ300艘）の造船を命じ、3万人余りの兵を派遣して日本征討の元軍を結成し、10月に対馬を占領し、博多湾への進攻を開始した。当時、武器と装備は元軍のほうが優勢を占め、しかも鉄砲を有していたが、日本軍は組織が体系だっておらず、武力が弱小であったけれども、一騎打ちでは勇猛果敢であった。20日間にわたる激戦のすえ、形勢はもともと元軍に有利であったのに、元軍は判断を誤った。とりわけ、その夜、暴風雨が襲来し、元軍は地形を熟知しておらず多数の船が座礁したので、統帥の忻都が連夜軍を率い雨を冒して撤退し、翌日、戦争に終止符が打たれた〔文永の役〕。

　鎌倉幕府と天皇は、元軍が暴風雨に襲われて撤退したことを知ると、神佑のおかげだと見なし、神に祈る運動を巻き起こし、一方で神霊の加護に感謝し、他方で元軍がふたたびやって来ないよう祈った。

　忻都は軍を率いて撤退したが、クビライには日本軍を打ち負かしたと報告した。1275年、クビライはふたたび使者を日本に派遣して友好往来を求めた。しか

⬆生の松原（福岡市西区）に保存されている元寇防塁

第2部　中国と日本の文化交流

↑「蒙古襲来絵詞」に描かれた防塁　九州大学附属図書館蔵（模本）

し、鎌倉幕府の権力を掌握していた執権の北条時宗〔在任1268－84〕は頑迷で人の意見を聴かず、元朝の使者ら30人余りを殺害した。そのため、クビライは1281年5月にふたたび派兵して日本を征討しようとした。日本軍は元軍と激戦を展開し、戦闘は2か月余り続いたものの、勝敗が決しなかった。8月に入ると、台風がふたたび襲来し、元軍は大きな被害を受けた。鎌倉幕府はやはり勝利をかち取った原因を神佑に帰した〔弘安の役〕。

　クビライは、2度にわたって日本の征討に失敗した教訓に鑑みて、台風に耐えられる堅固な大船を建造し、海戦の将兵を訓練するよう命じ、3回目の征討を計画した。しかし、大規模な造船と大量の徴兵によって、民衆が安心して暮らせなくなったので、民衆の反抗を引き起こし、クビライは1294年に死亡し、日本に対する征討は実現できなかった。その後、元朝の実力は徐々に衰退し、日本を征討する力はなくなった。

↑1275年に日本の降伏を求めて元からやって来て殺された杜世忠ら元使5人を葬った（伝）元使塚が常立寺（神奈川県鎌倉市）にある

9. 朱舜水と日本文化

　朱舜水（1600-82）は17世紀に活躍した儒学者で、経世致用〔世の中を治めるのに役立つ〕を学問研究の根本とするよう主張し、社会と民生に関心を寄せ、しかも'君はこれを誠にするにおいてを貴しとなす'という中国史上の公正剛直な知識人の優れた伝統を引き継いでいた。明代末期の乱世に身を置き、憂国憂民の心情から、田園に隠棲して官になろうとはしなかった。しかし、国家民族の命運のために、勇を奮って自己を犠牲にした。

　清軍が山海関〔現在の河北省秦皇島市の北東部〕から中原〔長江の中・下流域一帯〕に攻め入ると、朱舜水は清朝に反対する隊列に加わった。そのときすでに50歳をこえていたが、何回も中国と日本の間を往来し、日本から兵を借りて明朝を復活させようとした。日本の徳川幕府はさまざまな配慮から、兵を借りる要求を拒絶した。朱舜水はベトナムに遊説するしかなかったが、同じように成功しなかった。一連の反抗が失敗に終わったのち、60歳の朱舜水は日本に東渡することを決意した。

　朱舜水が日本に亡命してきた〔1659年〕のは、まさに徳川幕府が鎖国をしていたときで、中国人が長期に滞在するのを許さなかった。しかし、柳川藩士で儒者の安東省庵〔1622-1701〕が早くから朱舜水の学問と生き方を尊敬していて、長崎奉行に上書したので、慣例を破って日本に留まることを許された。それ以来、日本に住んで儒学を講じ、83歳で亡くなった。

　朱舜水が長崎にやって来た直後に、安東省庵は9回にわたって訪れて師として拝し、日本における最初の弟子になった。恩師の生活が窮乏していたとき、非常にわずかな俸禄の半ばを進呈していた。朱舜水の住まいが大火で焼けると、危篤に瀕していた姉妹を残して長崎に赴き、恩師のために新居を新築した。朱舜水もこの異郷の高弟に感激してやまず、特に軽がるしく人に与えない'知己'の2字を与えた。

朱舜水が設計したとされる小石川後楽園（東京都文京区）の円月橋

⬆東京大学農学部正門前にある「朱舜水先生終焉之地」の碑（東京都文京区）

第2部　中国と日本の文化交流

前後23年間にわたって、中国の儒学の普及に努め、無数の日本の儒学者を育て上げ、日本人から日本の孔夫子〔孔子〕と尊称されている。中日両国の千年の友好のために、日本の文運の隆盛のために、堅固な基礎を築いたのである。

　徳川光圀〔みつくに〕〔1628－1700〕、安東省庵、伊藤維楨〔いとうこれただ〕、山鹿素行〔やまがそこう〕〔1622－85〕など、日本の朱子学、古学、水戸学の高名な学者は、いずれも朱舜水の思想と密接な関係がある。いずれも書問筆談して学問を切磋したり、うやうやしく訪ね師として拝して教え受けたりした。名を四方にとどろかせた安積覚（安積澹泊〔あさかたんぱく〕。1656－1737）は幼いときに朱舜水を師として拝した。朱舜水は徳川光圀が『大日本史』を編纂するのに手を貸し、'周王を尊び、諸侯を退け、夷狄を外にする''春秋'の思想を意を尽くしてきわだたせた。その思想がのちに演繹されて尊皇攘夷、倒幕維新を促すことになり、明治維新〔1868年〕と近代化の原動力の一つになった。

　1982年５月、日中文化交流協会は朱舜水逝世300周年を記念して、浙江省余姚市の龍泉山に朱舜水先生記念碑を建立した。

🔶舜水祠堂跡の近くに建てられた朱舜水の像
（茨城県水戸市）

第２部　中国と日本の文化交流

10. 近代における文化交流の先駆者

　日本は徳川時代に鎖国政策を実行したので、日本人は無断で船に乗って外国に行くことができなかった。しかし、近海で漁撈や輸送に従事する船は暴風雨に抵抗することができず、異国に吹き飛ばされてしまった日本の'漂流民'もいた。江戸時代だけでも、文献に記録されている'漂流民'の事件は100回余りもあり、そのうちの半数ちかくは中国大陸と台湾に漂着した。

　客人としてもてなされたばかりか、風土人情を調査し、ひいては中国の名山大川の味わいを感じ取りさえした'漂流民'が少なくなかった。それらの'漂流民'の中国における体験は外国事情がわからない徳川幕府にとってはきわめて貴重で、漂流記として記録されていることが多く、中日文化交流の重要資料であり、いまなお日本の書物で目にすることができる。たとえば、1850年にアメリカに漂着した'栄力丸'は翌年香港に送り返され、1853年初めに転々と北上して上海に到達した。当時、小刀会の蜂起*〔1853年〕が上海で勃発し、ついで太平天国運動〔1851-64年〕の影響も上海に及んでいた。'栄力丸'の乗組員はそれらを見聞し、多数の日本人が耳にしたことのない情況を理解し、翌年8月、長崎に送り返された。乗組員の文太〔利七(りひち)。1824-69〕が語った見聞は「長瀬村利七漂流談」として編纂されている。

　1854年、一人の中国人がアメリカの'黒船'に従って日本にやって来た。M・C・ペリー〔1794-1858〕の率いる東インド艦隊の中国語通訳であった広東出身の羅森である。羅森は日本滞在中に多数の官員、文人、僧侶と付き合い、中国の政治と社会の情況を紹

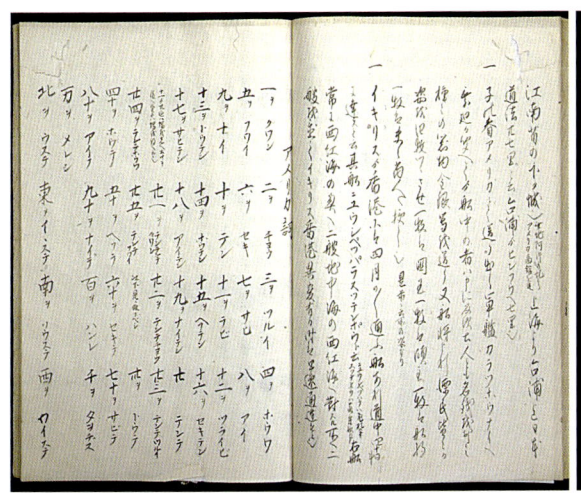

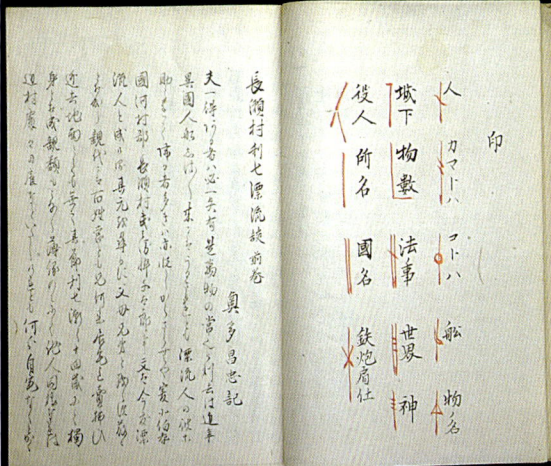

🔴 『長瀬村利七漂流談』　早稲田大学図書館蔵

介し、詩をたがいに贈り合い、それと同時に日本の情況についても理解を深めた。帰国してから10年余りたっても、羅森は依然として日本側とつながりを保っていた。1854年8月、羅森はアメリカの軍艦で香港に戻ったのち、日本で記した「日本日記」を中国語の月刊誌に発表した。琉球、横浜、下田、箱館〔現在の函館〕などにおける見聞を活き活きと叙述し、アメリカの'黒船'に対する当時の日本の反応も含まれており、さらに日本の文人との筆談、題字、贈答した詩なども収録されている。日本に関する価値ある中国で最初の旅行記である。

　日本は開国を強いられたのち、国外の事情を理解するために、1862年にイギリスの商船を購入して'千歳丸'と命名し、官員を乗せて中国に派遣し、中国事情の理解を希望する各藩も藩士を選抜して官員の随員として同船に乗船させたが、そのなかには高杉晋作〔長州藩。1839-67〕、五代才助〔薩摩藩、五代友厚。1835-85〕、中牟田倉之助〔佐賀藩。1837-1916〕らがいた。同船は徳川幕府が最初に中国に派遣した船である。'千歳丸'は呉淞口〔現在の上海市宝山区〕から上海に入り、道台の呉煦〔1809-72〕の歓迎を受け、上海に2か月滞在した。その間、徳川幕府の官員は中国の官員と政治、経済、外交など、各方面の問題について討議するとともに、オランダ、イギリス、フランスの上海駐在領事と会見し、対中国貿易の各種の経験を吸収した。'千歳丸'の乗組員と商人は上海を見学し、物資を購入し、庶民と交流し、中国事情を理解したばかりか、中国の大量の書籍をも購入した。

　上海の都市建設と風俗を目にしたばかりか、社会の立ち遅れている情況にも気づき、清朝の官員の腐敗と無能を理解し、さらに太平天国革命〔1851-64年〕の影響を受けた藩士が少なくなかった。それらの藩士はさまざまな形式で見聞を記録し、多数の著作を残しているが、代表的なものは高杉晋作の『遊清五録』と中牟田倉之助の全行程の日記である。それらの記録には、各方面に対する藩士たちの考察が記録されているばかりか、感想を述べたり、認識を総括したりしている。日本の民族の命運と国家の安危に関心を寄せる人びとは、この上海訪問を通じて自分の思想を飛躍させ、尊皇攘夷と倒幕維新の骨幹の人物になり、しかも当時の知識人の中国観に非常に大きな影響を与えた。

🟠青山霊園（東京都港区）にある中牟田倉之助夫妻の墓

第2部　中国と日本の文化交流

11. 日本を遊歴した中国人

　清朝の支配者はむやみに尊大ぶり、目を閉じ耳をふさぎ、長期にわたって日本を'狭苦しい小国'と見なしていた。アヘン戦争〔1840－42年〕後、有識の士は世界における日本の位置を重視し始めたが、日本に行ったことがなく、不充分な資料に頼って日本を描くしかなかった。福建巡撫の徐継畬〔1795－1873〕は1848年に『瀛環志略』を著した〔1859年に日本初渡来、1861年に訓点本が刊行される〕が、なんと長崎、薩摩、対馬を日本の三大島と見なしており、魏源〔1794－1857〕の『海国図志』も『瀛環志略』の日本に関する内容を引き写しているのである。黄遵憲〔1848－1905〕はこの種の情況を形象的に'ただ一衣帯の水、便ち十重の霧を隔つのみ'と描写している。

　明治維新〔1868年〕後の1876年に日本を訪れた李圭と李筱圃はともに長崎、神戸、大阪、横浜、東京などを訪れ、その『東行日記』と『日本遊記』ではじめて日本についてかなり感性的な描写を行っている。とりわけ、地方官の王之春（のちの広西巡撫）〔1842－1906〕は、1879年に徐福を探訪するという名目で日本を訪問したのち、『談瀛録』3巻を著し〔1880年刊行〕、日本の地理上の位置を精確に記し、かなり早期の日本地図を付している。1882年、姚文棟は第2代駐日公使の黎庶昌〔1837－97〕の随員として日本に赴き、5年も過ごし、詳しく日本の地理について研究し、日本で編纂された『清国兵要地理志』に啓発され、『日本地理兵要』〔1884年刊〕と『琉球地理志』を著し、日本に対する人びとの理解をいっそう深めた。1887年、清朝政府は海外遊歴官員を28人選んだが、兵部郎中の傅雲龍はその首位を占め、そのため日本に前後して1年も滞在し、大量の資料

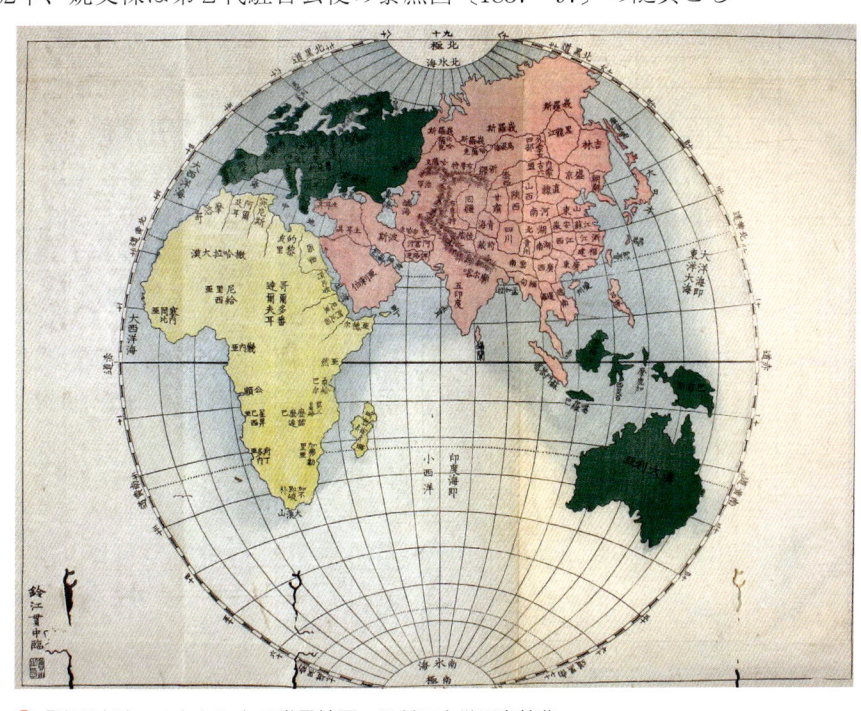

⬆『瀛環志略』のなかにある世界地図　早稲田大学図書館蔵

を収集し、『遊歴日本図経』全30巻を編纂した〔1889年に日本で刊行〕。内容は森羅万象にわたり、日本の情況を全面的に反映している。傅雲龍と同時に日本を訪れた顧厚焜は『日本新政考』を著し、明治維新後に日本が西洋に学んだ情況を詳しく考察している。

特に紹介すべきなのは王韜〔1828－97〕である。日本を訪問したばかりか、日本の学者の岡千仞〔1833－1914〕と厚い友情で結ばれた。

王韜は香港と上海で宣教師が翻訳した書籍を潤色し、のちに中国の経書の翻訳に協力していたことがあり、西洋の政治や文化の影響を受け、変法自強の思想を産み出した。編訳書の『普法〔普仏〕戦記』〔1871年刊〕は普仏〔プロイセン・フランス〕戦争〔1870－71年〕の原因と経過を詳述し、勝敗の原因を分析し、戦後の国際情勢を予測し、かなり大きな影響を及ぼすとともに、日本でも翻刻され、かなり歓迎された。1879年5月、日本の学者の招請を受けて訪日し、日本に3か月滞在し、毎日、日記を記し、日本の友人の求めに応じて日本の『郵便報知新聞』に発表した。文章が優美で、親しみがあって自然であり、風景と感情の描写が溶け合い、のちにまとめられ、『扶桑〔日本〕遊記』全3巻として報知新聞社から出版された〔1879－80年〕。

東京図書館長の岡千仞は、中国と西洋の学問に精通し、尊王維新を主張し、藩主に反対したために監禁されたことがある。明治維新後、修史館協修に任じられたが、藩閥政治に対する不満から官を辞し、ひたすら学生の教育にあたった。

1884年、千巻の書籍を携えて中国を訪れるため、横浜を出発した。まず香港に赴いて王韜と会い、しかるのち中国各地を周遊するつもりであった。しかし、王韜がすでに上海に移っていたので、まっすぐ上海に赴いて王韜と会った。その後、中国に1年ちかく滞在し、李鴻章〔1823－1901〕、張之洞〔1837－1909〕、盛宣懐〔1844－1916〕らの官員や多数の文人と会見し、変法維新を鼓吹した。その記録は『観光記遊』としてまとめられている〔1886年〕。日本の学者の角度から清代末期の中国社会を観察し、日本人の中国理解を助け、中日両国間の相互理解と感情の交流を促進するのに重要な役割を果たした。

↑岡千仞　明治期に入り東京府学教授、東京図書館長を歴任

12. アヘン戦争の教訓

　アヘン戦争〔1840-42年〕が勃発したとき、東アジア諸国は歴史的に関鍵となる時を迎えていた。中国と同じように、日本も西洋植民地主義の侵略に直面していた。徳川幕府の一部の下層官員は西洋の技術を導入して海防を強化しようと考えたが、幕府の執政者は'華夷'〔中華たる日本と、夷狄たる外国〕観念と鎖国政策に固執し、無批判に西洋を排斥し、改革思想を有するものを圧迫した。

　しかし、アヘン戦争後、日本がずっと'上国'〔中華の国、つまり世界の中心をなす国〕と見なしていた清朝が夷狄に打ち負かされたので、日本の朝野は大きな衝撃に見舞われた。

　徳川幕府の官員はまず事態の重大さを感じ、アヘン戦争が勃発したのは中国であるけれども、日本は戒めとすべきであると指摘し、西洋と衝突するのを回避し、海防を強化する措置を提起したが、鎖国政策を堅持すべきかいなかについて論争が起こった。1853年、M・C・ペリー〔1794-1858〕の率いるアメリカの東インド艦隊が浦賀に来航し、徳川幕府に開国の要求を突きつけた。徳川幕府は中国がアヘン戦争で西洋に敗れた教訓に鑑み、アメリカとの衝突を回避することを決定し、翌年、アメリカと「日米和親条約」〔神奈川条約〕を締結した。まもなく、第二次アヘン戦争〔アロー戦争。1856-60年〕が勃発し、アメリカはイギリス・フランス連合軍が中国で勝利をかち取った情勢を利用し、日本に不平等条約〔「日米修好通商条約」〕を受け容れるよう迫った。日本国内には反対の声があったけれども、中国と同じ失敗を繰り返すことを懸念する感情が優勢を占め、ついに200年余り続けてきた鎖国状態に終止符が打たれた〔1858年6月〕。

　アヘン戦争で敗北した昂奮と衝撃を受け、中国の一部の進歩的な知識人は国境を閉ざした鎖国から教訓を汲み取り、目を世界に向け始め、外国の歴史、地理、現状を研究する最初の一連の著作を編纂、執筆した。そのなかでもっとも有名なのは林則徐〔1785-1850〕が組織して翻訳、編纂した『四洲志』と、魏源〔1794-1857〕が同書を基礎に編纂した『海国図志』〔1842年刊〕である。とりわけ、100巻88万字からなる『海国図志』は、五大洲の数十か国の情況を叙述し、さらにアヘン戦争で敗北した教訓の総括をふまえて国防の戦略戦術を論述し、西洋の軍事技術と科学技術を学ぶ重要性を論述しており、中国人の編纂した西洋紹介の最初の百科全書である。

　『海国図志』などの書籍は日本に伝えられるまえは、日本人が西洋の情況を理解するには長崎のオランダ商人に頼るしかなく、情報は非常に限られていた。日本の有識の士は『海国図志』〔日本初渡来は1850年、輸入の正式許可は1854年〕を読むや、視野が広

くなったと感じ、しかも西洋列強に狙われている日本にきわめて必要であると見なし、非常に重視、歓迎した。さらに多くの人がこれらの書籍を読めるようにするために、翻刻本がたちまち出現し、ついでまた注釈と送り仮名を付した訓点本と日本語訳が現れた〔1854年〕。これらの書籍は、徳川時代末期に朝野、上下からきわめて注目を浴びた啓蒙書になった。

　日本の前途を憂慮した日本の維新の志士も、これらの書籍に啓蒙され、日本の海防の強化に照準を合わせた建議を提起するとともに、行動に移った。佐久間象山〔1811-64〕、吉田松陰〔1830-59〕らは『海国図志』などの価値を高く評価し、それと同時に、日本に特有の事情から原書の誤りや不適当な部分を批判している。

　それと同時に、外国の宣教師も漢文で書かれた著作を日本に伝えるとともに、日本語に翻訳した。自然科学や地理、歴史の書籍には、日本で教科書や参考書になり、ひいては中国よりも流行したものさえあった。

　日本の知識人は、西洋事情とアヘン戦争の歴史について研究したのち、さらに総括、分析した多数の著作を執筆し、社会の注目を浴びた。また、日本は西洋を理解し、自己を強大にすべきだと提起し、中国が西洋の植民地的侵略を食い止め、日本が西洋の植民地に堕すのを免れるのを期すべきだと提起する人もいた。伝統的な'華夷'観念が破られ、西洋の強大さを意識し、中国を'上国'と見なす観念を改めた日本の知識人が非常に増えた。

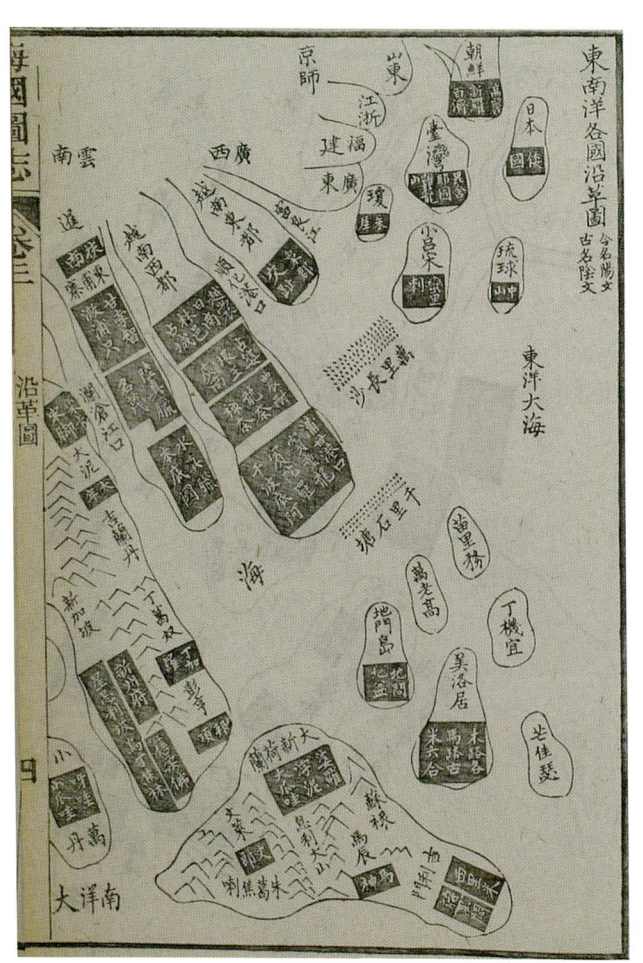

⬆ 『海国図志』に描かれた東南アジア　早稲田大学図書館蔵

第2部　中国と日本の文化交流

13. 国交樹立

　日本は明治維新政府の成立〔1868年〕後、中国と平等の地位をかち取るために、'上国'〔中華の国、つまり世界の中心をなす国〕として朝鮮と交渉をしやすいように、中国との外交交渉を考慮し始めた。1870年、外務省は中国との条約締結遣使問題を含む'外交急務四か条'を提起した。8月25日、外務権大丞柳原前光〔1850－94〕らは日本政府の委託を受けて中国を訪れ、上海から天津に赴き、直隷総督の李鴻章〔1823－1901〕と会見し、総理衙門*〔総理各国事務衙門の略称で、外交を管轄し、のちに外務部になる〕への書簡を手渡し、中国と通商条約を締結することを要望した。当時、西洋の列強が中国と締結した条約には不平等な条項が少なくなく、それゆえ、中国官員の一部は日本との国交樹立は外患を激化させるのではないかと案じて反対の意見を持したが、総理衙門は李鴻章、曾国藩〔1811－72〕らの主張を受け容れ、翌年、日本が中国に使者を派遣して条約を締結することを承認した。1871年、日本は正式に大蔵卿の伊達宗城〔1818－92〕を欽差全権大臣、柳原前光を副使に任じて中国に派遣し、中国の全権大臣の李鴻章と天津で交渉させた。

　日本も当時は西洋列強の不平等条約に束縛されていたけれども、中国と締結する条約では西洋列強にならって中国における特権を手に入れようとしたので、条約締結交渉のなかで論争が生じた。交渉のすえ、双方は対等に通商港を開港し、礼をもって待遇し、たがいに領事裁判権、関税協定権などの原則を享受することとし、「日清修好条規」18条、「通商章程」33条を締結した。中国側が日本の要求する'最恵国待遇'〔一体均霑*〕を承認しなかったので、日本は西洋列強と同等の'最恵国待遇'の特権を享受できなかった。

　「日清修好条規」は中日間の最初の平等条約であり、中日両国の正式の外交関係の樹立を象徴している。その後まもなく、たがいにはじめて外交官を派遣し合い、公使館と領事館を開設し合った。

　中日の国交樹立後、日本の使節がたえず中国にやって来た。1872年、外務大丞の柳原前光が中国にやって来て条規の改定の交渉を行い、それと同時に明治政府は上海、福州、広州に駐在する領事を任命し、1873年、陸軍少将の山田顕義〔1844－92〕が清国駐在公使に任命され、1875年、外務少輔の森有礼〔1847－89〕がとって代わった。

　1877年、李鴻章の推薦によって外交に通暁し、翰林院*で編修を担当していた何如璋〔1838－91〕が中国の初代日本公使に任命された。何如璋の記した「使東述略」〔1879年〕は、北京を出発して東京に赴任し、天皇に面会して国書を手渡す過程や、日本の歴史や地理などを記録し、とりわけ明治維新後の日本の改革について詳しく記録し、しかも基本的に肯定している。

⬅祐天寺（東京都目黒区）にある柳原前光の墓

⬅森有礼
（写真提供：国立国会図書館）

⬅山田顕義
（写真提供：国立国会図書館）

⬅谷中霊園（東京都台東区）にある伊達宗城の墓

14. 琉球問題

　1870年、日本は中国と平等な地位をかち取り、'上国'〔中華の国〕として朝鮮と交渉できるように、外務大丞の柳原前光〔1850－94〕を中国に派遣し、中国と通商条約を締結する可能性について検討し、総理衙門〔総理各国事務衙門の略称で、外交を管轄し、のちに外務部になる〕の承諾を得た。翌年、双方の全権大臣の李鴻章〔1823－1901〕と伊達宗城〔1818－92〕が天津で交渉を行い、近代の中日関係史上の最初の条約――「日清修好条規」――を締結した。1873年に条約の批准書を交換するときに、日本の外務卿の副島種臣〔1828－1905〕の努力によって、日本は西洋各国と同じ外交的地位を獲得した。

　1874年4月、日本は1971年に琉球の船舶が台湾に漂着したのち乗組員が殺害されたことを口実に出兵し、5月、陸軍大輔の西郷従道〔1843－1902〕が兵を率いて台湾に上陸し、同島の住民を攻撃した。10月、大久保利通〔1830－78〕が北京に赴いて総理衙門大臣の奕訢〔1832－98〕と交渉し、イギリス公使の調停のもと、「互換条款」と「互換憑単」を締結し、日本は台湾出兵を「保民の義挙」と称し、中国政府は銀50万両を賠償することになった。

　明代から、琉球王朝は中国の冊封〔中国の皇帝から爵位や称号を受けること〕を受け、中国と2年に1回の進貢隷属関係を維持してきた。1872年10月、日本政府は琉球国を琉球藩に改め、国王の尚泰〔1843－1901、在位1848－79〕を藩王とし、華族に列し、琉球の外交事務を外務省の所管とした。1875年7月、日本は内務大丞の松田道之〔1839－82〕を琉球に派遣し、中国との冊封・朝貢関係の廃絶を宣告し、司法・警察権の接収を強行した。琉球国王は当初は国家の滅亡に甘んぜず、中国がその復活を援助するよう希望したので、中日両国の交渉が始まった。交渉が膠着状態に陥っていた1879年3月、日本は琉球に派兵し、廃藩置県を強行し、琉球を沖縄県に改め、正式に日本の版図に組み入れた。

　中国側が琉球を中国領土と見なす態度を堅持したため、日本は前アメリカ大統領のグラント〔1822－85、在任1869－77〕の助言を受け容れ、台湾に近い琉球南部の宮

⬆滋賀県庁（滋賀県大津市）にある松田道之の顕彰碑

古・八重山両島を中国に割譲し、その代わりに中国国内における欧米各国と同等の通商権を取得する、つまり'琉球を二分する'構想を提起した。琉球南部の島嶼は土地が非常に痩せているけれども、清朝政府は、西北辺境からのロシアの圧力に直面していた情況のもとで、まず1880年に「琉球条約草案」を協議、決定したが、国内の輿論の強烈な反対にあい、調印を拒否し、ふたたび中日間で'分島、改約'に関する交渉を始め、日本側は中国駐在公使を引き揚げると脅迫し、中国側も沿海の海防を強化した。その後、日本が朝鮮に勢力を拡張しようとしたので、中日交渉は朝鮮問題に転じ、上述の草案は正式に調印、発効しなかったけれども、もはや二度と提起されなかった。清朝政府は日本による琉球の併呑を黙認した。

⬆18世紀ごろの首里城下の市街図とされる首里古地図　沖縄県立図書館蔵

15. 日本留学生

　20世紀初め、中国の大量の学生が日本に留学する'留学ブーム'が巻き起こった。民族が危急存亡に瀕する形勢のもとで、中国の知識人は日本に学んで民族を救い、中華を振興しようとしたのである。

　清朝政府は留学を提唱、奨励する政策を制定し、各省の地方官員に地元の優秀な学生のなかから留学生を選抜するよう命じ、日本への留学を提唱するとともに、日本の学校を卒業した留学生に科挙〔高級官吏登用試験〕の合格者と同等の資格を与えることにした。

　中国は1894-95年の甲午中日戦争〔日清戦争〕で日本に敗れたけれども、日本が明治維新〔1868年〕を経て、西洋に学んで富国強兵の道を歩んだのを目にして衝撃を受け、日本の経験にならって、西洋の文化と科学技術を吸収、導入し、それと同時に中国政治の腐敗と立ち遅れを改める決意を固めた。留学生を受け容れれば、密な関係を築き、親日派を育成し、同時に外貨収入をも増やすことができるので、日本政府は積極的に中国の留学生を受け容れた。日本の朝野は中国の留学生を歓迎し、中国の留学生を受け容れるために多数の学校を創立した。

　1896年、駐日公使の裕庚は国内から13人の学生を選抜して日本に留学させ、日本への留学生の派遣が始まった。1898年の戊戌変法のあいだ、清朝政府は各省に日本に留学生を送るよう命じ、1898年にはすでに100人余りが日本に留学したが、軍事を学ぶ者が多かった。その後、毎年、数百人から、さらに1000人以上に増え、1905-06年に清朝が科挙制度を廃止し、日本が日露戦争で勝利したので、日本に留学する学生は8000人以上に達した。

日本の学校を卒業した留学生の資格

日本	中国
中学校	抜貢〔科挙の最下級の合格者（生員、秀才）のうち成績優秀で北京の国子監に入学を許された者で、知県以下の官吏になれる〕
高等学校	挙人〔省都で行われ生員の受ける郷試の合格者〕
実業学校	進士〔北京で行われ挙人の受ける会試の合格者〕
大学	翰林院の出身者
大学院	同上

⬆1920年代の日本への男女の留学生

しかし、中国の留学生を受け容れる日本政府の態度に変化が生じ、1905年11月の「清国留学生取締規則」〔「清国人ヲ入学セシムル公私立学校ニ関スル規則」〕をはじめ、留学規定をあいついで頒布し、留学の条件を厳しくし、同時に中国の留学生にさまざまな制限を課し、政治的に中国の留学生を差別した。政治的圧力を感じて憤然として帰国した留学生が少なくなく、留学生数が激減した。それにもかかわらず、欧米への留学生にくらべ、日本への留学生は依然として多かった。20世紀初めの十数年間に、日本への留学生は累計で数万人にのぼった。

　日本への留学生の専攻はきわめて広範囲にわたったが、政治、法律、軍事を学ぶ者が非常に多かった。当時の中国の学生が自国の立ち遅れを痛感し、日本の経験から国家と民衆を救う道を見出そうとしたからである。日本の社会が大量の中国の留学生を受け容れるとともに、中国の留学生に大きな関心を寄せ、全力を尽くして指導し、その育成に全精力を傾けた教育者が少なくなかった。たとえば、中国の留学生のために日華学堂〔1898年創立〕の創立者の高楠順次郎博士〔1866-1945〕と堂監〔教育主任〕の宝閣善教先生、東亜高等予備学校〔1914年創立〕の創立者の松本亀次郎先生〔1866-1945〕らから教育を受けた学生のなかには、秋瑾*〔1875-1907〕、周恩来〔1898-1976〕、蔡鍔〔1882-1916〕、魯迅〔1881-1936〕ら、帰国後に革命家、政治家、学者になった人が少なくない。しかし、日露戦争後、一部の日本人が驕りたかぶり、中国人を蔑視したので、日本で差別され、冷遇された留学生も少なくなく、革命家の陳天華〔1875-1905〕は日本の新聞が中国の留学生を誹謗したことに抗議するために憤然と海に身を投じて自殺し〔12月8日〕、日本在留の留学生に非常に大きな衝撃を与えた。

　要するに、20世紀初めに中国の大量の学生が日本に留学したことは、両国に非常に大きな影響を及ぼし、中日文化交流史上の一大事件でもあったのである。

↑周恩来が1917年から19年にかけて日本に留学したさい、日本語を学んだ東亜高等予備学校の跡地に建てられた修学記念碑（東京都千代田区）

16. 春帆楼について

　山口県の下関は、福岡県北九州市の門司と海を隔てて相望み、本州の最西端に位置する。海上に高々と架かっている関門大橋は山口と福岡を結び付けており、景勝地として知られている。しかし、大橋のすぐ近くの小さな丘に建っている小さな建物——春帆楼——こそ、1895年に清朝政府の代表と日本政府の代表が交渉を行った場所であり、その門前には木製の縦長の標識が立っていて、'日清講和記念館'と書かれている。

　中国が甲午戦争〔日清戦争〕で敗れたため、1895年3月19日、李鴻章〔1823－1901〕は息子の李経方〔1855－1934〕、アメリカ人顧問のジョン・W・フォスター〔1836－1917〕や随員とともに馬関〔下関の別称〕に赴き、翌日から日本の全権代表である伊藤博文（総理大臣）〔1841－1909〕、陸奥宗光（外務大臣）〔1844－97〕と講和の交渉を始めた。李鴻章が講和会議を始めるまえにまず休戦を要求すると、日本はきわめて過酷な条件を提起した。すなわち、大沽〔天津市の東部、海河の河口の南岸〕、天津、山海関〔河北省秦皇島市の北東部〕などの清軍はすべて武器を日本軍に引き渡し、天津－山海関間の鉄道を日本の軍務官の管理に委ね、休戦期間中のあらゆる軍費を中国が負担するというものであった。これらの条件を認めれば北京を日本軍の監視下に置くことになるので、清朝政府は受け容れなかった。24日、李鴻章は清朝政府の命を奉じて講和会議の席上で休戦の要求を撤回し、日本が提起した条件の受け容れを拒否することを表明した。その日、李鴻章は馬車に乗って宿舎に引き揚げる途中で日本の浪人に狙撃され、銃弾が左頬に命中し、たちまち顔中血だらけになった。

　この事件が伝えられると、国際輿論が沸き立ち、あいついで日本を非難した。当時、ロシアはすでに中国の東北の鉄道敷設権を狙い、イギリスとアメリカも華中、華北で画策していたので、日本の動向に大きな関心を寄せていた。日本は第三国がこの機に干渉してくるのを警戒し、天皇が表に出てきて使者を派遣して慰問、謝罪し、講和条約を締結して撤兵することを

⬆山口県下関市にある日清講和記念館（右）と現在の春帆楼（左）

第2部　中国と日本の文化交流

提案した。予想外の事件の再発を防止するために、日本側は春帆楼の左側の山腹沿いにもっぱら李鴻章の往来に供する小道を建設した。現在、春帆楼の正門左側の小道の入口には、'李鴻章道'と書かれている標識が立っている。

　まもなく、李鴻章は下関で「馬関条約」に調印した〔30日〕。春帆楼の前の石碑には、今日国威が隆盛であるのは、実に日清戦争を濫觴とすると書かれている。しかし、この石碑は19世紀末の中華民族の立ち遅れと屈辱を象徴しているのである。馬関条約は、中国が日本に銀2億両の賠償金、遼東半島を買い戻すのに3000万両、さらに威海衛〔現在の山東省威海市〕への駐軍費として毎年50万両を支払うと規定していた。日本円であわせて3億4725万円に相当するが、日本の1896－98年の3年間の全国の税収はあわせて2億6890万円であり、未曾有の巨大な実利を手に入れるとともに、これを機にさらに資本主義強国への道を歩んだ。中国側はまさに逆であった。当時の清朝政府の毎年の財政収入は銀8000万両にすぎず、日本への賠償金は財政収入の3倍であった。賠償金を支払うために、清朝政府はロシア、フランス、ドイツなどから借款を導入せざるをえなかった。外国側はその機に乗じて利率を引き上げ、しかもさまざまな過酷な条件を付け加え、中国をいっそう国際金融資本の束縛下に置いた。

　春帆楼で調印した「馬関条約」は中華民族の恥辱を記した条約であり、1860年の中英、中仏の「北京条約」につぐ、外国の侵略者が中国の身に加えたもっとも過酷な不平等条約であることがわかる。「馬関条約」によって、日本は未曾有の巨大な実利を手に入れるとともに、それを機にいっそう資本主義強国への道を歩むことになる。

❶春帆楼の前の石碑

17. 誠意のこもった友情

　孫中山〔孫文。1866－1925〕の指導する中国のブルジョア革命が、日本の人びととの共鳴と支持を得たことは、中日両国人民の友情を表わしている。

　1897年〔9月初旬〕、日本の民権主義者の宮崎寅蔵（滔天）〔1871－1922〕は横浜で孫中山に面会したのち、その革命精神に感動し、日本の新聞紙上で中国のブルジョア革命を宣伝、紹介したので、孫中山の革命事業と革命精神を理解した日本人が少なくなかった。また、宮崎寅蔵は孫中山を故郷に招いて住まわせた。さらに、1900年10月6日、恵州〔現在の広東省恵州市〕蜂起にも参加し、蜂起の隊伍のために軍費と武器を工面した。著書の『三十三年之夢』〔1902年8月刊行〕で中国の革命家との友情について記している。1905年、孫中山と黄興〔1874－1916〕は、〔8月20日に〕中国同盟会を結成するさい、宮崎寅蔵をはじめとする日本人の支持をも得、宮崎は創立大会に参加し、外国人としてはじめて同盟会員になり、同盟会が機関紙『民報』を創刊した〔11月26日〕のち、自分の住まいを『民報』の発行所として提供しさえした。

　1906年9月、宮崎寅蔵は日本の民権主義の学者を招聘してロシア革命と中国革命を鼓吹する『革命評論』を創刊し、やはり自分の住まいを発行所として提供した。『革命評論』はあわせて10号〔1907年3月刊〕まで発行され、各号ともほとんど宮崎自身の論文で埋まっていたが、それらの論文で中国の留学生を新中国の建設に責任を負うよう激励し、孫中山の革命活動を称え、中国のブルジョア革命のために犠牲になった人びとを紹介した。同誌の「飛雁紛紛」という欄には中日両国の読者からの大量の来信が掲載されており、両国の革命家のあいだの密接な関係を反映している。

　1908年10月19日に日本政府は「新聞紙条例」に違反したという口実で『民報』第24号〔10月10日刊〕を発禁処分に付し、さらに編集長を起訴した。宮崎寅蔵はただちに花井卓蔵〔1868－1931〕らの弁護士に弁護を依頼し、自らも支援に奔走した。その後、雲南留日学生同郷会の機関誌『雲南』〔1906年10月創刊〕が勅令で発禁処分に付されたが、宮崎寅蔵が各方面にはたらきかけて復刊にこぎつけた。

　宮崎寅蔵は全力を尽くして孫中山を支援し、中国における武装蜂起を援助するために、辛苦を辞さず、危険を顧みなかった。孫中山は日本において中国革命軍のために武器を調達する全権を委ね、宮崎に対する感

❶宮崎寅蔵（写真提供：国立国会図書館）

謝の意を表するために「推心置腹」〔心を相手の腹に置く。誠意をもって人に接すること〕と揮毫して贈り、誠意ある友人との深くて厚い友情を表明した。宮崎寅蔵はブルジョア革命家の黄興とも密接な関係を有していた。黄興が病気になると、宮崎は上海に出向いて見舞ったばかりか、日本人の医師を紹介して診察してもらった。〔10月31日に〕黄興が亡くなると、宮崎は上海に駆けつけて葬儀に参加した。

⇨1913年、宮崎家（現在の熊本県荒尾市）を訪れた孫中山
（写真：荒尾市宮崎兄弟資料館所蔵）

⇨白山神社（東京都文京区）にある「孫文先生座石」の記念碑

18. 第二次世界大戦後の曲折に富む関係

　第二次大戦直後の冷戦の影響のもとで、日本は中国や共産圏に対する物資禁輸*というアメリカの封じ込め政策〔ＣＯＣＯＭ（対共産圏輸出統制委員会）、ＣＨＩＮＣＯＭ（対中国輸出統制委員会）。1949－91年〕に追随したため、また日中戦争の被害を受けた中国民衆も日本に対する特殊な感情があったため、日中関係は苦境に陥った。

　しかし、中国は日本の経済、文化、平和などの団体との交流、つまり'民間外交'を推進し、日本軍国主義と日本人民を分け、政策を決定する日本政府の元凶と一般の官員を切り離す政策を打ち出し、中国人民に、中国を侵略した責任は日本政府と軍国主義者にあるのであって、日本人民にはないことを認識させた。日本各界の有識者も、日本の国家利益と、アジアと世界の平和を維持する願いから出発して、積極的に民間交流を推進した。1950年10月に設立された日本中国友好協会は、困難に満ちた条件のもとで、日本国民に積極的に新中国とその外交政策を紹介した。

　日本の商工業界と政界の進歩的な人びとも、積極的に中日間の民間貿易を推進し、'日中貿易促進会'を結成した〔1949年５月〕。1952年から、中国と日本のあいだで４回にわたって〔1952年６月、1953年10月、1955年５月、1958年３月〕民間貿易協定が締結され、民間貿易の方式を通じて中日関係は改善された。とりわけ、1960年代から、中日貿易の方式は５年を１期とする長期総合貿易に昇格するとともに、政府の支持を得、準

🔼 日本中国友好協会の結成大会（1950年10月１日、東京都千代田区の教育会館）

第２部　中国と日本の文化交流

政府間協定になった。すなわち、'ＬＴ〔廖承志(リアオチョンチー)・高碕(たかさき)達之助〕貿易'＊にほかならない。

　中国はさらに政経分離の中日関係の発展に努めた。1954年12月に成立した鳩山一郎内閣〔－1956年12月〕が対米自主外交を主張したので、中国側はただちに日本との国交正常化実現の希望を表明し、相互に通商代表部を設立するなど、平和の'オリーブの枝'〔平和のしるし〕を投じた。その後、中国は前後3回にわたってジュネーブ駐在の領事を通じて日本に中国に在留する日本人の帰還、貿易、在留国民の相互往来をはじめ、その他の重要問題について協議を行い、中日関係の正常化に努めた。

　しかし、鳩山内閣は'支持と協力'を与えることを保証したけれども、具体的に行動することがなかったので、政経分離の日中関係は非常に脆弱であった。1958年5月の'長崎国旗事件'＊によって、中国と日本とのあいだの、あらゆる文化、経済交流は中断され、中日間の交流はほとんど全面的に停止された。岸信介内閣〔1957年2月－60年7月〕は親米、親台湾政策を実施し、中日関係をいっそう苦境に陥れた。しかし、1960年、岸信介政権が日米安保反対闘争のなかで崩壊したのち、中国側はふたたび対日'貿易三原則'〔政府間協定、民間契約、個別的配慮〕を提起し、まず中国側の指定する友好商社による友好取引方式で貿易を再開した。

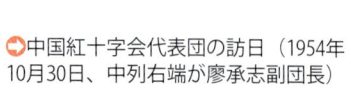

➡中国紅十字会代表団の訪日（1954年10月30日、中列右端が廖承志副団長）

⬅「長崎国旗事件」で中国の対日政策が硬化するなか、大阪府庁前を出発する日中貿易促進陳情団（1958年8月）（写真提供：共同通信社）

19. 中国残留日本人の帰国と中国人労働者の遺骨の返還

　日本が1945年8月15日に降伏したのち、中国に在留する145万人の日本人は軍隊の庇護を失ったばかりか、中国の東北に遺棄されて難民になった。とりわけ、農業移民は、土地から引き離されたのち帰るべき家がなく、身を収容所のなかにさらし、凍死や餓死をした人が少なくなかった。日本人難民の問題を解決することが、戦後の東北の重要問題になった。

　中国共産党、国民党、アメリカの三者の協議にもとづいて、さまざまな政治勢力が支配する地区に残留日本人の送還機関を設置するとともに、調整を進め、さまざまな地域から残留日本人を送還する日程表を確定した。1946年5月7日から、アメリカが派遣した軍艦と割り当てた船舶、日本側の汽船などで、東北の港湾である葫蘆島〔遼寧省南西部〕から残留日本人の日本への送還が始まり、中国側は残留日本人が葫蘆島に移動するために交通運輸とその他の条件を提供した。葫蘆島からの送還は1948年まで続き、当時の東北の政治情勢が非常に峻しかったにもかかわらず、送還業務は停止されず、3年間に約105万人が祖国に帰還した。

　しかし、残留日本人の送還業務は終了したわけではなかった。1949年10月の新中国成立後、なお多数の日本人が中国に残留している事態に鑑みて、中国政府は依然として人道主義の精神にもとづいて残留日本人の送還業務を継続した。1953年3月に中日双方が調印した'在中国日本人の引揚に関するコミュニケ'にもとづいて、3万人余りが上海、天津、秦皇島〔河北省北東部〕の3港から日本に帰還した。そのなかには、戦後、みずから志願して中国に残留し、中国の革命建設に参加した多数の人びとが含まれていた。1956年から、撫順〔遼寧省東部〕と太原〔山西省中部〕の戦犯管理所で改造を経た旧日本軍の軍人があいついで釈放され、やはり同じように祖国に送還された。1972年9月に国交が正常化したのち、中国に残留していた7000人余りの'残

⬆中国帰国者定着促進センター（埼玉県所沢市）　中国・樺太（サハリン）からの帰国者に対する日本語教育、生活指導などを行う

第2部　中国と日本の文化交流　201

留婦人'と'残留孤児'が日本に帰国した。ここにいたって、祖国への帰国を希望する残留日本人はその願いを完全に実現し、残留日本人の送還業務は正式に終了した。

　残留日本人の送還業務は、戦後の中日関係に深刻かつ積極的な影響を及ぼした。送還された多数の残留日本人は当時の歴史的背景を理解し、戦後処理のさまざまな情況と比較したのち、中国を偉大な'仁義の邦'と称えた。とりわけ、新中国成立後に陸続と帰国した日本人は、日本で'日中平和友好会'＊、'中国帰還者連絡会'＊などを結成し、周恩来総理〔1898－1976〕が予見したとおり中日間に'友好の種'を播いた。

　戦争中、4万人余りの中国人が労働者として日本に強制連行され、厳しく苦しい労働に従事させられ、迫害されて死にいたった人が少なくなかったが、その遺骨は荒れ山や荒野に放棄されていた。中国残留日本人を送還した中国の行為に感動した日本各界は、中国人民に対する感謝の気持ちを表わすために、日本各地に散在している中国人労働者の遺骨を収集し、中国に送還することを決定した。こうして、日中友好協会〔1950年10月創立〕や仏教団体をはじめとして'中国殉難者慰霊実行委員会'を結成した。日本の民間各界の努力のもとで、1953年までに3000体余りの遺骨を収集し、中国に送還した。

⬆岐阜県瑞浪市に建てられた「日中不再戦の誓い」碑
空爆に強い地下軍需工場を造るという計画のもと、中国や朝鮮から強制連行された人びとが1944－45年に掘らされた地下壕が残っている。重労働と栄養失調により39人の中国人労働者がこの地で亡くなった

第2部　中国と日本の文化交流

20. 中国に対する'政府開発援助'（ODA）

　中国と日本が国交正常化を実現した〔1972年9月〕のち、日本の大平正芳首相〔在任1978年10月－80年6月〕と中国の関係部門との共同の努力によって、両国政府は、日本の円借款供与、技術協力、無償援助からなる長期援助協定に合意した〔1980年12月〕。日本についていえば、これこそＯＤＡ（Official Development Assistance）プロジェクトの'政府開発援助'にほかならない。ＯＤＡ援助は有償資金供与（円借款が援助総額の90パーセントを占める。年利0.7パーセント、10年間据え置きで、償還期限40年）、無償資金供与、技術協力からなる。当時、日本の政界は、この援助が両国の歴史問題の解決に役立つことを強く期待するとともに、援助を通じて中国の内外政策に影響を及ぼすことをも期待していた。

　中国が〔1979年に〕改革・開放政策を実行してから受け容れた外国援助の60パーセント余りは日本からのものであり、中国に対するもっとも重要な援助国は日本である。北京の地下鉄建設、首都空港の建設、約4600キロに及ぶ鉄道電化、約60か所の大型港湾埠頭の建設などは、日本の援助や借款を利用したものである。さらに、日本の援助を利用して、中国は文化、環境保護、農業、医療保健などの分野のプロジェクトを実施している。西部の貧困地区の開発プロジェクトも、日本政府の援助を受けている。日本のＯＤＡは、中国のインフラ建設の加速と経済発展の促進に積極的な役割を果たしている。統計によれば、2004年度末までに、日本政府は中国にあわせて3兆5000億元のＯＤＡ（円借款がその総額の約90パーセントを占め、技術協力と無償援助が10パーセントを占める）を供与し、対中援助の規模はアジア開発銀行と世界銀行を上まわっている。

　もちろん、日本と欧米との経済摩擦がたえず激化し、世界経済の地域化の趨勢が日ましに発展するもとで、日本政府が中国に供与した円借款は日本経済の安全を保障する役割をも果たし、それと同時に日本企業が中国市場を進軍する道を切り拓いた。中国に対する円借款の供与は、日本の対中投資のために良好な条件

❶日本のＯＤＡを利用して2000年8月に完成した上海浦東国際空港

をもたらし、中国で活動する日本企業の70パーセントに長年にわたって利益をもたらし、中日の経済貿易関係をいっそう強化した。中国の豊富な労働力と潜在的な巨大市場は、日本の経済界にとって非常に大きな魅力を具えている。日本経済のバブル崩壊後の10年間余り、中国市場と日中資金協力によって、破産に瀕していた多数の日本企業は起死回生をはかり、日本経済は生気を取り戻した。中国の中西部開発と環境保護に使われるＯＤＡは、日本の環境保護にも大きな役割を果たしている。

　1990年代中期から、日本の対中援助政策に変化が生じ、借款が年をおって削減され、ひいては無償援助の一部を凍結したり、円借款の継続協議の進展を遅らせたりする現象さえ出現しているが、これは日本国内で近年蔓延している'中国軍事脅威論'や'中国経済脅威論'と大きな関係があり、日本政府は対外援助に'政治的基準と制裁手段'をも引き入れている。日本経済の衰退と中国経済の発展はたしかに事実ではあるが、かならずしも外交の領域には影響を及ぼしていない。日本のＯＤＡは単なる経済協力の問題ではなく、中日関係全体のなかで重要不可欠な存在なのである。

○中日友好医院（北京市朝陽区）

○中日友好環境保全センター（北京市朝陽区）

21. 日本青年の訪中と中国卓球チームの訪日

　中日両国の人民と青年の友誼を増進するために、中国の中日友好協会、中華全国青年連合会、中華全国学生連合会は、1965年に日本の日中友好協会と各青年団体に招待状を送り、500人の青年代表を中国に派遣して中日青年友好大交歓会に参加するよう招請した。
　当時の佐藤栄作政権〔1964年11月-72年7月〕は日本青年訪中団が国家の利益と治安を侵害するのを恐れ、24団体の281人にしかパスポートを発行せず、192人には発行しなかったが、青年たちは闘争によって最終的にパスポートを獲得した。それゆえ、日本の青年たちは2陣に分かれて中国に来るしかなかった。
　第1陣は8月23日に北京に到着し、25日に北京の青年は盛大な歓迎大会を開催した。かつての敵対国同士で活躍している中日両国の青年がはじめて面と向かい合うように座を共にし、相互交流のなかでその距離を狭めた。日本の青年は3路に分かれ中国各地を旅行して交歓し、中国、中国人民、中国青年と知り合い、すばらしい印象を与えた。9月12日、3路の日本青年は上海で合流し、10万人の中国青年といっしょに上海で大規模なデモ行進を行った。両国の青年はいっしょになって、'団結し、共通の敵、アメリカ帝国主義に反対しよう'というスローガンを高らかに叫んだ。15日に上海で歓送大会が開催され、日本青年は名残りを惜しみながら中国を離れて日本に戻った。この青年間の交流は、両国関係の発展にはかり知れない影響をもたらした。
　1966年には、ひきつづき日本青年の訪中を招請する計画は、佐藤政府に阻まれて実施されなかったけれども、中日間の文化交流は依然としてさまざまな障害を突破して継続された。1971年4月、中国卓球協会は日本卓球協会の招請を受け容れ、チームを編成して日本の名古屋で開催された第31回世界卓球選手権大会に参加した。中国卓球代表団は、東京に到着したとき、2000人余りの日本各界の人士と友人の歓迎を受け、競技と訪問は中日の民間友好交流を盛り上げた。中国代表団は、大会終了後も日本チームと友好試合を行い、横浜、京都、大阪、福岡、札幌を訪問し、日本人民に深刻な印象を与えた。とりわけ、代表団の帰国後も、副団長の王暁雲〔1920-83〕と随員の王効賢はひきつづき1か月半滞在し、日本の各界と広範に接触し、日本の新聞に'王旋風'と称された。卓球のボールは小さいけれども、中日関係に巨大な推進力をもたらしたのである。

中国卓球代表団歓迎親善大会　名古屋で開かれた世界卓球選手権大会ののち、東京で行われた（1971年4月27日）（写真提供：毎日新聞社）

22. 新たな一ページ

　佐藤栄作政権（1964年11月－72年7月）がかたくなに中国敵視政策を推進していたとき、アメリカは自国の戦略的利益の必要にもとづいて、日本に背いてごく秘密裡に中国と接触を行っていた。1971年7月16日、アメリカは突然、ニクソン大統領〔在任1969年1月－74年8月〕が1972年5月までに中国を訪問することを発表し、日本に大きな衝撃を与えた。同年9月、第26回国連総会が中華人民共和国の国連における合法的な地位を回復する決議を採択したので、佐藤政権はいっそう苦境に陥った。自民党の非主流派、社会党、公明党は、早くから日中の国交正常化を促進するために努力し始めていたので、日中の国交正常化の一日も早い実現を要求する声がいっそう高まり、とりわけ1972年2月にニクソン大統領が訪中したのち、佐藤内閣は総辞職を強いられ、中国との国交回復を明確に主張した田中角栄が組閣した〔在任1972年7月－74年12月〕。

　田中角栄が首相当選後の最初の閣議で、「日中の国交正常化を加速する必要がある」と明確に提起したので、中日関係の正常化を実現する問題が実行に移された。重要な交渉の仲介者として、公明党の竹入義勝委員長〔在任1967－86〕が決定的な役割を果たした。田中首相が竹入委員長を通じて日本側の考え方と主張を中国に伝えたのである。中国の周恩来総理〔在任1949－76〕は中日関係に関する中国の12か条の主張を表明すると同時に、田中角栄首相に招請状を送った。竹入委員長は、日本がもっとも気にかけていた、日米安全保障条約と戦争賠償にいかに対処すべきかという問題については、ともに中国側の柔軟な態度で解決できる、日中の国交正常化は実現できると確信し、帰国の翌

⇧中国訪問を終え帰国した公明党の竹入義勝委員長（右）と会談する田中角栄首相（中央）。左端は大平正芳外相（1972年8月4日）（写真提供：PANA通信社）

日、首相官邸を訪れ、会談内容を総括した'竹入メモ'＊を田中首相と大平正芳外相に手渡した。

　具体的な一連の準備を経て、田中首相と大平外相、二階堂進官房長官は、9月25日に日本国家の正式代表の資格で北京に到着し、その日の午後、中国の周恩来総理らと会談を開始し、28日までに4回にわたって会談を行い、第4回会談の終了後、周恩来総理はみずから'言必ず信、行必ず果'〔言うことはきっと偽りなく、行うことはきっといさぎよい。『論語』「子路」〕と揮毫し、田中角栄首相に贈り、田中首相はみずから'信は万事の元'と揮毫して応えた。双方がそれぞれ信義を厳守する心情を表明したのである。

　1972年9月の中日共同声明は、中日関係に新たな一ページを記した。それは中米接近の副産物ではあるけれども、中日両国の関係は19世紀以来はじめて対等かつ平和的なものになり、時代を画する意義を有している。共同声明に調印する交渉は4日しかかからず、田中角栄が首相に当選してから数えても84日しかかかっていない。しかし、忘れてならないのは、戦後の日本政府がアメリカの中国封じ込め政策に追随するという大きな背景のもとで、貿易や民間交流を通じて中日の国交正常化のために堅実な基礎を築いた政治家や民間人が少なくなく、そのような人びとが中日関係のために尽くした貢献、中日友好に関する輿論の圧力は無視することができないことである。

🔼**周恩来の詩碑**　1978年の中日平和友好条約の締結を記念して同年10月に嵐山公園亀山地区（京都府京都市右京区）に建立

第2部　中国と日本の文化交流

23. 戦争賠償と民間訴訟

　日本が起こした侵略戦争は中国人民に巨大な災難をもたらしたので、戦争賠償は中日国交正常化のときにまず解決しなければならない問題であり、日本側は非常に大きな懸念を抱いていた。しかし、1972年9月の中日共同声明において、中華人民共和国政府は、中日両国人民の友好のために、日本国に対する戦争賠償の要求を放棄することを表明した。

　実のところ、中国側は早くから、日本に賠償を要求すれば、その負担は最終的に広大な日本人民の頭上にのしかかり、中国への賠償を支払うために、日本人民は長期にわたって苦しい生活を強いられ、日本人民との長期にわたる友好の願いに背くと認識していた。そのため、田中角栄首相が〔1972年9月に〕訪中するまえに、中国政府はすでに、政府賠償の放棄という重大な戦略的決定を行い、しかも国民に説明する要旨を定めていた。中国の民衆が日本の日章旗を目にするや抱く憤慨の感情に真っ向から立ち向かい、日本人民も日本の軍国主義による侵略戦争の被害者であり、過去の中国侵略の罪業ついては日本人民は負うことができないと訴え、さらに、中国の民衆が大局から出発し、田中首相の訪中を招請する意義を理解し、真剣に準備し、田中首相一行をきちんともてなすよう要求した。

　しかし、第1回会談で、日本側の高島益郎外務省条約局長は、'日台条約'〔日本と'中華民国'（台湾）が1952年4月に締結した'日華平和条約'のこと〕ですでに賠償請求権を放棄していると指摘し、中国側に共同声明で提起している'中国は請求権を放棄する'の'権'の字を削除するよう要求した。周恩来総理〔在任1949-76〕は高島局長の発言を厳しく批判し、蔣介石〔1887-1975〕政権は戦争賠償の放棄を宣布したときにはすでに打倒されており、中国を代表する権利がないので、気前よく振る舞ったのだ、中国が賠償の放棄を宣布するのは両国人民の友好関係から出発したもので、日本人民の負担を増やさないためであると指摘した。田中首相は周恩来総理の指摘に率直に謝意を表し、'賠償の放棄に関する発言は、歓迎に値し、心から感謝する、恩讐をこえた中国側の立場は、感銘にたえない'と述べた。

　1990年代に入ってから日本の法廷に提起された戦争賠償に関する民間人の訴訟がますます増えている。それは、自己の権利を意識する戦争の被害者が多くなったためであるが、戦後の日本社会で侵略戦争の責任を承認しない言論が徐々に活発になり、人びとの憤怒をかき立てているほうが重要である。戦時賠償を政府が放棄することと個人が放棄することとはレベルを異にする問題であり、戦争の被害に対するドイツの賠償の経験に鑑みて、民間の戦争被害は、協議と訴訟の方法で解決すべきだと認識するにいたった人がますます増えている。

➡日中間で懸案となっている東中国海のガス田施設（写真提供：共同通信社）

⬆「甲午乙未清国軍人陣亡者弔慰之塔」の碑（東京都渋谷区）　甲午中日戦争〔日清戦争〕で亡くなった清国軍人の霊を弔う

⬆麟祥院（東京都文京区）にある中華民国留学生癸亥地震遭難招魂碑　関東大震災〔1923年〕で被災し、死傷した中国人留学生を祀る

➡中国社会科学院で始まった中日歴史共同研究委員会の初会合（2006年12月26日）（写真提供：共同通信社）

第2部　中国と日本の文化交流　209

24. 中日歴史共同研究

「中日平和友好条約」の調印〔1978年8月〕後、中日両国の指導者は頻繁に往来し、相互信頼を中日関係の原則的基礎とすることに同意するとともに、「中日友好21世紀委員会」を設立した。1984年9-10月、日本の3000人の青年が招きに応じて中国を訪問し、1985年10-11月、中国の500人の青年が招きに応じて日本を訪問した。中国の経済建設は日本の戦後の経済成長の経験に学び、著しい成果を収め、中日関係に新しい一ページを加えた。

しかし、1980年代中期にいたって、日本の歴史教科書問題と首相の靖国神社参拝問題に代表される歴史認識の問題が両国関係に影響を及ぼし始めた。戦後50年を迎えるにあたって、日本の一部の政治家は侵略戦争の責任を反省する細川護煕、村山富市両首相の態度に反対し、日本と中国、韓国とのあいだの歴史認識の問題をめぐる摩擦を拡大し続けた。特に、小泉純一郎は首相在任中〔2001年4月-2006年9月〕に、連続6年間、靖国神社を参拝し、中日両国間の正常な発展を中断させ、中日両国の政治関係は寒冷期に入った。

中日の歴史問題の発生は、両国国民の歴史的体験の違いとも関係がある。相互理解、とりわけ相手側の歴史に対する相互理解は、歴史認識の違いを解決する重要な方法である。それゆえ、両国の研究者、教育者、民間団体は積極的に努力をしている。2005年、中日韓三国の研究者は共同で『未来をひらく歴史』を編纂し、日韓両国の教育者は共同で『日韓共通歴史教材　朝鮮通信使』の教材を編纂した。

2006年10月、中日両国政府は安倍晋三首相の訪中時〔2006年10月〕に共同で歴史問題の研究を行うことを協議し、同年から、中日歴史共同研究プロジェクトを発足させるとともに、共同研究を開始した。両国の歴史研究者は相互理解を促進する立場から出発して、両国関係の悪化をもたらした歴史認識の問題に対して共同研究を進めている。共同研究委員会は、中日両国の国民は文化的背景と戦争体験の違いから、歴史認識に違いが生ずるのはきわめて自然であり、共同研究を通じて意見を交換する必要があると指摘している。日本が侵略戦争を発動した歴史を研究することは、けっして深い憎しみを継続するためではなく、歴史を鑑とし、未来に目を向け、平和を大切にし、平和を維持するためなのである。

ドイツとフランス、ポーランドとのあいだでは、戦後、共同で歴史研究が進められ、ドイツとフランスのあいだでは共通の歴史教科書も編纂された。中日間の歴史の共同研究も積極的な結果を生むことができるよう希望する。

おわりに

日本の青少年のみなさんへ

　日本の青少年の読者のみなさん、あなたがたはまだ中国を訪れたことがないか、まだ中国のことがよくわからないかもしれない。しかし、きっと中国からやって来たジャイアントパンダのことは知っているにちがいない。最近、ジャイアントパンダの故郷で大地震が発生し、非常に緊迫しているときに、日本の国際緊急援助隊が時機を逸することなく被災者の救援に駆け付けた。日中両国間の距離がいかに近いかがわかる。近年、日中両国の指導者は頻繁に相互訪問を行い、「共通の戦略的利益に基づく互恵関係」の構築について共通の認識に到達し、日中関係はまさに歴史認識に影響されたかげりから脱け出しつつある。いうまでもなく、歴史認識の問題の解決はけっして容易になし遂げられるものではなく、青年の世代の積極的な努力を必要とする。

　本書の著者として、われわれは誠実に「歴史を鑑とし、未来に目を向ける」精神にもとづいて、中国の歴史をみなさんに語り、とりわけ日本の青少年が、一衣帯水の隣国である中国とはいかなる国家なのか、日本と中国とのあいだにはいかに長期にわたる密接なつながりがあるのか、中国の青少年たちがいかなる歴史教育のもとで成長するのかを理解するよう希望する。それらのことを理解することは、両国の青少年が相互交流と相互理解を進める基礎である。今後、日中間の交流はますます密接になり、高校生は修学旅行を通じて相互に訪問と討論を行えるようになるであろう。あなたがたもきっと中国の青少年たちと日中の歴史問題について討論と対話を行いたいであろう。本書『若者に伝えたい中国の歴史――共同の歴史認識に向けて』は、そのような討論と対話のために編纂したのである。

　中国では、人びとはつねに「歴史を鑑とし、未来を切り開く」という。青少年たちが本書を通じて、平和と友好の東アジア世界の未来を創造する自信をもつよう希望する。

2008年8月15日

歩　平

用語説明

〈第1部〉

漢族

　漢族とは、中国の主体をなす民族で、その祖先はおもに秦代以前の華夏族である。春秋戦国時代に中原〔黄河の中・下流域一帯で、かつての中国の中心部〕に進入した戎、狄、蛮、夷は徐々に華夏族と融合し、こうして華夏族は安定した民族になった。前漢代にはじめて漢人と称し、その後の歴史の発展のなかで、その他の民族とたえず融合し、人口がたえず増加し、最終的に中国の主体をなす民族——漢族——になった。漢族の言語は漢語といい、漢-チベット語系に属し、世界で歴史が非常に古く、きわめて内容豊富な言語の一つであり、主なものだけでも7大方言がある。現代の普通話〔共通語〕は、北方方言を基礎とし、北京音を基準にしている。漢字の起源は古く、現行の方形の文字は、商〔殷〕代の甲骨文と商・周代の金文から発展したもので、ずっと現在まで伝えられている。漢族の居住する地区はきわめて広大で、各地の方言の差はかなり大きいけれども、漢字の統一は、秦・漢代にすでに基本的に完成した。この書面語の統一は、漢族の文化の発展、および各民族との文化交流、国家の統一に重大な役割を果たしている。

干支

　天干（甲、乙、丙、丁、戊、己、庚、辛、壬、癸）と地支（子、丑、寅、卯、辰、巳、午、未、申、酉、戌、亥）の総称である。十干と十二支は循環して組み合わせ、甲子、乙丑、丙寅……など60組にすることができ、つねに'六十花甲子'〔60歳〕といわれている。古代には年、月、日、時の順序を表わすのに用い、一周すると初めに戻り、循環して使用する。いまでも、夏暦〔夏代に創始されたといわれる旧暦のこと〕の年と日は干支で表記する。

商鞅の変法

　戦国時代、魏、楚、斉、韓、秦などは富国強兵のためにあいついで変法〔制度や法制を改めること〕を行ったが、そのうちもっとも計り知れない影響を及ぼしたのは商鞅〔前390?－前338〕の変法であった。前356年、商鞅は秦の孝公〔在位前362－前338〕の支持のもとで変法を主宰した。その主な内容は、軍功にもとづいて爵位と田地と邸宅を授与し、軍功のない旧貴族の特権を廃する、全国に郡県制を樹立し、国君が官吏を派遣して統治する、土地の国有制を廃して私有制を実施し、土地は自由に売買してかまわない、耕作と戦備を奨励し、穀物と布帛を大量に生産する者は、徭役を免除する、度量衡（長さ、容積、重量の単位）を統一するなどであった。変法ののち、秦は豊かで強大になり、のちの始皇帝〔在位前247－前210〕による全国統一の基礎を築いた。しかし、商鞅の変法は貴族の既得権益をひどく損ない、その憎悪をかき立てたので、貴族たちに謀反を企てていると誣告され、車裂きの刑に処された。

匈奴

　中国古代の北方の遊牧民族で、長期にわたってモンゴル高原で水と草を追って生活し、その活動範囲は、南は陰山〔現在の内モンゴル自治区の陰山山脈〕、北はバイカル湖に及んだ。最高の首領は'単于'といい、前3世紀末に近隣の各民族を征服し、モンゴル高原を統一し、遊牧国家を徐々に形成した。秦の始皇帝〔在位前247－前210〕は匈奴の南侵を防ぐために、大軍を派遣して北伐を行うとともに、万里の長城を建設した。漢代初期には非常に強大になり、たえずその北辺を侵した。漢の武帝〔在位前141－前87〕が大軍を派遣して漠北（モンゴルのゴビ砂漠以北のこと）を征討したため、匈奴は大敗を喫し、漢朝に対抗する力を失った。2世紀前後、その一部がしばしば戦いに敗れたのち西方へ移動し、中原〔黄河の中・下流域一帯で、かつての中国の中心部〕の王朝とのつながりを徐々に失った。4世紀中葉、ソグディアナ（現在のウズベキスタンのサマルカンドを中心とす

る一帯で、多数のオアシス国家からなる）で戦争が発生し、374年にソグディアナが亡びると、中央アジアを経てヨーロッパに進出した。ヨーロッパ史上のフン人というのはその末裔である。それと同時に、その一部はたえず南方へ移動し、徐々に中国の北方の民族と融合した。

年号

年号は古代の帝王が在位の年代を記録するために定めたものであり、漢の武帝〔在位前141－前87〕に始まる。それ以前は、'始皇帝元年'〔前221年〕など、帝王の名で年を記していた。漢の武帝の即位後、はじめて年号で年を記し、同一の年号は元年、二年、三年……の序数で順をおって記した。年号を変更すれば、あらためて年を記した。在位中に多数の年号を使用した皇帝もいる。たとえば、漢の武帝は54年間の在位中に、前122年を元狩元年と称するなど、11個の年号を使った。その後、明・清両朝の皇帝は一つの年号しか使わなかった。中国では、皇帝が年号を使用して年を記す伝統は2000年余り持続し、清朝の滅亡（1911年）まで続いた。

匈奴の侵略と'和親'

秦朝の滅亡〔前207年〕後、匈奴は機に乗じて南下し、あらためて黄河以南の地区を占拠した。前漢代初期、匈奴はたえず漢朝の辺境に侵入、攪乱し、前202年、劉邦〔漢の高祖。在位前202－前195〕がみずから兵を率いて匈奴を征討し、白登（現在の山西省大同市の北東方）で30万余りの匈奴の騎兵に7昼夜にわたって包囲されたが、冒頓単于〔在位前209－前174〕夫人の閼氏を買収して危機を脱した。その後、軍師の婁敬〔劉敬〕が劉邦に匈奴との'和親'を提起した。すなわち、公主〔皇帝の娘〕を豪華な嫁入り道具とともに冒頓単于に嫁がせ、毎年、豪華な織物や酒食などを贈って、匈奴の侵犯を防ぐというものであった。婁敬は、冒頓単于が在世中は漢家の娘婿であり、死後は息子が後継ぎの単于になるので、漢家の外孫であり、外孫はもちろん外祖父に対等に振る舞おうとはしないでしょうと言った。劉邦は婁敬の提案を用い、

匈奴と和親を行うとともに、漢朝と匈奴との間の関市〔交通の要衝に立つ市〕を開放した。漢朝と匈奴の'和親'は、しばらく北方の辺境を安定させ、発展のために時間を稼ぐことができた。

紀伝体

紀は帝王の年代記のことで、年にもとづいて編纂、執筆し、伝は将軍、大臣や有名人の伝記である。そのような題材にもとづいて執筆した歴史書を紀伝体の史書という。

渾天儀と地動儀

張衡〔78－139〕は渾天儀（現在の天球儀）を改良し、歯車を利用して渾天儀と時刻を計る漏壺〔水時計〕を結び付け、室内で恒星の位置を観測できるようにした。張衡はさらに候風地動儀〔地震計〕をも設計した。それは精製された銅で鋳造され、酒甕に似ており、内部に都柱（振り子）があり、その周囲の8方向に開閉できる機械が並んでいる。外側には内部の機械と連なる8尾の銅龍が鋳込まれ、それぞれの龍の口は銅の球をくわえており、ある方向に地面が動けば、銅の球が同じ方向の下にうずくまっている銅製の蟾蜍の口のなかに落ち、その音によって地震の方向がわかったのである。これこそ世界公認の最初の地震計である。

西域

西域とは、漢代とその後における、玉門関〔現在の甘粛省敦煌市北西部〕および陽関〔現在の同市南西部〕以西の地区に対する総称である。それには二つの意味がある。狭義では、葱嶺（現在のパミール高原とカラコルム山）以東のことで、おもに現在の新疆地区のことである。広義では、およそ葱嶺から西方へ向かって到達できる地区のことで、中央アジア、南アジア、西アジア、北アフリカ、ヨーロッパが含まれる。

大運河

隋の煬帝楊広〔在位604－618〕が南北両地に対する支配を強化するために、また南方への巡遊の便宜のために、数百万人の民衆を徴発し、

6年の歳月を費やし、涿郡（現在の北京）から南は余杭（現在の杭州）に至る大運河を開鑿した。大運河は北から南へ海河、黄河、淮河、長江、銭塘江の5大水系を結び、全長2000キロ余りに達し、古代世界で最長の運河で、中国南北の経済、文化の発展と交流を大々的に促進した。

科挙

隋代から唐代にかけて新設された高級官僚の登用制度。隋代以前は、朝廷の官職はおもに門閥の豪族に独占されていた。隋の文帝〔在位581－604〕のときに、地方官に人材を推薦するよう要求し、試験の合格者に官職を授与した。隋の煬帝〔在位604－618〕のときに正式に進士科を設置し、科挙制度が徐々に形成され、唐代にさらに発展し、日をおって整備された。武則天〔則天武后、武周朝の創始者。在位690－705〕のときに受験生を宮殿に集め、みずから面接し、殿試制度を始めた。また、武挙を創設し、軍事の人材を登用した。科挙制度の特徴は、家柄ではなく、試験によって官員を選抜することで、家柄の低い者の仕官に道を切り拓き、官員全体の素質をも引き上げ、中央集権を強化した。そのため、唐朝以後の歴代の王朝に踏襲されるとともに、朝鮮やベトナムも模倣した。中国では1300年余りも踏襲され、清代末期〔1905年〕にやっと廃止された。

景教

唐代に中国に伝来したネストリウス派キリスト教である。ネストリウス〔？－451〕は東ローマ帝国のコンスタンティノープルの総主教〔在位428－431〕で、キリストとマリアの神性説に異議をとなえ、イエスの二性〔神性と人性〕説とマリアの非聖母説を主張し、東ローマ教会から異端と見なされ、迫害された。一部の追随者がペルシアに逃れ、ペルシア国王に庇護され、中央アジアに流布した。唐における景教という名称は教徒自身による命名である。635年、景教の僧侶のアラボンが中国に伝えた。西安の陝西省博物館の蔵する「大秦景教流行中国碑」と、敦煌遺文のうちの「大秦景教三威蒙度賛」は、景教の中国流伝に関する貴重な資料である。唐代後期に禁じられ、その後、衰微したが、元代にふたたび伝来し、その信徒はヨーロッパからやって来た天主教〔カトリック〕の信徒とともに'也里可温'とよばれた。元朝の滅亡後、ふたたび衰退した。

二十四史

中国前近代の24種の紀伝体の史書の総称で、清の乾隆帝〔在位1735－95〕の欽定による。『史記』、『漢書』、『後漢書』、『三国志』、『晋書』、『宋書』、『南斉書』、『梁書』、『陳書』、『魏書』、『北斉書』、『周書』、『隋書』、『南史』、『北史』、『旧唐書』、『新唐書』、『旧五代史』、『新五代史』、『宋史』、『遼史』、『金史』、『元史』、『明史』である。1921年、中華民国政府は『新元史』を追加し、'二十五史'と総称した。この25種の史書は中国の数千年の文明史を体系的に記している。

唐三彩

唐代の陶器の釉薬の色で、その釉薬を使った陶器のことをもいう。生地を形にして乾かしたものを1100度前後で焼き、彩色を施したのち、ふたたび900度前後で焼成する。その基本的な釉薬の色が緑色、赤褐色、藍色の3色なので、'唐三彩'という。'三彩'というけれども、けっして3色に限られていたわけではない。白色（ふつうやや黄色を帯びている）のほかに、浅黄色、樺色、黄緑色、濃緑色、藍色も使う。その造形は多様で、釉薬の色が自然、色彩が豪華絢爛で、芸術的価値が高く、唐代陶器の逸品である。人物、家畜、日用品、家具、建造物など、造形が豊富で、唐代の社会生活のさまざまの面を活き活きと再現している。それゆえ、唐代社会の'百科全書'と称されている。

木版印刷

木版印刷は、版木に図や文字を彫って印刷する技術にほかならない。中国における印刷の発展は、印章、石碑の墨拓から木版に、さらに活版に至るまでいくつかの段階を経ている。木版印刷の版木は、ふつう、棗、梨など、木目が緻

密で堅実な木材を使う。製版と印刷の手順は、まず薄くて透明な柔らかい紙に字を書き、字面を下にして版木に貼り付け、字形にもとづいて鑿で文字を彫り出し、ついで版木に墨を塗り、紙をかぶせ、刷毛で軽くならしながらこすり、はがすと、文字が紙に転写されている。

陳橋のクーデター

趙匡胤〔のちの北宋の太祖。927－976、在位960－976〕が画策した後周政権〔951－960年〕を奪取する軍事政変。959年、後周の幼帝〔恭帝。953－973、在位959－960〕が即位すると、大将軍の趙匡胤は軍の実権を掌握した。翌年元旦、外敵が侵入したという噂が伝えられると、朝廷は兵を南下させたが、趙匡胤は命を受け、防御するために諸軍を率いて北上した。その大軍が陳橋（現在の河南省封丘県）に到達すると、趙匡胤は配下の将兵に意を授けて黄袍（中国古代では、皇帝しか黄袍を身に着けることができなかった）を自分の身に羽織らせ、皇帝に擁立させた。そして、軍を率いて都城〔現在の河南省洛陽市〕に引き返し、幼帝に禅譲を迫り、きわめて容易に後周政権を奪取し、国号を'宋'に改めた。

文天祥

南宋朝の大臣。幼いときから勉学に励み、成績が優秀で、科挙〔高級官吏登用試験〕を受験し、首位の成績で進士（状元）に合格した。モンゴル族が元朝を樹立して大挙して宋に進攻すると、文天祥〔1236－83〕は軍隊や人民を率いて抵抗し、苦難にさいなまれても闘志が衰えなかった。元軍が臨安〔南宋朝の都城、現在の浙江省杭州市〕を攻略すると、曲折を経つつ南下し、軍隊を組織し、ひきつづき抵抗した。1278年、元軍の捕虜になり、大都（現在の北京市）に押送される途中、'人生　古より誰か死無からん、丹心を留取して汗青〔史書〕を照らさん'〔「零丁洋を過る」〕と詠じ、不屈の志を表明した。1283年1月、元の世祖クビライ〔在位1260－94〕が接見し、最後の降伏勧告を行うと、'文天祥は大宋の状元の宰相であり、宋が亡びたら、死ぬしかなく、生きることはできない'と答え、翌日、意気も高らかに処刑された。遺作の「正気の歌」は絶えることなく伝承され、数百年来、後世の人が正義のために献身するのを激励してきた。

モンゴル文字

元代には2種のモンゴル文字が使用されていた。一つはウイグル系モンゴル文字、もう一つはパスパ文字である。チンギスカン〔在位1206－27〕は、建国したときに、ウイグル文字を借用してモンゴル語を書写し、ウイグル系モンゴル文字と称した。ウイグル文字とは古代の回鶻字にほかならず、ソグド文字に由来し、表音文字である。世祖クビライ〔在位1260－94〕は、1260年に即位すると、チベットのサキアパ派仏教の法王のパスパ〔1235－80〕を国師に封じ、モンゴル文字を作るよう命じた。1269年に正式に頒布し、モンゴル新字と称し、モンゴル国字ともいった。このモンゴル字はチベット語の文字を参考にして作られたものであるが、チベット語の文字はインドのサンスクリット語の文字に由来がある。元代には、パスパ文字が公用語として使用されていたが、元朝の滅亡後、しばらくして使われなくなり、ウイグル系モンゴル文字に改良を加え、今日までひきつづき使われている。

色目人

元朝は、モンゴル族を除く西北の各民族、および西域からヨーロッパに至る各民族を広く色目人と総称した。'色目'という言葉は宋代に由来があり、'諸色目人'の略称である。元朝が'色目人'という名称を使ったのは、その雑多さを意味するためであった。色目人は元代に大量に漢族の居住する地区に進出し、元朝に重視され、全国の四等人のうち第二等に列せられ、モンゴル人に次ぐ待遇を受けた。色目人が漢族の居住地区に進出した結果、漢族と西北の各民族とのあいだ、および中国と西方の各国とのあいだの経済、文化交流が非常に促された。

明の北京城

明の北京城は元の大都を基礎に建設され、平面は'凸'字形を呈し、面積が約25.4平方キロである。宮城、皇城、内城、外城の四重に分かれている。内城の中央が皇城で、皇城の中央が宮城、つまり紫禁城である。紫禁城は、皇帝が公務を処理するところと、生活、休息するところに分かれ、雄大壮観な建築群からなり、建築物には宮殿、楼閣、四阿が含まれる。そのうち、きわめて勇壮偉大なのは太和殿、中和殿、保和殿で、俗に'三大殿'といい、皇帝が政令を発布したり、式典を挙行したりするところであった。紫禁城の外側は、左が太廟、右が社稷壇で、さらに南郊に巨大な天壇と山川壇（のちに先農壇と改称）があり、東、西、北郊にそれぞれ日壇、月壇、地壇がある。これらの建築物は瑠璃瓦の屋根、黄色の塀と壁、紅色の柱、白色の石彫りの土台と欄干という荘重な色調で統一され、華麗壮観で、皇家の気概をきわだたせている。紫禁城はいまなお保存状態が良好で、世界的に有名な古代建築群の一つである。

イエズス会士

イエズス会〔ジェスイット会〕の修道士のこと。イエズス会はカトリック男子修道会の一つで、1534年にスペインの貴族のイグナティウス・デ・ロヨラ〔1491?－1556〕がパリで創立し、ローマ法王に隷属していた。成立後まもなく、アジア、アフリカ、アメリカに宣教師を派遣し始めた。最初に中国にやって来たイエズス会士はフランシスコ・ザビエル〔1506－53〕で、1551年に広東にやって来た。中国にやって来たイエズス会士のうち、もっとも多いのはポルトガル人で、そのほかにフランス人、イタリア人、ベルギー人、ドイツ人、スペイン人、オーストリア人、ポーランド人、スイス人がいた。そのうち、もっとも大きな影響を及ぼしたのはイタリア人のマテオ・リッチ〔1552－1610〕である。中国の学者や文人の援助を受け、イエズス会士は天文、暦算、地理学、物理学、言語学に関する著作を翻訳、編纂し、西洋の科学技術と人文科学を中国に伝えた。

八旗制度

清代の満洲族の軍事・行政組織。満洲族の祖先の女真人は狩猟を生業とし、集団狩猟の組織をニルといった。清の太祖ヌルハチ〔1559－1626、在位1616－26〕は、同族の諸部を統一する戦争で勢力を拡大し、人口を増やし、従来のニルを基礎に八旗制度を創始した。300人を1ニル、5ニルを1ジャラン、5ジャランを1グーサとし、あわせて8グーサを編成した。8グーサはそれぞれ色を異にする旗を標識としたので、八旗といった。清朝は最初に八旗満洲を編成し〔1600年〕、のちに八旗モンゴル〔1635年〕と八旗漢軍〔1642年〕を増設した。清朝の樹立直後は、八旗は勇猛で戦いに巧みな軍隊であった。しかし、中原〔黄河の中・下流域一帯〕に入ったのち、安逸になれ、教練をおろそかにしたため、八旗の官兵は戦闘力が急速に衰え、八旗制度も問題のはなはだ多い制度の一つになった。

鄭成功

鄭成功〔1624－62〕は、中国史上の有名な民族英雄で、福建の泉州の出身である。父親の鄭芝龍〔1604－61〕は日本で商売を営み、日本人の田川氏（翁氏という説もある）を娶った。鄭成功は1624年に日本の平戸で生まれ、7歳のときに帰国した。清軍が南下すると、1645年6月、南明の唐王〔朱聿鍵。1602－46、在位1645－46〕がみずから隆武帝を称し、福建で抵抗した。鄭芝龍が鄭成功を伴って隆武帝にまみえると、隆武帝は鄭成功が若い俊英であることを見極め、朱姓（明朝の皇族の姓）を賜ったので、鄭成功は'国姓爺'とよばれた。1646年、清軍が福建に攻め入ると、鄭成功の母親は辱められて自殺し、父親は投降したが、鄭成功は死を誓って降伏せず、1650年以来、厦門を拠点にして、東南沿海を転戦し、清朝への抵抗を堅持した。1661年、持久的な抗清基地を築くために、軍を率いて台湾に攻め入った。台湾は中国の領土であったが、17世紀初めにオランダの植民地主義者に略奪されていたのである。鄭成功が台湾を攻撃すると、オランダ軍は力尽きて投降したが、鄭成功は台

湾を取り戻したのち、まもなく病死した。

ダライ、パンチェンと金瓶掣籤

　ダライとパンチェンは、ともにチベット仏教のゲルグ派（黄帽派）内で並列する二大活仏の転生系統の称号である。ダライは正しくは'ダライラマ'といい、ダライはモンゴル語で、'大海'を意味し、ラマはチベット語で、僧侶に対する尊称であり、'上人'という意味である。パンチェンは'パンチェンエルドニ'にほかならず、パンチェンは大師を意味し、'エルドニ'は満洲語で、珍宝という意味である。清朝の規定では、歴代のダライラマとパンチェンエルドニの転生は、中央政府の冊封を受けなければならなかった。

　ダライ、パンチェン、およびその他の活仏の継承者の問題を解決するために、清朝は特に'金瓶掣籤'制度を創設し、ダライ、パンチェンをはじめとする活仏は、円寂（肉体の死亡のこと。チベット仏教では、仏は長生不死であり、死去するのは肉体にすぎず、霊魂は転生化生できると見なされている）したのち、かならず転生した'霊童'（ダライ、あるいはパンチェンが円寂したのと同じ時刻に生まれた民間の嬰児）を探し出し、それらの嬰児の名まえを満洲語、漢語、チベット語で象牙の籤に記し、金製の瓶のなかに入れ、掣籤の儀式を行わなければならなかった。籤に中った者が継承者にほかならず、中央政府に報告して批准されたのち、効力が生じた。

四書五経

　四書とは『大学』、『中庸』、『論語』、『孟子』のことで、宋代以後、長期にわたって科挙の基本書であった。五経とは『詩経』、『書経』、『礼記』、『易経』、『春秋』の５部の儒家の経典のことである。そのなかには、中国古代の豊富な資料が保存されており、長期にわたって支配者の教科書になるとともに、儒家思想を宣伝する理論的な拠りどころであった。

孫中山と同盟会

　孫中山〔孫文。1866－1925〕は日本でも革命活動を行った。1905年７月、孫中山は黄興〔1847－1916。華興会〕、宋教仁〔1882－1913。華興会〕ら、各革命団体の責任者と共同で統一された革命組織である同盟会を結成し、'韃虜〔清朝〕を駆除し、中華を恢復し、民国〔共和国〕を創立し、地権を平均す'という綱領を確定した。その後〔1905年11月〕、『民報』を創刊し、「発刊の詞」で、革命綱領について民族主義、民権主義、民生主義、つまり'三民主義'であることを明らかにした。同盟会は、清朝を覆し、民国を創立する革命活動を積極的に展開した。孫中山らの革命活動は、宮崎滔天〔1871－1922〕ら、日本の多数の友人の協力と支持を得た。

中米「望厦条約」と中仏「黄埔条約」

　中英「南京条約」〔1842年〕の調印後、アメリカ、フランスなど、侵略者がつぎつぎにやって来て、機に乗じて特権を要求し、1844年、清朝政府に強要して中米「望厦条約」と中仏「黄埔条約」を締結したが、両条約はアメリカとフランスが中英条約のあらゆる特権を享受でき、さらに宣教師が通商港で自由に布教する特権を獲得することも規定していた。

領事裁判権

　中英「南京条約」〔1842年〕につぐ「五港通商章程」〔1843年〕は、中国で発生したイギリス人にかかわる訴訟事件はイギリスの官員だけがイギリスの法律にもとづいて審理することができ、中国の地方官には処理する権限がないと規定されていた。この種の領事裁判権によって、中国の司法権が大きく損なわれた。

'拝上帝会'

　太平天国の指導者の洪秀全〔1814－64〕は、1843年に故郷の広東省花県〔現在の広東省広州市花都区〕でキリスト教の形式を模倣して、宗教的農民革命組織である'拝上帝会'を結成し、1845年以後、『原道救世歌』、『原道醒世訓』、『原道覚世訓』などを著し、人民に皇上帝を信仰し、清朝の支配者らの'妖'を絶滅し、天下が一家となり、ともに太平を享受するよう呼びかけた。

また、さまざまな儀式や規則を定めるとともに、広西省〔現在の広西チワン族自治区〕で組織を拡大して会衆を集めた。1851年1月、会衆を率いて広西省桂平県〔現在の広西チワン族自治区桂平市〕の金田村で蜂起した。

買弁
アヘン戦争〔1840－42年〕以前、広東の1港だけで通商を行っていたとき、広東の商館で外国の商人のために働く仲買人や管理人を買弁といった。5港〔広州、廈門(アモイ)、福州、寧波、上海〕で貿易を行うようになると、買弁は外国人商人に自由に雇われる雇員になり、外国人商人と中国人商人のあいだの仲介人、あるいは代理人になった。取引の仲介で得る利益がかなり多かったので、対外貿易が増加するのに伴い、かなり急速に金を貯えて裕福な商人グループになった。

捐納
清朝朝廷は、資金を調達して軍人の給与や災害地区の住民の救済など、特殊な用途にあてるために、一定の数額の銀両を捐納〔寄付〕することによって、さまざまな等級の、名目だけの官職、あるいは実際の官職を授与できると規定していた。清朝の前期には一時的なものであったが、後期以後は朝廷の財政が困難になったため、恒例になり、しかも金額を切り下げたので、候補者が多すぎ、仕官が困難になり、社会に危害をもたらした。

挙人
清朝は科挙による知識人の登用制度を実行した。知識人はまず県、府の初級試験に合格しなければならず、合格者は'生員'といい、俗に'秀才'ともいい、省クラスの試験を受ける資格を与えられた。省クラスの試験は'郷試'といい、3年ごとに1回行われ、合格者は'挙人'とよばれ、上級の全国クラスの試験を受けることができ、資格と経歴を積み重ねて一部の官職に就くことができた。

八股
清代の読書人は科挙の試験では、規定された文体で儒学の経典である'四書'の経義に関する問題に答えなければならなかった。文章を綴るときには各篇ごとに、破題、承題、起講、入手、起股、中股、後股、束股の八つの様式に基づかなければならず、それゆえ'八股文(はっこ)'といった。この固定された様式の文章を執筆するために、人びとの思想は束縛され、解答も解説書の引き写しになりがちであった。

'庚子賠償金'
1901年、義和団事件〔1900年〕の結果、列強〔11か国〕は清朝政府に強要して「辛丑条約」を締結し、各国にあわせて銀4億5000万両、元利合計で9億8000万両の賠償金を支払うことを認めさせた。その後、アメリカは中国人民の反帝国主義の感情を和らげるために、実際の損害を上まわった賠償金の一部を醵出し、中国の学生がアメリカに留学するのを援助することとし、そのためにアメリカ留学の予備校として清華学堂〔現在の清華大学〕を設立した。その後、イギリス、日本、フランスなどがあいついでアメリカにならった。

纏足
中国の漢族の女性には伝統的に纏足(てんそく)の風習があり、女の子は数歳から細長い布で足の指をきつく縛り、土踏まずの方に彎曲させ、尖った小脚を形成するとともに、小さければ小さいほど美しいとされた。纏足はきわめて苦痛で、往々にして腫れたり化膿したりして、成年後は歩くのに不便であった。しかし、民衆のあいだで流行し、纏足をしなければ結婚しにくかった。清代初期に明文で禁止されたけれども、もとどおりであった。

都督
辛亥革命〔1911年10月〕ののち、各省に最高軍事長官として都督を配置し、その省の軍務を統括させた。

北洋軍閥

　1895年、清朝は袁世凱〔1860－1916〕に天津の小站〔同市の南東部〕で新式陸軍を訓練させた。1901年、袁世凱が北洋大臣に任じられたので、訓練した軍隊は北洋軍と呼ばれた。辛亥革命〔1911年10月〕ののち、袁世凱は臨時大総統という大権を手に入れ〔1912年2月〕、中央と地方を支配する北洋軍事集団を形成した。1916年6月に袁世凱が死ぬと、北洋軍閥は直隷派〔馮国璋、曹錕〕、安徽派〔段祺瑞〕、奉天派〔張作霖〕に分裂し、北京の政権を独占するとともに、たがいに抗争し合い、たえず混戦がもたらされた。1928年6月、国民革命軍が北伐に成功すると、あいついで没落した。

辮髪と剪髪

　満洲族が中原〔黄河の中・下流域一帯で、中国の中心部〕に入って清朝を樹立したとき、漢族の男性に満洲族の辮髪を強制し、清朝に順順した象徴にした。辛亥革命〔1911年10月〕で清朝が覆されると、辮髪を切り落とすことが清朝を離脱し民国に帰服する象徴になり、全国各地でものすごい勢いで剪辮運動が展開され、またたくまに全国の都市と大半の農村では清朝への臣従を象徴する辮髪を切り落とし、西洋式のショートヘアーが流行し、女子学生のあいだでもショートヘアーが流行した。ショートヘアーは活動しやすく、衛生的であるので、人びとに歓迎された。

国民党と二次革命

　袁世凱〔1860－1916〕は国民党に打撃を与え、独裁政治を実現するために、国民党の指導者の宋教仁〔1882－1913〕を暗殺する〔3月20日〕とともに、列強から借款を得、武力で国民党員を征討することを画策し、人びとの憤怒を引き起こした。江西、南京〔江蘇省南京市〕などの革命党員は袁世凱の討伐を宣布し、上海、広東、安徽、湖南、福建、四川などがあいついで独立を宣告し、国民党の指導する、袁世凱の独裁支配に反対し、共和制を防衛する'二次革命'〔第二革命。7月12日－9月1日〕を開始した。

張勲の復辟

　安徽督軍の張勲〔1854－1923〕は革命に反対し、ひたすら清朝皇帝の支配を維持したいと考え、辛亥革命〔1911年10月〕後も依然として配下の軍隊の将兵に辮髪をさせていた。1917年6月、その辮子軍3000人を率いて北上し北京に入り、大総統の黎元洪〔1866－1928〕に迫って辞職させ、溥儀〔もとの宣統帝。1906－67、在位1908－12〕を擁して帝位に復位させ、宣統の年号を復活させた〔7月1日〕。全国人民は非常に怒り、強烈に反対し、孫中山〔孫文。1866－1925〕は「討逆宣言」を発表し、復辟を討伐するよう呼びかけた。張勲に国務総理の座を追われた段祺瑞〔1865－1936〕が北京に進攻し、張勲を打ち破り、復辟の茶番劇にわずか12日間で終止符を打ち、国務総理に返り咲き、北京政府の大権を掌握した〔7月14日〕。

陳独秀と『新青年』

　日本に留学したことのある陳独秀〔1879－1942〕は1915年9月に上海で『青年雑誌』を創刊し、翌年、『新青年』と改称し、青年に古臭くて腐朽している伝統的な倫理の束縛を排除し、自主的、進歩的、進取的、世界的、実利的、科学的な新人になるよう呼びかけ、その後、'民主'と'科学'という二つのスローガンを声高らかにとなえた。

　1917年1月、陳独秀は北京大学文科学長に招聘され、胡適〔1891－1962〕、李大釗〔1889－1927〕、銭玄同〔1887－1939〕、魯迅〔1881－1936〕らとともに新文化運動の旗手になった。『新青年』は知識階層、青年学生のあいだで広く読まれ、新思想や新学説を紹介し、当時、『新青年』を知らない知識青年はほとんどいなかった。

家族・家庭制度

　中国の伝統的な農村生活は一族が集まって住むことが多く、祖先を共通にする大家族を構成する家庭が少なくなかった。家族のなかでは年長者を族長とし、共通の祠堂を設け、族規を定め、田地の処分、冠婚葬祭など、生活の大事は、ふつう族長の同意を得なければならず、儀礼や

用語説明

族規に反する行為があれば、懲罰され、ひいては追放されることさえあった。各家庭は父親を家長とし、父親は妻と子どもに対する支配権を有し、ひいては勝手に売買してもかまわず、妻と子どもは父親に絶対的に服従しなければならなかった。この家族・家庭制度のもとでは、人びとには個人の権利がなく、等級・服従観念と依存・従順の習慣を培った。

請負結婚

　中国の伝統的な婚姻は家長が独断で決めていたが、ふつう家長が仲介人に依頼して社会的地位や経済情況が自分の家にふさわしい家庭を見つけてもらい、双方の子どもの婚姻が成立すると、女性の同意を得る必要はなかった。男女双方が顔を合わせるもこともなく、大半の場合、新婚の初夜にはじめて顔を合わせることが多く、性格が合わなかったり、容貌がたがいに気に入らなかったりしても、がまんするしかなかった。相手の財産を貪ろうとして、子どもに婚姻を受け容れるよう強制する家長もいた。女性の離婚と再婚は社会的に蔑視された。伝統的な婚姻制度は往々にして当事者に死ぬまで苦痛と家庭の悲劇をもたらした。

'三光作戦'

　日本軍は、華北地区の、中国軍の支配する地区に対して、特に共産党の支配する抗日根拠地に対して、'掃蕩'作戦を実施した。すなわち、あらゆる家屋を焼き光くし、あらゆる人を殺し光くし、あらゆる財物を盗み光くし、抗日を行う軍隊と人民の生存条件を徹底的に粉砕した。いわゆる'三光作戦'で、日本軍は'燼滅作戦'と称した。

大躍進

　毛沢東〔1893－1976〕の主導のもと、1958年から1960年にかけて、全国的範囲で、人民公社を設立し、大衆を発動して大々的に鉄鋼生産を行い、農業生産を増やし、鉄鋼と食糧の生産量を大幅に増加させる大衆運動を巻き起こした。毛沢東はこの大衆的な運動に依拠して大幅に生産を増加し、できるかぎり速く共産主義の理想社会を実現することを期待したが、その後の事実が裏づけているように、実情にそぐわない空想にすぎなかった。

'農家生産請負制'

　農村で高度に集中した人民公社制度を実行して人民の労働への積極性を束縛した弊害に照準を当て、1978年、安徽省鳳陽県小崗村の農民が率先して土地を各戸に請け負わせ、翌年、豊作をかち取った。鄧小平〔1902－97〕はこの試みを肯定、支持し、1982年、全国の農村で集団所有の土地の耕作を長期にわたって各農家に請け負わせ、収穫した食糧は国家と集団に上納する規定数量を除き、すべて各農家の所有に帰すことにした。

中国人民政治協商会議

　中国共産党の指導のもとで1949年9月に結成された統一戦線組織で、全国人民代表大会の職権を代行した。その第1回全体会議〔1949年9月〕で中央人民政府を選出し、臨時憲法の役割を果たす'共同綱領'を採択し、中華人民共和国の成立を宣布した〔同年10月1日〕。1954年9月に憲法を公布したのち、全国人民代表大会の職権は代行しなくなったが、依然として統一戦線組織として存続している。

平和共存五原則

　新中国は、成立直後〔1954年6月〕にインド政府との交渉のさい、領土と主権の相互尊重、相互不可侵、相互の内政不干渉、平等互恵、平和共存という5項目の国際関係の原則を提起した。

公私合営

　解放〔1949年10月〕直後に民族資本主義商工業に社会主義改造を実行した高度な形式。政府が公方の代表を私営企業に派遣し、公私双方が共同で企業を経営した。すなわち、'公私合営'であるが、公方の代表が指導的地位を占めた。

'紅衛兵'

　文化大革命〔1966-76年〕の初期、毛沢東〔1893-1976〕の支持のもと、全国各地の大学、中学〔日本の高校と中学に相当する〕の学生・生徒が結成した組織。無批判に毛沢東を崇拝し、緑色の軍服と『毛沢東語録』を崇め、'造反有理'のスローガンを曲解し、勝手気ままに各クラスの政府機関に突入し、反動と見なした指導幹部や普通の人びとを批判闘争にかけ、社会に混乱をもたらした。

'上山下郷'運動

　1968年から、毛沢東〔1893-1976〕の呼びかけのもと、1966-68年における都市の中学〔日本の高校と中学校に相当する〕の卒業生あわせて1000万人が、山間部、牧畜地区、僻遠の農村、辺境の建設兵団に送り込まれて農業労働に従事し、その就業問題を解決した。その後の10年間、都市の知識青年あわせて1600万人が上山下郷し、1978年にいたってやっとこの政策は停止された。

'四人組'

　かつての中共中央政治局委員の江青〔1914-91〕、王洪文〔1935-92〕、張春橋〔1917-2005〕、姚文元〔1931-2005〕の4人のこと。そのうち、王洪文は中央委員会副主席、その他の三人はいずれも'中央文化革命小組'のメンバーであった。

裸足の医者

　文化大革命〔1966-76年〕以前とそのさなかに、各地の農村の人民公社の教養ある男女の青年が、短期の集中医療訓練を受け、農村に戻って、農業労働に従事しながら村民の簡単な医療を担当した、半農半医の農村衛生員である。農業労働にも参加し、裸足〔赤脚〕で水田に入ったので、'裸足の医者'〔赤脚医生〕とよばれた。

模範劇

　文化大革命〔1966-76年〕以前にすでに出現し、のちに江青〔1914-91〕の審査を経て'革命の基準'に符合していると見なされ、文芸模範と認定された八つの演劇で、'革命模範劇'とよばれた。革命戦争を題材とした京劇の『紅灯記』、『沙家浜』、『智略で威虎山を取る』、『奇襲白虎団』、『杜鵑山』とバレー舞踊劇の『紅色娘子軍』と、農工業建設を反映した京劇の『海港』と『龍江頌』の8作品で、のちに映画に撮影され、全国で広く上映、放映された。政治性を強調し、主要な英雄的人物を突出させ、模式化がかなり強かった。

'一国両制'

　鄧小平〔1902-97〕は'一つの国家に、二つの制度'を香港、澳門、台湾の問題を解決する政策として提起した。すなわち、中華人民共和国内で、大陸では社会主義制度を実行し、香港、澳門、台湾では資本主義制度を実行するというものである。'一国両制'政策は、香港と澳門が順調に祖国に復帰する架け橋になった。

<第2部>

秦の始皇帝
　秦の始皇帝（前259－前210、在位前246－前210）は、名を嬴政といい、秦の国王に即位したのち、10年間で六国〔韓、魏、楚、趙、燕、斉〕を兼併し、'始皇帝' と称した。在位中に郡県制を施行し、各地に通ずる道路を建設し、度量衡、貨幣、文字を統一し、長城（現在の万里の長城の前身）を建造した。しかし、厳格で過酷な刑法と課税を実行し、書籍を焼却し、儒者を迫害し、何回も人を各地に派遣して長生不死の仙薬を探させた。

小刀会の蜂起
　小刀会は、民間の秘密結社である天地会の分派の一つで、18世紀に福建で結成され、会員は小刀を身に着けて標識とし、1850年代に上海に進出した。首領は劉麗川〔1820－55〕で、天地会の '反清復明' のスローガンを引き継ぎ、'大明国' を自称した。その後、太平天国〔1851－64年〕の指導を受け容れ、太平天国農民革命運動の一部をになった。

総理衙門
　正しくは '総理各国事務衙門' といった。1861年に清朝政府が対外交渉の事務を処理するために設立した機関で、親王が首席大臣に任じられたが、在任期間がもっとも長かったのは恭親王奕訢〔1831－98、在任1861－84〕であった。その他の大臣は軍機大臣、翰林大学士、各部の尚書と侍郎のなかから選任された。成立後、権限がたえず拡大され、各国との外交や通商を統括するだけでなく、外国と関係のある税関、国境の防備、長江の水軍、北洋海軍、要塞、砲台、鉄道、電報、鉱山、学校などにも責任を負っていた。1901年、外務部と改称した。

一体均霑
　近代初期における西洋列強と中国とのあいだの条約の不平等条項で、1843年の中英「虎門条約」に始まる。今後、中国がその他の国に新しい条件を与えれば、イギリスも自動的に享受できる、つまり '一体均霑'〔最恵国待遇〕と規定されていた。1858年、ロシア、アメリカ、フランスなども「天津条約」によって '一体均霑' の特権を獲得した。

翰林院
　中国古代の官署名で、清朝の翰林院は国史の編修、各種の儀式や式典に関する文書の起草に責任を負っていた。毎年、科挙の成績優秀な合格者が翰林編修に任じられ、順をおって翰林侍読、翰林学士、翰林大学士に昇格した。翰林院の官職には非常に高い栄誉が与えられていたが、閑職であった。

秋瑾と徐錫麟
　秋瑾〔女性。1875－1907〕と徐錫麟〔1873－1907〕は、ともに日本に留学したことのある革命活動家で、前後して反清朝の革命団体である光復会〔1904年10月創立〕と孫中山の指導する同盟会に加入し、帰国後、国内で革命活動を行った。1907年5月、徐錫麟が安慶〔安徽省安慶市〕で蜂起し、秋瑾が浙江で呼応する準備を進めたが、安慶の蜂起はたちまち鎮圧され、徐錫麟は逮捕されて処刑された。秋瑾は革命のために犠牲になることを決意した中国で最初の女性で、断固として紹興〔浙江省紹興市〕の大通学堂に留まって包囲した清軍と命がけで戦い、逮捕されたのち雄々しく処刑された。

対中国物資禁輸
　冷戦期間中、西洋はソ連、中国などに対して戦略物資の禁輸措置を採用した。1951年、アメリカ政府は国連総会の決議にもとづいて '対中国戦略物資禁輸措置' を決定し、日本政府も賛同を表明し、同一歩調をとった。また、アメリカは共産圏各国に戦略物質を輸出する同盟国に対する懲罰、いわゆる 'バトル法' を制定し、ソ連と中国への国際社会による経済封鎖に対する支配を強化した。1952年9月、さらに対中国輸出統制委員会（CHINCOM）を結成し、東方陣営に対していっそう厳しい経済・技術支配を強

化した。

'LT貿易'

　LTは、当時の中国側の対日責任者である廖承志〔1907-83〕と、日本の経済企画庁の高碕達之助元長官（戦前の満洲重工業の総裁）〔1885-1964〕の2人の姓名の頭文字である。

　1962年11月、高碕は新しい日中貿易協定の草案を携えて中国を訪問し、廖承志とのあいだで'日中総合貿易に関する覚書'を交換し、'LT貿易'が始まり、1964年8月、それぞれ北京と東京に連絡事務所を開設した。その結果、中日の民間貿易が準政府間貿易になり、中日貿易は盛んになり、一時は日台貿易を凌駕したこともある。

　1968年2月、'覚書貿易'〔MT貿易〕と改称した。

長崎国旗事件

　1958年5月2日、中国商品展覧会が開催されていた長崎市内のデパートで、日本の若者が会場に掲げられていた中国国旗を引き摺り下ろしたが、日本の警察は軽微な器物損壊と見なし、その若者をただちに釈放した。5月9日、陳毅外交部長〔1905-72、在任1958-66〕が談話を発表し、'中国の国旗を侮辱した長崎の事件は、岸信介内閣〔1957-60〕が大目に見るとともに庇護を与えたので起こったものである。これらの言動は、中華人民共和国に対する侮辱であり、中国人民に対する意識的な挑発であり、岸内閣はこの事件によってもたらされる一切の結果に完全に責任を負わなければならない'と指摘した。この事件は、中日関係に陰影をもたらした。

'日中平和友好会'

　中国革命に参加して帰国した日本人が結成した団体で、情熱的に社会主義中国を賞賛し、冷戦期に中日友好を促進した。1990年代以来、日本社会で横行している、侵略戦争の罪業を否定する言論に真っ向から対決し、軍国主義の罪業を暴露する'七三一部隊展'、'毒ガス展'などを日本各地で巡回展示している。会員たちは異口同音に、すでに70-80歳という高齢に達しているけれども、帰国するときに中国の戦友が口にした言葉がいつも耳もとで響いていて、一日もゆっくり休息することができない、生きているかぎり日中友好に全力を尽くすつもりであると語っている。

'中国帰還者連絡会'

　中国の戦犯管理所で服役した1000人余りの日本軍人が帰国後、1956年に結成した組織。侵略戦争に反対し、平和を守るという目標を堅持し、さまざまな方式で日中関係の正常化の促進のために努力している。冷戦期間中は、赤色中国で'洗脳'されたと見なされ、つねに警察に監視され、仕事も見つからなかった。しかし、政治的圧力をものともせず、自らの体験にもとづいて日本の若い世代に侵略戦争の罪業を暴露する'証言'活動を続けた。1972年9月の日中の国交正常化ののち、一再ならず中国を訪れ、迫害した中国人に謝罪した人が少なくない。戦後50年を迎えるさい、日本の政界で侵略戦争の責任を否定する狂風が吹き荒れたとき、'中国帰還者連絡会'の会員は季刊の『中帰連』を創刊した。同誌は現在、日本社会でかなり影響力を有し、歴史の審判を覆そうとする右翼の言動と断固たる闘争を堅持する陣地になっている。

竹入メモ

　1972年7月27-29日、周恩来総理〔在任1949-76〕が公明党の竹入義勝委員長〔在任1967-86〕に中日関係に関する中国の主張と中日共同声明の要点を説明したが、竹入委員長はつぎのように整理した。すなわち、中日両国は永遠に友好的である、中華人民共和国が中国を代表する唯一の合法性である、共同声明の方式で戦争状態を終結する、日台条約を廃棄する、平和共存五原則を承認する、紛争の平和的解決を確認する、覇権を求めない、戦時賠償を放棄する、友好条約を締結する、台湾が中国の領土であることを承認する、日本は台湾と外交関係を断絶する、台湾の解放後に日本の投資を保障するというものである。日本のメディアはこの整理した内容を'竹入メモ'とよんだ。

人名索引

【あ】
安積澹泊 182
アダム・シャール 94
安倍晋三 163, 210
阿倍仲麻呂 174, 175
安東省庵 181, 182
アントニウス・ピウス 41
晏陽初 136
安禄山 53

【い】
亦失哈 82
一行 63
伊藤維楨 182
伊藤博文 106, 195

【う】
禹 13, 14, 17, 18
惲寿平 93

【え】
栄叡 173, 174
嬴政 29, 222
奕訢 103, 191, 222
M・C・ペリー 183, 187
袁紹 42
袁世凱 109, 119, 120, 122, 123, 126, 127, 130, 219
閻立本 60

【お】
王維 175, 186
王鑑 93
王羲之 48
王曉雲 205
王原祁 93
王効賢 205
王洪文 151, 221
王之春 185
王実甫 77
王時敏 93
王充 166
汪精衛（汪兆銘）132, 140
王禎 78
王翰 186
淡海三船 174
王莽 35
大久保利通 191
大伴胡麿 174
大平正芳 152, 203, 206, 207
岡千仭 186
小野妹子 171
温家宝 163

【か】
霍去病 37
郭守敬 77
岳飛 66
何厚鏵 161
華国鋒 152
何如璋 189
華佗 39
ガルタン 90, 91
関羽 84
甘英 41
関漢卿 77
桓公 22, 23
鑑真 173, 174, 176
顔真卿 48
韓非 27
韓愈 59

【き】
魏源 99, 185, 187
岸信介 200, 223
義浄 57
徽宗（宋）66
魏徵 52
吉備真備 172, 174
丘処機 77
堯 13, 14, 17
姜尚（姜太公）19
金城公主 54
忻都 179

【く】
虞姫 33
クビライ 72-77, 179, 180, 215
鳩摩羅什 46
グレゴリウス13世 77

【け】
啓 14, 18
荊軻 28, 29
景帝（劉啓）34
桀 18, 19
玄奘 57, 58, 84
玄宗 53, 63, 175
厳復 103, 109
建文帝 80
乾隆帝 88, 91, 95, 214

【こ】
小泉純一郎 163, 210
後一条天皇 177
項羽 32, 33
康熙帝 88, 90, 91, 94, 95
孝謙天皇 174
孝公 28, 212
黄興 118, 197, 198, 217

康広仁 109
孔子 26, 27, 92, 126, 182
洪秀全 100, 217
黄遵憲 185
弘仁 93
洪仁玕 100
康生 150
江青 150, 151, 154, 221
高仙芝 57
項荘 32
高宗（唐）52
高宗（北宋）66
光緒帝 97, 103, 108-110, 118, 119
黄庭堅 71
光武帝 35, 169
孝文帝 45
康有為 96, 108, 109, 118
顧愷之 48, 49
胡錦濤 163
呉煕 184
呉敬梓 92
呉趼人 116
呉広 32
顧厚焜 186
呉三桂 88
呉承恩 84
五代友厚 184
胡適 137, 219
呉道子 60
呉伯雄 162
鯀 17
髡残 93

【さ】
蔡鍔 194
蔡元培 124, 136
西郷従道 191
蔡襄 71
崔致遠 57
蔡倫 38
佐久間象山 188
左宗棠 102
佐藤栄作 205, 206
三条天皇 177

【し】
慈禧太后（西太后）97, 109-112, 118
始皇帝 28, 30-32, 82, 168, 212, 213, 222
史思明 53
施耐庵 84
司馬睿（元帝）44
司馬炎 44
司馬光 70
司馬遷 36
司馬談 36
周恩来 132, 133, 147, 151, 194, 202, 206-208, 223
秋瑾 194, 222
朱熹 70, 92

224

朱元璋 74, 79, 80	曹雪芹 92	陳寿 43, 167
朱舜水 181, 182	曹操 42, 84	陳勝 32
ジュゼッペ・カスティリオーネ 93	曾樸 117	陳水扁 161
朱棣（永楽帝、成祖） 79, 80, 82, 86	曹丕 42	陳天華 114, 194
朱由検（崇禎帝、毅宗） 81, 88	僧旻 171	陳独秀 126, 131, 132, 219
舜 13, 14, 17	副島種臣 191	
荀子 26, 27	蘇軾 70, 71	【て】
醇親王載灃 118	祖沖之 48, 49	
淳仁天皇 174	孫権 42, 43	程頤 70
蕭繹（梁、元帝） 45	孫思邈 62, 63	程顥 70
商鞅 28, 212	孫中山（孫文） 97, 112, 118, 119, 121-	鄭経 90
襄王 23	123, 125, 130, 132, 155, 197, 198, 217,	鄭燮 93
蒋介石 121, 132, 133, 139, 142, 143, 208	219, 222	鄭芝龍 216
蒋経国 161	ソンツェンガンポ 54	鄭成功 88, 90, 216, 217
尚泰 191	孫臏 24, 27	鄭和 83
聖徳太子 171	孫武 27	テムジン 72
聖武天皇 172		
女媧 12	【た】	【と】
諸葛亮 43, 84	戴梓 95	道安 46
徐継畬 185	太宗（唐、李世民） 52, 54, 61	唐王（朱聿鍵） 216
徐光啓 84, 85	平清盛 177	湯王 18, 19
徐錫麟 222	高楠順次郎 194	董建華 161
徐驤 107	高碕達之助 200, 223	鄧小平 151, 156, 161, 162, 220, 221
ジョセフ・ニーダム 95	高島益郎 208	董卓 42
徐福 31, 168, 185	高杉晋作 184	徳川光圀 182
ジョン・W・フォスター 195	高向玄理 171	杜甫 53, 59, 175
白河天皇 177	竹入義勝 206, 223	杜佑 59
施琅 90	伊達宗城 189-191	
沈括 68	田中角栄 152, 206-208	【な】
辛棄疾 70	ダライラマ 91, 217	
沈従文 137	丹 28, 29	中牟田倉之助 184
神宗（北宋） 177	段祺瑞 123, 219	
神宗（明） 85	譚嗣同 109	【に】
神農氏 14, 16	端宗（南宋） 66	
		二階堂進 207
【す】	【ち】	ニクソン 152, 206
燧人氏 14	紂 19	
スターリン 149	中宗（唐） 53, 54	【ぬ】
	張角 42	
【せ】	趙匡胤 64, 215	ヌルハチ 87, 88, 216
成王（周） 166	張勲 123, 219	
盛宣懐 186	張君勱 137	【は】
戚継光 83	張芸謀 158	
石濤 93	張騫 40, 41	裴秀 48
薛聡 57	張衡 39, 213	裴松之 43
銭玄同 219	晁衡 175, 176	裴世清 171
詹天佑 103	趙構 66	梅蘭芳 117
	張作霖 219	白居易 53, 59
【そ】	張之洞 103, 186	パスパ 76, 215
荘王 23	張春橋 151, 221	八大山人（朱耷） 93
宋応星 85	張択端 71	バトゥ 72
宋教仁 118, 122, 217, 219	張仲景 39	鳩山一郎 200
曹禺 137	張飛 84	花井卓蔵 197
倉頡 16	趙孟頫 77	樊噲 32
曾公亮 69	張良 32	盤古 12
曾国藩 101, 102, 189	張陵 46	盤庚 19
荘子 27	趙良弼 179	范増 32
曹汝霖 127	儲光羲 175	パンチェンラマ 91
	陳毅 223	班超 41
	チンギスカン 72, 73, 77, 179, 215	范曄 167, 169

人名索引 225

【ひ】
畢昇 68, 69
ピョートル1世 90

【ふ】
傅雲龍 185, 186
フェルディナン・フェルビースト 94
武王 19
溥儀（宣統帝）118, 119, 123, 219
伏羲氏 14
福田康夫 163
苻堅 44
馮国璋 123, 219
普照 173, 174
藤原清河 174, 175
藤原佐世 174
藤原経平 177
武則天（則天武后）52, 53, 62, 214
武帝（漢、劉徹）34, 36, 40, 166, 169, 212, 213
武帝（晋）44
フラグ 73
フランシスコ・ザビエル 216
フルシチョフ 149
文王 19
文公 23
文成公主 54
文帝（前漢、劉恒）34
文帝（魏）42
文帝（隋、楊堅）45, 50, 213, 214
文天祥 66, 215

【へ】
平王 22
米芾 71

【ほ】
宝閣善教 194
龐涓 24
茅盾（沈雁冰）137
北条時宗 180
彭徳懐 147
墨子 27
冒頓単于 213
蒲松齢 92
細川護熙 210
法顕 46
ホンタイジ 87, 91

【ま】
松田道之 191
松本亀次郎 194
マテオ・リッチ 85, 94, 216
マルコ・ポーロ 75

【み】
南淵請安 171
宮崎寅蔵（滔天）197, 198, 217

【む】
陸奥宗光 195
村山富市 210

【も】
孟子 26, 27, 217
毛沢東 132, 133, 142, 146, 147, 150-152, 155, 220, 221
森有礼 189, 190

【や】
柳原前光 189-191
山鹿素行 182
山田顕義 189, 190

【ゆ】
裕庚 193
有巣氏 14
俞大猷 83

【よ】
楊鋭 109
楊貴妃 53
姚啓聖 90
葉剣英 152
楊深秀 109
雍正帝 88, 91
煬帝 50, 213, 214
幼帝 66, 215
姚文元 151, 221
姚文棟 185
吉田松陰 188

【ら】
羅貫中 43, 84
羅森 183, 184

【り】
李淵（唐、高祖）50, 52
李延寿 59
陸賈 34
陸九淵 70
李圭 185
李経方 195
李元昊 65
李建成 52
李鴻章 102, 106, 107, 111, 186, 189, 191, 195, 196
李耳〔老子〕27, 47, 59
李自成 79, 81, 88
李之藻 85
李時珍 85
李大釗 131, 132, 219
李登輝 161
李白 59, 175, 176
李伯元 116
劉永福 107
劉鶚 116
柳公権 60
劉光第 109
劉秀 35
劉少奇 150, 151
劉知幾 59
劉備 42, 43, 84
隆武帝 216
李筱圃 185
劉邦（漢、高祖）32-34, 167, 213
劉麗川 222
梁啓超 108, 109, 115, 118, 137
廖承志 200, 223
梁漱溟 136, 137
李陵 36
林旭 109
林紓 117
林則徐 98, 99, 187
林彪 150

【る】
嫘祖 16

【れ】
厲王 20
黎元洪 119, 122, 123, 219
黎庶昌 185

【ろ】
婁敬（劉敬）213
老舎 137
魯迅 121, 126, 137, 194, 219

【わ】
王仁 167
完顔阿骨打 66

事項索引

【あ】
アジア・アフリカ諸国政府首脳会議 147
アジア太平洋戦争 138
アヘン戦争（第一次） 96, 98, 100, 101, 185, 187, 188, 218
阿房宮 31
アロー号事件 102
安史の乱 53

【い】
夷 23, 99, 212
威海衛 106, 196
イスラーム 41, 46, 58, 70, 73, 74, 77, 91
一国両制 161, 221
一体均霑 189, 222
夷狄 28, 182, 187
伊都国 167, 170
頤和園 95, 102, 111
殷 13, 18, 19, 20, 212
印刷術 64, 68, 75, 78
インド 46, 51, 56-58, 83, 84, 98, 147, 183, 187, 215, 220
陰陽五行 46
陰陽暦 63

【う】
ウイグル文字 72, 215
請負結婚 128, 220
「禹貢地域図」 48
烏孫 40
塢壁図 43
雲崗石窟 47
『雲南』 197

【え】
『瀛環志略』 185
『永楽大典』 86
栄力丸 183
『易経』 21, 26, 35, 73, 217
越 23
越王句踐の剣 23
ＬＴ貿易 200, 223
燕 22, 24, 28-30, 80, 222
炎黄の子孫 16
円借款 203, 204
円周率 48, 49
炎帝族 14
捐納 104, 218
円明園 88, 95, 102

【お】
王旋風 205

ＯＤＡ（政府開発援助） 203, 204
沖縄 191, 192
オマーン 58

【か】
夏 13, 14, 18, 19, 21, 212
垓下遺址 33
改革・開放 144, 145, 156-158, 160, 161, 203
'華夷' 観念 188
開元の盛世 53
『海国図志』 99, 185, 187, 188
回紇（回鶻） 54, 91
回鶻字 215
会試 108, 193
外資企業 145, 159
外戚 35, 42, 50
回族 65, 67, 74
蓋天説 38
戒纏足会 117
改良派 118
華夏族 16, 212
科挙 57, 92, 97, 104, 108, 109, 112, 114, 117, 175, 193, 214, 215, 217, 218, 222
『楽書要録』 172
革命派 97, 118
『革命評論』 197
画聖 60
画像石 17, 19, 37
家庭革命 128
仮名 188
華北五省自治運動 138
河姆渡遺跡 15
鎌倉幕府 177-180
紙の発明 38
火薬 64, 68, 69, 75, 76, 85
夏暦 18, 212
韓 22-24, 28, 212, 222
『勧学篇』 103
宦官 35, 38, 42, 82, 83
『観光記遊』 186
干支 18, 212
『漢書』 214
『官場現形記』 116
『鑑真過海大師東征伝』 174
鑑真和上像 174
関税自主権 99
甘泉宮遺跡 35
邯鄲 24
関東軍 138
漢委奴国王 169
翰林院 189, 193, 222

【き】
魏（戦国） 22-24, 28, 212, 222
魏（三国） 42-44, 60, 84, 167
帰化人 167
喫茶 53, 116
契丹 55, 74

契丹族 55, 65
紀伝体 36, 70, 213, 214
絹織物 40, 41, 43, 67, 74, 80, 83, 89, 177
騎馬武士陶俑 45
羈縻支配 54
義務教育 121, 136, 157
九・一八事変 138, 139
『九章算術』 38
旧石器時代 12, 14
宮殿遺跡 18
9年制義務教育 145, 157
羌 44, 65
教案 101
京劇 116, 117, 221
共産党 121, 130-133, 136, 137, 139, 140, 142, 143, 146, 201, 220
『共産党宣言』 131
郷試 108, 193, 218
京師大学堂 109
共進会 118
匈奴 30, 35-37, 40, 41, 44, 212, 213
匈奴の侵略 30, 35
協同組合 148, 149
共同綱領 220
玉門関 40, 213
挙人 108, 114, 193, 218
キリスト教 45, 58, 70, 77, 85, 97, 100, 101, 106, 110, 214, 217
義和団運動 97, 110, 112
金印 169
金文 21, 212
金瓶掣籤 91, 217
金門、馬祖両島への砲撃 149, 161

【く】
グレゴリウス暦 77
黒船 183, 184
郡県制 212, 222
軍事管制 151
軍閥混戦 130
群雄割拠 24

【け】
景教 58, 70, 77, 214
経済特区 144, 156, 157
景徳鎮 67, 78, 80, 81, 89
羯 44
『孽海花』 117
元曲 77
「玄奘取経図」 57
減租減息政策 143
献帝 42
遣唐使 53, 171, 172, 174, 175
遣日使 171
元謀人 14
「乾隆内府輿図」 95

227

【こ】

胡　44
呉（春秋）　23
呉（三国）　42-44, 84
五一六通知（「中国共産党中央委員会の通知」）　150
弘安の役　180
紅衛兵　150, 151, 153, 154, 221
紅巾　74, 79
黄巾の大蜂起　35
高句麗　50, 56
鎬京　19, 22
甲午中日戦争（日清戦争）　96, 106, 107, 110, 113, 193, 195, 196, 209
甲骨文　20, 21, 212
公私合営　148, 220, 221
庚子の変　110
庚子賠償金　114, 218
公車上書　108
抗戦　107, 121, 136, 138-140, 142
郷鎮企業　156
黄帝族　14
『黄帝内経』　39
抗日根拠地　139, 140, 220
抗日統一戦線　140
光復会　222
抗米援朝　146, 147
黄埔軍官学校　132
黄埔条約　99, 217
鴻門の会　33
「皇輿全覧図」　95
高麗　56, 75, 76, 179
『紅楼夢』　92, 93
『後漢書』　167, 169, 170, 214
五経　35, 92, 217
五禽の戯　39
国子監　49, 172, 175, 193
国姓爺　216
黒陶　15
国民革命軍　132, 133, 139, 219
国民党　121-123, 130, 132, 136, 137, 140, 142, 143, 201, 219
国民党第1回全国代表大会　132
国有企業の株式制への改編　144, 159
国立中央研究院　136
国立北平研究院　136
国連総会　152, 206, 222
五港通商章程　217
護国軍　123
護国戦争　123
五胡十六国　44
COCOM（対共産圏輸出統制委員会）　199
五四愛国運動　120, 121, 127
五四運動　122, 127, 129, 131
五四新文化運動　120, 122, 126, 128
五銖銭　51
互助組　148
五代十国　64
国会非常会議　130
国家主義　137
国共合作（第一次）　132, 133
国交正常化　162, 200, 203, 206-208, 223
近衛声明　139
婚姻革命　128
根拠地　79, 90, 121, 133, 136, 141
『金剛経』　62
『金泥法華経』　177
渾天儀　213
渾天説　38, 39

【さ】

西域　40, 41, 53, 54, 56, 57, 60, 74, 213, 215
最恵国待遇　189, 222
在中国日本人の引揚に関するコミュニケ　201
最低生活保障制度　160
彩陶　15
『西遊記』　84
蔡倫墓　38
冊封　55, 91, 191, 217
ササン朝　58
康居国（サマルカンド）　40
三光作戦　139, 220
『三国演義』　43, 84
『三国志』　43, 84, 167, 214
三国の鼎立　42
三山五園　88
『三十三年之夢』　197
山水画　48, 60
三星堆文化　21
山頂洞人　14
三通　161
三八線　147
三苗　17
三民主義　132, 137, 217
三民主義教育　121
残留孤児　202

【し】

私営企業　156, 160, 220
ジェスイット会（イエズス会）　85, 93, 94, 216
『史記』　36, 214
識字運動　121, 136
識字教育　136
色目人　74, 215
『詩経』　21, 26, 34, 35, 217
自強運動　98, 102, 103
時憲暦　94
『四庫全書』　92
『資治通鑑』　70
『四洲志』　99, 187
四書　92, 217, 218
至聖　26, 92
『資政新篇』　101
四川大地震　162
『史通』　59
実権派　151
実事求是　26, 156
「使東述略」　189
司母戊方鼎　21
『時務報』　108
四面楚歌　33
社会主義　137, 144, 146-148, 150, 156, 159, 221, 223
社会主義改造　148, 153, 220
社会主義教育運動　150
社会主義市場経済　144, 159
上海コミュニケ　152
周　13, 18-23, 212
戎　22, 23, 212
十月革命　121, 130, 131
周口店　12, 14
秀才　193, 218
自由市場　150
秋収蜂起　133
自由主義　137
蚩尤族　14
儒家　26, 27, 34, 35, 70, 92, 217
授時暦　77
『儒林外史』　92
『春秋』　22, 26, 35, 217
春秋時代　22-24, 27, 47
春秋の五覇　22
春帆楼　195, 196
商　13, 18, 19-21, 212
商鞅の変法　28, 212
『傷寒雑病論』　39
貞観の治　52
状元　215
上国　187-189, 191
上山下郷　151, 221
焼成土器　13
鐘鼎文　21
小刀会の蜂起　183, 222
商務印書館　115
昭陵　61
『書経』（『尚書』）　21, 26, 34, 35, 217
蜀　42, 43, 84
「職貢図」　45
諸侯国　20, 23
諸子百家　27
女真人　216
女真族　66
書聖　48
徐福伝説　168
新羅　56, 57
自留地　150
シルクロード　40, 41, 56, 58, 166
四六駢儷文　59
晋（春秋）　22, 23
新　35
秦　22, 24, 25, 28-34, 62, 80, 82, 166, 168, 212, 213, 222
仁　26
辛亥革命　97, 112, 118-120, 124, 128, 218, 219
『仁学』　109

新学制 124, 136
新疆 41, 54, 57, 60, 79, 90, 91, 213
秦軍吏俑 29
秦坑儒谷 31
『清国兵要地理志』 185
清国留学生取締規則 194
秦始皇陵 28, 31
秦将軍俑 29
「親晋胡王」印 44
『新青年』 126, 131, 219
新石器時代 13-15
辛丑条約 97, 111, 218
『神農本草経』 39
新聞紙条例 197
『申報』 105
人民解放軍 121, 143, 146, 147
人民公社 144, 148, 149, 156, 220, 221
新民主主義 137
「清明上河図」 71
『新民叢報』 118
人民代表大会制 144, 147

【す】

隋 45, 50, 51, 56, 60, 62, 70, 114, 167, 171, 213, 214
『水滸伝』 84
『隋書』 49, 59, 214

【せ】

斉 22, 24, 28, 45, 212, 222
西安事変 121
生員 193, 218, 221
西夏 64-67, 72
清華学堂 115, 218
西魏 45
政治協商会議 146
製紙法 38, 58
「政書」 59
『西廂記』 77
西晋 41, 43, 44, 48, 167
聖人 26
青銅器 18, 21, 22, 169
青銅樹 21
『青年雑誌』 126, 219
西洋化派 121, 137
世界貿易機関（WTO） 145, 159
赤壁の戦い 42
石窟芸術 47
単于 212, 213
澶淵の盟約 65
『山海経』 166
宣教師 85, 93-95, 101, 105, 110, 186, 188, 216, 217
『千金要方』 62, 63
『千金翼方』 62, 63
戦国 22
戦国時代 16, 22, 24-30, 32, 39, 47, 68, 70, 212
戦国の七雄 24, 25

千歳丸 184
前三朝 13
『千字文』 167
澶（澶）洲 168
禅譲 14, 17, 18, 215
千尋塔 55
『全唐詩』 59
千童城 168
戦犯管理所 201, 223
鮮卑 44, 45
全民製鋼 148
宣夜説 38

【そ】

楚 22-24, 28, 32, 33, 90, 212, 222
双十協定 142
宗族関係 135
宋体字 60
造反派 151
総理衙門 189, 191, 222
葱嶺 40, 46, 54, 213
楚漢戦争 32, 33
ソグディアナ 212, 213
『孫子兵法』 27
尊皇攘夷 182, 184
『孫臏兵法』 27

【た】

大食 56-58, 61
第一次上海事変 138
第一次世界大戦 122, 123, 126
第1期全国人民代表大会 147
大禹、水を治める 17
大禹陵 17
大運河 43, 50, 74, 89, 213, 214
大衍暦 63
『太衍暦立成』 172
太学 35, 175
大化の改新 171
大韓民国 62, 147, 210
大月氏国 40
第三世界 146
大字報 153
大秦 41, 58
大秦景教三威蒙度賛 214
大秦景教流行中国碑 58, 214
大都 73-75, 79, 88, 113, 116, 134, 135, 215, 216
『大唐西域記』 57
大統暦 94
台独（台湾独立） 161
第二次アヘン戦争（アロー戦争） 102, 187
第二次国共合作 140
第二次上海事変（淞滬抗戦） 138, 140
『大日本史』 182
大汶口遺跡 15
太平天国 96, 100-102, 183, 184, 217, 222

太平洋戦争 140
大明暦 77
大躍進 144, 148, 149, 220
大梁 24
台湾 43, 90, 107, 121, 143, 145, 149, 152, 161, 162, 171, 183, 191, 192, 200, 208, 216, 217, 221, 223
台湾出兵 191
竹入メモ 207, 223
奪権 151
タラス河の会戦 57
『陀羅尼経』 62
『談瀛録』 185
タングート人 65

【ち】

地動儀 39, 213
チベット 54, 73, 76, 77, 79, 91, 144, 146, 147, 212, 215, 217
チベット大蔵経 77
中央文革小組 150
中華革命党 123, 130
中華人民共和国 144, 146, 147, 152, 206, 208, 220, 221, 223
中華人民共和国憲法 147
中華全国学生連合会 205
中華全国青年連合会 205
中華ソビエト共和国臨時中央政府 133
中華文明 12-14
中華民国 124, 130, 214
中華民国約法 122
中華民国臨時政府 122
中華民族 13, 16, 196
中国科学院 153
中国革命同盟会 97, 118, 122
中国帰還者連絡会 202, 223
中国共産党第1回全国代表大会 131
中国軍事脅威論 204
中国経済脅威論 204
中国工農紅軍 133
中国残留日本人 201, 202
中国殉難者慰霊実行委員会 202
中国人民志願軍 147
中国人民政治協商会議 146, 220
中国卓球代表団 205
中国敵視政策 206
中国同盟会 197
中国民主同盟 137
中山服 120, 125, 155
中体西用 103
中日共同声明 207, 208, 223
中日青年友好大交歓会 205
中日平和友好条約 162, 163, 207, 210
中日友好21世紀委員会 210
中日歴史共同研究 209, 210
趙 22-24, 222
長江 15, 23, 42-44, 53, 89, 98, 99, 134, 143, 156, 173, 181, 214, 222
長沙防衛戦 140

事項索引 229

長征 121, 133
朝鮮 38, 49, 56, 57, 62, 63, 69, 87, 106, 107, 138, 141, 147, 166, 169, 171, 179, 189, 191, 192, 202, 210, 214
朝鮮休戦協定 147
朝鮮民主主義人民共和国 82, 87, 147
鳥尊 22
陳 45, 50
陳橋のクーデター 64, 215
CHINCOM（対中国輸出統制委員会）199, 222

【つ】

ツァーリロシア 90, 111
通商章程 189
『通典』 59

【て】

氏 44
帝国主義陣営 146
『綴術』 49
程朱理学 70
狄 22, 23, 212
天下の三分 42
天京 100, 101
『天工開物』 85
天竺 46, 57, 84
天津教案 101
天津条約 102, 222
纏足 117, 218
天朝田畝制度 100

【と】

東亜高等予備学校 194
東夷族 16
「東夷伝」 167, 169
「導引図」 39
道家 26, 27
竇娥冤 77
東学党 106
東魏 45
道教 46, 47, 59, 70, 77
道賢法師経桶 56
『東行日記』 185
唐三彩 214
東周 22
唐招提寺 174
東晋 44, 45, 167
『東征絵伝』 174
倒幕維新 182, 184
唐蕃会盟碑 54
『東方見聞録』 75
『唐礼』 172
トーキー 136
徳川幕府 181, 183, 184, 187
都江堰 24
土地改革 121, 143, 144, 146, 147
土地革命 133

突厥 54
突厥石人 54
都督 55, 119, 123, 218
吐蕃 54
渡来人 167, 171
度量衡の統一
敦煌石窟 47

【な】

内行花紋鏡 170
長崎国旗事件 200, 223
奴国 167, 169, 170
七大諸侯国 22
南京条約 98, 99, 107, 217
南京大虐殺 139
南詔国 54, 55
南昌蜂起
南宋 64, 66-69, 71, 73, 74, 178, 215
南朝 45, 47, 50
南路 40, 91

【に】

二次革命 122, 219
二十一か条 122, 126, 127
『二十年目睹之怪現状』 116
二十四史 59, 214
日米修好通商条約 187
日米和親条約 187
日露戦争 111, 193, 194
日華学堂 194
日清講和記念館 195
日清修好条規 189, 191
日台条約（日華平和条約） 208, 223
日中平和友好会 202, 223
日中貿易促進会 199
日中友好協会 202, 205
『日本国見在書目録』 174
日本中国友好協会 199
『日本地理兵要』 185
『日本遊記』 185
二里頭 18
人形銅燈 25

【ぬ】

奴児干都司 82

【ね】

ネルチンスク条約 90
年号 34, 52, 87, 213, 219

【の】

農家生産請負制 144, 150, 156, 220
『農書』 78
『農政全書』 84
『農桑輯要』 77
'農村建設' 活動 136

【は】

拝上帝会 100, 217
廃藩置県 191
買弁 104, 218
馬関条約 106-108, 196
白陶 15
漠北 35, 72, 82, 90, 91, 212
白話小説 126
白話文 120, 126
裸足の医者 154, 221
八路軍 139
八か国連合軍 86, 97, 110-112
八旗制度 87, 216
八股 109, 218
莫高窟 40, 61
馬踏匈奴石彫 37
馬踏飛燕 37
パリ講和会議 126, 127
蛮 23, 212
蛮夷 99
反国家分裂法 161
半坡遺跡 15
盤羊頭杖頭飾 41
万里の長城 30, 82, 212, 222

【ひ】

百団大戦 140
百日維新 97, 109
百家争鳴 26, 27

【ふ】

封じ込め 145-147, 199, 207
大宛国（フェルガナ） 40
武漢防衛戦 140
武挙 214
『武経総要』 69
武昌蜂起 97, 118, 119
『扶桑遊記』 186
部族社会 13, 14
部族同盟 13, 14, 16, 17
二つの中国 149
仏教 41, 46, 47, 56, 57, 59, 61, 62, 70, 76, 77, 84, 171, 173, 174, 202, 215, 217
『仏国記』 46
仏国寺 62
文永の役 179
文学社 118
文化大革命 144, 150, 151, 153, 154, 156, 221
文化保守主義 121, 137
文景の治 34
焚書坑儒 30
文人画 71, 93
分封制度 20
『文明小史』 116

【へ】

兵家 27
平治の乱 177
平津戦役 143
幣制の統一 30
兵馬俑 31
平和共存五原則 147, 220, 223
北京城 81, 88, 89, 110, 216
北京条約 102, 196
北京人 12, 14
ペルシア 41, 56-58, 73-75, 214
辮髪 120, 219
変法維新運動 106
変法上諭 112
変法図強 106

【ほ】

貿易三原則 200
法家 26, 27
望廈条約 99, 217
保元の乱 177
放足会 117
墨家 27
北魏 45, 47
北周 45, 50
北斉 45, 59, 214
北宋 49, 64-68, 70, 71, 84, 173, 177, 215,
北朝 43-46, 59, 167, 169
北伐 66, 74, 79, 100, 121, 129, 130, 132, 133, 212, 219
北洋軍閥 120, 121, 123, 130, 133, 219
北洋政府 130
北路 40, 91
戊戌変法 109, 193
戊戌六君子 109
渤海 55, 74, 156, 172
渤海館 55
浦東新区 156
香港 98-100, 104, 108, 109, 145, 161, 183, 184, 186, 221
『本草綱目』 85, 86

【ま】

馬王堆漢墓 36
馬王堆帛画 37
澳門 94, 145, 161, 221
磨製石器 13
鞦韆 55
麻沸散 39
マルクス・レーニン主義 121
満洲国 138
満洲族 87, 88, 216, 219

【み】

南満洲鉄道 138
民間外交 199
民間貿易協定 199

岷江 24
『民報』 118, 197, 217

【む】

無字碑 52, 53
ムスリム 74
無政府主義 137

【め】

明治維新 96, 106, 182, 185, 186, 189, 193

【も】

木版印刷 62, 67, 68, 214
文字の統一 30
模範劇 154, 155, 221
モンゴル 35, 41, 55, 65, 66, 72-75, 82, 87, 88, 90, 91, 122, 138, 179, 212, 215-217

【や】

靖国神社 163, 210
邪馬台国 167
ヤルタ秘密協定 141

【ゆ】

維摩詰経変画 61
『遊清五録』 184

【よ】

陽関 40, 213
楊貴妃墓 53
揚州八怪 93
洋務自強運動 96, 102, 103
四つの近代化 151
四人組 151, 152, 221
四等人制 74

【ら】

「洛神賦図」 48, 49
洛邑 22, 23
羅針盤 64, 68
ラマ教 77
「蘭亭序帖」 48

【り】

理学 70, 92, 115, 216
六経 26
六駿 61
立憲派 97, 118, 119
吏読 57
留学ブーム 97, 114, 193
琉球 184, 185, 191, 192

『琉球地理志』 185
『聊斎志異』 92
龍門石窟 47
梁 45
遼 64-66, 69
領事裁判権 99, 189, 217
遼瀋戦役 143
臨時約法 119, 122

【れ】

『霊憲』 39
霊童 217
歴史教科書問題 210
歴史認識 210
「歴代帝王図」 60
煉丹家 69

【ろ】

魯 22
『老残遊記』 117
漏壺（水時計） 213
盧溝橋事件 138
『論語』 26, 167, 207, 217
『論衡』 166

【わ】

淮海戦役 143
倭寇 83
倭国 45, 56, 57

訳者あとがき

　本書は、歩平・劉小萌・李長莉共著『中国歴史』の全訳である。ただし、中国語版が未刊であるので、著者の手稿にもとづいて訳出した。原則として（　）内は著者による原注、〔　〕内は訳注である。

　著者の歩平氏は、1948年に北京で生まれ、ハルピン師範大学を卒業し、1978年から1992年まで黒龍江省社会科学院歴史研究所で助手研究員、副研究員、副所長、所長をつとめ、1992年から2004年まで黒龍江省社会科学院の副院長をつとめ、2004年以来、中国社会科学院近代史研究所の所長の任にある。その間に、日本の新潟大学、横浜市立大学の客員教授をつとめ、日中両国の学識研究者によって2006年12月からスタートした「日中歴史共同研究」の中国側首席委員でもある。主要な研究分野は中日関係史、東北国際関係史、日本侵華史、抗日戦争史で、日本による中国・東北侵略史、日本軍の生物化学兵器、日本の戦争責任、右翼の「自由主義史観」、歴史教科書、靖国神社など、幅広い問題を手がけている。著書に『中国東北淪陥史十四年史綱要』（中国大百科全書出版社、1991年）、『苦難与闘争的十四年』（同前、1995年）、『日本侵華戦争時期的化学戦』（社会科学文献出版社、2004年）、『日本右翼問題研究』（同前、2005年）、『東北国際約章匯釈』（黒龍江出版社、1987年）などがあり、あわせて多数の論文も発表している。日本で出版されているものに『日本の中国侵略と毒ガス兵器』（馬場節子・戸田佐智子訳、明石書店、1995年）があり、歩平氏をはじめ、中国、日本、韓国の市民と研究者が共同で編集、執筆した『東亜三国的近現代史』（社会科学文献出版社、2005年）は、『未来をひらく歴史』（高文研、2005年）として日本語版も同時出版されている。

　劉小萌氏は、1952年に北京に生まれ、1968年に初級中学（日本の中学校に相当する）を卒業し、内モンゴル自治区の牧畜地区に下放したのち、工場勤務を経て、1978年に河北大学歴史系に入学し、1982年に中央民族学院大学院歴史系に進学し、1985年に修士号を取得し、中国社会科学院近代史研究所に入所し、1989年に博士号を取得。同所の助理研究員、副研究員を経て、1997年に研究員に昇格し、現在にいたる。北京大学中国社会・発展センターの研究員を兼任するとともに、日本の東北学院大学大学院の客員教授もつとめた。専攻は清代史で、ともに中国社会科学院優秀科学研究成果賞を授与された『中国知青史——大潮』（中国社会科学出版社、1998年）、『満族従部落致国家的発展』（遼寧民族出版社、2002年）をはじめ、多数の著書があり、多数の論文も発表している。

　李長莉氏は女性で、1958年に河北省に生まれ、1978年に天津の南開大学歴史学科に入学、1984年に同校の大学院を卒業して修士号を取得し、母校の教壇に立ったのち、1989年に中国社会科学院大学院の近代史学科中国近代史専攻を卒業して博士号を取得し、それ以来、中国社会科学院近代史研究所で研究に従事し、現在、同研究所研究員、文化研究室主任、社会史研究センター主任をつとめる。専攻は中国近代の社会史と文化史、中日近代比較文化で、中国図書賞を受賞した『晩清上海社会的変遷——生活与倫理的近代化』（天津人民出版社、2002年）をはじめ、『先覚者的悲劇——洋務知識分子研究』（上海学林出版社、1993年）、『近代中国社会文化変遷録』第1巻（浙江人民出版社、1998年）など多数の著書があり、多数の論文も発表している。また、東京大学、大東文化大学、リヨン東亜学院などの客員研究員をつとめたこともある。

　最後になったが、明石書店の黒田貴史編集長、編集を担当された朽見太朗さんに心から感謝の意を表する。

【著者紹介】
歩　平（プー・ピン）
1948年生まれ。現在、中国社会科学院近代史研究所所長。日本の横浜市立大学、新潟大学、慶應義塾大学の客員教授を歴任。2006年12月からスタートした「日中歴史共同研究」の中国側首席委員もつとめる。主な著書に『黒龍江通史』（共著、中国社会科学出版社、2002年）、『日本の中国侵略と毒ガス兵器』（明石書店、1995年）、『日本侵華戦争時期的化学戦』（中国社会科学文献出版社、2004年）『未来をひらく歴史——東アジア３国の近現代史』（共著、高文研、2005年）などがある。

劉小萌（リウ・シアオモン）
1952年生まれ。現在、中国社会科学院近代史研究所研究員。日本の東北学院大学客員教授もつとめた。主な著書・論文に『満族从部落到国家的発展』（中国社会科学出版社、2007年）、『愛新覚羅家族全史』（吉林人民出版社、1997年）、『満族的社会与生活』（北京図書館出版社、1998年）、「清代北京旗人社会中的民人」（『故宮博物院八十華誕古陶瓷国際学述研究会論文集』所収、2007年）などがある。

李長莉（リー・チャンリー）
1958年生まれ。現在、中国社会科学院近代史研究所研究員。東京大学、大東文化大学、創価大学の客員研究員を歴任。主な著書に『先覚者的悲劇——洋務知識分子研究』（上海学林出版社、1993年）、『近代中国社会文化変遷録』第１巻（浙江人民出版社、1998年）、『晩清上海社会的変遷——生活与倫理的近代化』（天津人民出版社、2002年）、『中国人的生活様式——从伝統到近代』（四川人民出版社、2008年）などがある。

【訳者紹介】
鈴木博（すずき・ひろし）
1940年東京生まれ。1965年東京大学文学部卒業。現在翻訳業。主な訳書に『周恩来　十九歳の東京日記』（小学館文庫）、『劉賓雁自伝』、『蔣介石書簡集』全３巻（以上、みすず書房）、『実録三国志』、『中国性愛文化』、『中国近世の性愛』、『中国遊俠史』、『中国飲食文化』、『中国の神話伝説』全２巻（以上、青土社）、『図説中国　食の文化誌』、『中国性愛博物館』（以上、原書房）など多数。

若者に伝えたい中国の歴史
—— 共同の歴史認識に向けて

2008年8月31日　初版第１刷発行

著　者		歩　　平
		劉　小　萌
		李　長　莉
訳　者		鈴　木　博
発行者		石井昭男
発行所		株式会社 明石書店

〒101-0021　東京都千代田区外神田6-9-5
電　話　03（5818）1171
ＦＡＸ　03（5818）1174
振　替　00100-7-24505
http://www.akashi.co.jp

組版／装丁　明石書店デザイン室
印刷　モリモト印刷株式会社
製本　協栄製本株式会社

（定価はカバーに表示してあります）　ISBN978-4-7503-2840-9

華人ディアスポラ 華商のネットワークとアイデンティティ [オンデマンド版] 陳天璽 ●6300円

華人社会がわかる本 中国から世界へ広がるネットワークの歴史・社会・文化 山下清海編著 ●2000円

近代東アジアのグローバリゼーション マーク・カプリオ編 中西恭子訳 ●2800円

中国語の新しい勉強法 王少鋒 ●1500円

渤海使の研究 日本海を渡った使節たちの軌跡 上田雄 ●12000円

東大生に語った韓国史 韓国植民地支配の合法性を問う 李泰鎮著 鳥海豊訳 ●3000円

世界の歴史教科書 11ヵ国の比較研究 石渡延男、越田稜編著 ●2500円

歴史教科書 在日コリアンの歴史 在日本大韓民国民団中央民族教育委員会企画 『歴史教科書在日コリアンの歴史』作成委員会編 ●1300円

下段

「北朝鮮」再考のための60章 日朝対話に向けて 吉田康彦 ●2000円

現代台湾を知るための60章 エリア・スタディーズ34 亜洲奈みづほ ●2000円

もうひとつのチベット現代史 プンツォク＝ワンギェルの夢と革命の生涯 阿部治平 ●6500円

チベットを知るための50章 エリア・スタディーズ38 石濱裕美子編著 ●2000円

地図がつくったタイ 国民国家誕生の歴史 明石ライブラリー58 トンチャイ・ウィニッチャクン著 石井米雄訳 ●3980円

議論好きなインド人 対話と異端の歴史が紡ぐ多文化世界 アマルティア・セン著 佐藤宏、粟屋利江訳 ●3800円

地図でみる世界の女性 ジョニー・シーガー著 原民子、木村くに子訳 堀口悦子翻訳協力 ●2500円

アジア憲法集〔第2版〕 萩野芳夫、畑博行、畑中和夫編 ●23000円

〈価格は本体価格です〉

中国の暮らしと文化を知るための40章
エリア・スタディーズ46 東洋文化研究会編 ●2000円

現代中国の対外経済関係
馬 成三 ●3300円

脱オリエンタリズムと中国文化
日中社会学叢書1 中村則弘編著 ●3000円

分岐する現代中国家族 新たな社会の構想を求めて
日中社会学叢書4 首藤明和、落合恵美子、小林一穂編著 ●4300円

転換期中国における社会保障と社会福祉
日中社会学叢書5 袖井孝子、陳 立行編著 ●4500円

日本は中国になにをしたのか シリーズいま伝えたい2
映画「侵略」上映委員会編 ●699円
…こどもがきさきました 中国侵略

中国民衆の戦争記憶 日本軍の細菌戦による傷跡
聶 莉莉 ●7600円

記憶と忘却の政治学 同化政策・戦争責任・集合的記憶
明石ライブラリー23［オンデマンド版］石田 雄 ●3800円

中国における買売春根絶政策 一九五〇年代の福州市の実施過程を中心に
［オンデマンド版］白水紀子 アジア現代女性史2 藤目ゆき監修 林 紅著 ●4200円

中国女性の20世紀 近現代家父長制研究
［オンデマンド版］白水紀子 ●3000円

「中国残留孤児」帰国者の人権擁護 国家という集団と個人の人権
世界人権問題叢書66 白石惠美 ●2800円

歴史にみる 日本と韓国・朝鮮
鈴木英夫、吉井 哲編著 ●1300円

日・韓・中三国の比較文化論 その同質性と異質性について
王 少鋒 ●3000円

東アジア史のなかの日本と朝鮮 古代から近代まで
吉野 誠 ●2800円

日中相互理解のための中国ナショナリズムとメディア分析
高井潔司、日中コミュニケーション研究会編著 ●2500円

21世紀の歴史認識と国際理解 韓国・中国・日本からの提言
二谷貞夫編 ●5000円

〈価格は本体価格です〉

【日韓歴史共通教材】日韓交流の歴史 ―先史から現代まで―

歴史教育研究会（日本）
歴史教科書研究会（韓国）〔編〕

◎A5判／並製　2800円

東京学芸大学とソウル市立大学を中心とする研究者・教員が、15回のシンポジウムを経て10年がかりで完成させた初の日韓交流通史。記述は高校生向けに平易で、写真・地図等も多く掲載。各章の解説や、生徒用、教員・一般読者用の参考文献も載せ教材としての完成度は随一。

■内容構成

刊行にあたって／この本の読み方
第1章　先史時代の文化と交流
第2章　三国・加耶の政治情勢と倭との交流
第3章　隋・唐の登場と東北アジア
第4章　10～12世紀の東北アジア国際秩序と日本・高麗
第5章　モンゴル帝国の成立と日本・高麗
第6章　15・16世紀の中華秩序と日本・朝鮮関係
第7章　16世紀末の日本の朝鮮侵略とその影響
第8章　通信使外交の展開
第9章　西洋の衝撃と東アジアの対応
第10章　日本帝国主義と朝鮮人の民族独立運動
第11章　敗戦・解放から日韓国交正常化まで
第12章　交流拡大と新しい日韓関係の展開
より深く理解するために／参考文献（生徒用、教員用・一般読者用）／読者の皆様へ／索引

日韓共通歴史教材　朝鮮通信使 ―豊臣秀吉の朝鮮侵略から友好へ―

日韓共通歴史教材制作チーム編

◎A5判／並製　1300円

広島の平和教育をすすめる教師と韓国大邱の教師たちがともにつくる日韓歴史副教材。豊臣秀吉の朝鮮侵略とそれに対する日韓の抵抗、戦後処理としての朝鮮通信使の復活、近世期の豊かな文化交流を軸に日本・韓国の若者に伝える新しい歴史教科書。交流はいかに豊かな実りをもたらすか。民族中心主義がいかに歴史の禍根を残すか。

■内容構成

序章　15世紀の東アジア――日本・朝鮮・中国
第1章　豊臣秀吉の朝鮮侵略
第2章　戦争がもたらしたこと
第3章　朝鮮へ帰順した人々
第4章　再開された朝鮮通信使
第5章　朝鮮通信使が行く
第6章　広島藩の接待
第7章　福山藩の接待
第8章　朝鮮通信使廃止
あとがき――大邱
あとがき――広島

〈価格は本体価格です〉

エリア・スタディーズ8

現代中国を知るための50章[第3版]

高井潔司、藤野彰、遊川和郎【編著】

四六判／並製
◎2000円

世界においてますます存在感を強めている現代中国に対し、われわれは今後いかに向き合っていけばよいのか。中国の現在の姿を、豊富な資料・データをもとに紹介しながら、今後の中国情勢の注目すべき要素、その動向を捉える視点を提供する。

《《《《《《《《《《 内 容 構 成 》》》》》》》》》》

Ⅰ 大国化の中の政治
第1章 責任大国とナショナリズム／第2章「和諧社会」の建設／第3章 胡錦濤政権から第五世代へ／第4章 一党独裁体制の仕組み／第5章 政治体制改革の流れ／ほか

Ⅱ 経済と社会の動き
第12章 二〇〇〇年代の超高度成長／第13章 世界経済へのインパクト／第14章「民生の改善」を求める声／第15章 発展方式の転換と産業構造調整／第16章 民営企業の台頭／ほか

Ⅲ 直面する課題の数々
第29章 拡大する格差／第30章 耕地の減少／第31章 三農問題／第32章 日中経済関係／第33章 雇用問題／ほか

Ⅳ 中国外交と「二一制度」
第41章 外交戦略／第42章 米中関係／第43章 日中関係／第44章 中露関係／第45章 上海協力機構／ほか

現代中国叢書

四六判／並製

飛躍的な発展を遂げる経済、「人治」から「法治」へと急速に改変される法制度、複雑な民族構成……。12億の人口を有する隣国は、21世紀にどこへ向かうのか。中国で生まれ育ち、日本で活躍する第一線の研究者たちが現代中国を様々な側面から解説、分析する書き下ろしシリーズ。

1 現代中国の教育 王智新 著 ◎2500円

2 現代中国の法制と法治 熊達雲 著 ◎2800円

3 現代中国の経済 王曙光 著 ◎2000円

4 現代中国の文化 張競（編著）、孫玄齢、潘世聖、陸偉栄、魯大鳴 ◎2600円

5 現代中国のジェンダー 蘇林 著 ◎1800円

6 現代中国のマスメディア・IT革命 林暁光 著 ◎1800円

7 現代中国の生涯教育 呉遵民 著 ◎2600円

■以下続刊

〈価格は本体価格です〉

17 韓国の小学校歴史教科書
初等学校国定社会・社会科探究
三橋広夫訳
●2000円

18 ブータンの歴史
ブータン王国教育省教育部編
平山修一監訳　大久保ひとみ翻訳
ブータン小・中学校歴史教科書
●3800円

19 イタリアの歴史［現代史］
ロザリオ・ヴィッラリ著　村上義和、阪上眞千子訳
イタリア高校歴史教科書
●4800円

20 インドネシアの歴史
イ・ワヤン・バドリカ著
石井和子監訳　椚沢英雄、田中正臣、菅原由美、山本肇訳
インドネシア高校歴史教科書
●4500円

21 ベトナムの歴史
ファン・ゴク・リエン監修
今井昭夫監訳　伊藤悦子、小川有子、坪井未来子訳
ベトナム中学校歴史教科書
●5800円

以下続刊

バルカン史と歴史教育
柴宜弘編
「地域史」とアイデンティティの再構築
●4800円

東アジアの歴史政策
近藤孝弘編著
日中韓　対話と歴史認識
●3300円

東京大生×北京大生
京論壇（きょうろんだん）
次世代が語る日中の本音

京論壇東京大学実行委員会編
四六／並製／228頁
●1600円

2006年東京大学・北京大学の学生60人以上が集まり始まった日中学生フォーラム「京論壇」。両国を往復して様々な分野でフィールドワークを行い、安保・歴史認識・経済・環境分野における日中関係の現状・未来について侃々諤々の「熱い」議論を戦わす！

― 内容構成 ―

第1部　京論壇とは何か？
プロローグ――京論壇という挑戦
第1章　プレゼンテーションに向かう1年

第2部　飽くなき議論の果てに
第1章　日中に求められる「環境意識」とは？――環境分科会
第2章　「感情」と「価値観」を分けて考える――歴史認識分科会
第3章　違いと向き合って、共に歩む――経済分科会
第4章　「認識のズレ」を探る――安全保障分科会

第3部　京論壇の舞台裏
第1章　京論壇の誕生
第2章　日中の学生の「協働」
エピローグ――挑戦の途上で

〈価格は本体価格です〉

世界の教科書シリーズ

1. 新版 韓国の歴史〔第二版〕 国定韓国高等学校歴史教科書
大槻健、君島和彦、申奎燮訳 ●2900円

2. わかりやすい 中国の歴史 中国小学校社会科教科書
小島晋治監訳 大沼正博訳 ●1800円

3. わかりやすい 韓国の歴史〔新装版〕 国定韓国小学校社会科教科書
石渡延男監訳 三橋ひさ子、三橋広夫、李彦叔訳 ●1400円

4. 入門 韓国の歴史〔新装版〕 国定韓国中学校国史教科書
石渡延男監訳 三橋広夫共訳 ●2800円

5. 入門 中国の歴史 中国中学校歴史教科書
小島晋治、並木頼寿監訳 大里浩秋、川上哲正、小松原伴子、杉山文彦訳 ●3900円

6. タイの歴史 タイ高校社会科教科書
中央大学政策文化総合研究所監修 柿崎千代訳 ●2800円

7. ブラジルの歴史 ブラジル高校歴史教科書
C・アレンカール、L・カルピ、M・V・リベイロ著 東明彦、アンジェロ・イシ、鈴木茂訳 ●4800円

8. ロシア沿海地方の歴史 ロシア沿海地方高校歴史教科書
ロシア科学アカデミー極東支部歴史・考古・民族学研究所編 村上昌敬訳 ●3800円

9. 概説 韓国の歴史 韓国放送通信大学校歴史教科書
宋讃燮、洪淳権著 藤井正昭訳 ●4300円

10. 躍動する韓国の歴史 韓国歴史教科書
全国歴史教師の会編 三橋広夫監訳 日韓教育実践研究会訳 ●4800円

11. 中国の歴史 中学高等学校歴史教科書
人民教育出版社歴史室編著 小島晋治、大沼正博、川上哲正、白川知多訳 ●6800円

12. ポーランドの歴史 高校歴史教科書
アンジェイ・ガルリツキ著 渡辺克義、田口雅弘、吉岡潤監訳 ●8000円

13. 韓国の中学校歴史教科書〔現代史〕 中国校国定史
三橋広夫訳 ●2800円

14. ドイツの歴史〔現代史〕 ドイツ高校歴史教科書
W・イェーガー、C・カイツ編著 中尾光延監訳 小倉正宏、永末和子訳 ●6800円

15. 韓国の高校歴史教科書 高等学校国定国史
三橋広夫訳 ●3300円

16. コスタリカの歴史 コスタリカ高校歴史教科書
イバン・モリーナ、スティーヴン・パーマー著 国本伊代、小澤卓也訳 ●2800円

若者に伝えたい 韓国の歴史
共同の歴史認識に向けて

李元淳、鄭在貞、徐毅植【著】
君島和彦、國分麻里、手塚崇【訳】

◎1800円
B5判変型／並製

日本の学生・一般の人のために新しくつくられた韓国史・日韓交流史のテキスト。韓国の歴史教科書に比べコンパクトで、図表・写真・グラフ等もフルカラーで随所に掲載した。手に取りやすく入門書にふさわしい一冊。

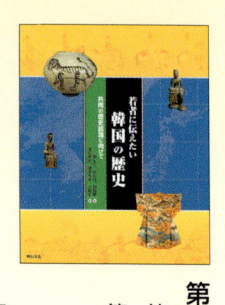

第1部 韓国の歴史と文化
第1編 文明の発生と国家の登場
第2編 いくつかの国から統一国家へ
　第1章 新羅、高句麗、百済、加耶
　第2章 統一新羅と渤海
第3編 統一国家の発展と伝統文化
　第1章 高麗の発展
　第2章 朝鮮の成立と発展
第4編 世界との出会いと近代社会
　第1章 近代化の試練と主権守護運動
　第2章 日本の支配政策と民族解放運動
第5編 南北分断と大韓民国の発展

第2部 韓国と日本の文化交流

終わりに——未来世代に願う交流の姿勢

〈価格は本体価格です〉